新マスコミとつき合う法

新聞・テレビ・週刊誌の報道攻勢に負けないために

伊藤寿男

テーミス

はじめに

週刊誌、月刊誌の編集、発行と書籍の出版を五二年続けてきた。半世紀を超えた。

二三歳で講談社に入り、『現代』『週刊現代』『フライデー』の編集長と学芸図書出版部の部長を務めた。のち第一編集局長、取締役を経て、五二歳で独立し、株式会社テーミスを興した。

一年後、学習研究社と組んで『週刊テーミス』を発行したが、二年で廃刊となったため、学研と縁を切り、総合情報誌『テーミス』の発行と書籍の出版を始めて現在に至っている。『テーミス』は二〇〇九年一一月号で創刊から一八年目に突入する。二年目から三年にかけて苦しかったが、われながらよく続いた、よく頑張ったと思う。

五二年の間にさまざまな事件に遭遇し、たくさんの人物に会ってきた。総合誌一筋だったため、政治家、経営者、官僚、学者、作家、芸能人などの不祥事やスキャンダル、企業や団体の違法行為や不祥事を取材、報道してきた。

その過程で、当事者とはもちろん、企業や団体のトップ、総務や広報の担当者などと対立したり、交渉することが多かった。現在のように危機管理のあり方、情報公開のシステム、広報体制の整備などが重要視される前で、メディアと各界要人、メディアと企業の取材や報道を巡る攻防は緊張の連続だった。

私は、メディアの最前線で体験してきたそれらの生々しいケースと、そこから導かれる教訓を、まとめてみようと思った。それが一九九七年に刊行した『マスコミとつき合う法』である。

それから一〇年、人々の不祥事やスキャンダルに対する意識と行動も大きく変化してきた。企業や団体のメディアとの対応もスマートになってきた。しかし、私から見ると、まだまだ拙劣である。一部では、以前より狡猾で悪質化しているともいえる。

そこで、絶版にした旧著で紹介したケースなどのうち、現在でも通用するものは生かした上、さらにこの一〇年間に体験した新しいケースを足して、本書を刊行することにした。企業や団体のトップはもちろんのこと、役員、中間管理職、総務や広報部門の責任者には、ぜひ読んでほしいと思う。各分野のリーダーを目指す人々にも必ず参考になると思う。

前著刊行後、広報担当者の集まりで講演したとき、先に立った新聞記者出身の某氏が、「企業のトップは正しくあれ、広報は美しくあれ」と述べていた。私は、彼は企業の実態もメディアの生理も無視し、きれいごとをいっているだけではないかと思った。

またある評論家は、企業の不祥事が発覚すると「危機管理がなっていない」と企業やトップを酷評する。どんな万全と思えるシステムを作ったところで、違法行為や不祥事をゼロにすることは不可能である。大事件は前例なしに発生するし、想像を超えた犯罪が起こるのも人間社会である。基本的な体制を作った上で、正面から対応する覚悟を決めておけば、あとはそれぞれのケースに誠意を持って対処すればよいのである。

私は最近、政界、産業界を始めとするあらゆる組織の命運、盛衰は、全てトップの姿勢にかかっていると痛感している。トップが確固たる見識、覚悟、責任感、倫理観を持っていれば、あらゆる危機を克服できると信じている。そのために、本書が少しでも役に立つことを祈っている。

二〇〇九年八月

株式会社テーミス　代表取締役社長　伊藤寿男

新　マスコミとつき合う法◆目次

はじめに　1

第1章　トップは見識と責任を持って決断せよ
——会社を守るためにすべきこと、してはならないこと

1　企業の存亡はトップの見識次第である　10
2　トップの女性問題は必ずバレる　16

第2章　現代の企業が晒《さら》されている危機と対策
——絶対に心得ておきたい情報管理の鉄則

1　インターネット上での告発や中傷に対処する　24
2　社員が「内部告発」に走りたくなるとき　34

3 あなたや会社を「内部告発」から守るには 51
4 過激な抗議行動や暴力事件に襲われたとき 63

第3章 マスコミの取材・報道への対処
——誤れる報道を防ぎ、正しい情報を伝えるために

1 マスコミから取材を申し込まれたとき 80
2 社長への取材と報道を成功させるには 91
3 社長の「コメント」をうまくまとめさせる法 106
4 会社や社長への不利な取材を防ぐには 117
5 新聞や雑誌の「誤報」は訂正させられる 126
6 週刊誌の刊行を事前に阻止できるか 137
7 社のイメージは広報担当者で左右される 145
8 総務・広報担当者を襲うハニートラップも！ 154

第4章　マスコミの特質と生理を理解する
――報道の意図をくみ取り、賢く対処するために

1　週刊誌の取材からタイトル・新聞広告まで　160
2　週刊誌の取材記者にはどう対処すべきか　167
3　新聞記者や編集者とはどうつき合うか　176
4　記者の「巧妙で強引な取材」に直面したとき　187
5　テレビや新聞の記者会見に臨む前に　199
6　マスコミの心証はコントロールできる　211
7　トップや編集長との交渉はどう進めるか　222

第5章　企業を守る情報マネジメントの心得
――企業を内側から防衛する「内部告発」への対処

1　「内部情報」は社員やライバルが提供する　234
2　社内の不祥事は正確に把握し公表する　248

3 社長に「広報の仕事」を理解させるには 260
4 トップのスキャンダルは必ずバレるものである 271
5 奥さんや愛人が「情報提供」するとき 282

第6章 緊急事態での危機管理&広報戦略
——広報マンを襲う「不測の事態」に備えろ

1 突発事件を乗り切るために 294
2 国家に学ぶ広報戦略のノウハウ 305

第7章 マスコミの危機と変質を直視せよ
——トップもあなたも毅然かつ冷静に対処を!

1 誤報・偏向報道に向けられる国民の厳しい視線 320

おわりに 325

装丁——SILVER STONE

第1章

トップは見識と責任を持って決断せよ

――会社を守るためにすべきこと、してはならないこと

1

企業の存亡はトップの見識次第である

社長が先頭に立たなければ企業は衰退する

私の五〇年を超える編集者としての体験を通して一番いいたいことは、「すべてはトップの姿勢＝信条、見識、責任感、倫理感にかかっている」ということである。

トップは、自分の統べる企業や組織の最高責任者として、大事件や不祥事が発生したときは、先頭に立って指揮し、処理に当たり、最後は記者会見などを通じて、事実経過から責任問題まで、自分の言葉で率直に述べることである。

ところが、トップの多くは、個人の不祥事のときはもちろん、企業の違法行為が発覚してからも、自身が記者会見にも出席しないで逃げ隠れし、責任も部下に取らせせようとすることが多い。

〝企業の顔〟は、いうまでもなく社長である。経営戦略から広報のあり方まで、社長が先頭に立たなければ社員の士気は衰え、企業も衰退するばかりである。

企業で大事件や不祥事が発生ないし発覚した。警察や検察の捜査が始まり、メディアの取材も加速してきた。

トップは何をすべきか。

トップはすぐ全容を把握するよう社内調査を指示する。続いて事実が判明したら記者会見で説明ないし謝罪する。席上、自身と関係者の責任も明確にしなければならない。

途中経過の記者会見なら、広報担当役員や広報部長に任せてもよい。しかし節目の記者会見や最後の再発防止策や責任の所在を明確にする記者会見は、必ずトップ自身が行なわなければならない。

部下をマスコミの前で土下座させるトップもいる

毎年、六月を中心に、多くの企業で多くの新社長が誕生する。就任挨拶を見ると、実績を誇って自信を示す人もいるが、多くは社内最高ポストに就いた緊張を語って殊勝な態度である。

しかし、そんな彼らも社長ポストに座っているうちに最初の緊張感を忘れ、無責任で驕り高ぶるようになっていくことが多い。そんなときに社内や社長個人に事故や不祥事が発生し、窮地に立たされたり退陣に追い込まれる。

特に最近は、社内からの内部告発や意図的な情報漏洩が急増している。社長に対しては、役員でもストレートな忠告はできない。いわんや秘書、総務部、広報部などの担当者が、直接、社長に意見具申することはリスクがあり過ぎる。

まず社内からの内部告発と情報漏洩に対する対処法である。

新聞、週刊誌の取材申し込みや司法当局からの接触があったら、すぐに全容把握のための調査を指示する。ある程度、不祥事の内容が掴めたところで記者の取材か会見に応じる。その段階では、担当役員でいいか社長がいいかは弁護士などと相談して決める。担当役員に任せた場合でも、最後は自分が前面に出るということを発表することだ。絶対に逃げてはいけない。

ある百貨店社長は、出入りの女性業者との関係を業界紙や週刊誌に嗅ぎつけられ、実名をタイトルにした連載が始まった。なんとしても記事掲載を止めさせろと命令された広報部長は、出版社社長の前で土下座し、「タイトルを変えてほしい。内容もソフトにしてほしい」と懇願した結果、タイトルだけは変更させることができた。

ある大銀行の頭取は、資金繰りに苦しくなった実弟の会社へ融資した。それを「情実融資」と疑った週刊誌が取材を始めると、広報部長に記事を掲載させるなと指示したのだ。編集長が面会申し込みに応じなかったため、彼は朝六時から出版社の前で張り込みを続けてやっと面会し、土下座して懇願したという。

まず取材対象の不祥事が事実であるかどうかの調査が先である。そのうえで事実無根なら突っぱねればいいし、もし事実なら「残念ながら」と自ら謝罪し、いさぎよく自身に処分を科せばよいのだ。

秘書や広報部長に、マスコミの前で土下座させて平気な神経の持ち主は、組織のトップとして失格である。

社内からの内部告発や情報漏洩は、ほとんどの場合、いい逃れ出来ない証拠や事実の裏付けがある。したがって、一部の者しか知らないだろうと高を括って対応していると、のっぴきならない証拠を突きつけられて立ち往生することが多い。最初から軽視してはいけない。

隠蔽工作も役には立たない。船場吉兆の「食品偽装問題」では、当時の副社長などが「現場の独走で」と発表し、女性従業員に「私たちが勝手にやりました」という誓約書まで書かせようとした。ところが、彼女らが弁護士同席で強要されたことを暴露してしまった。廃業に追い込まれた「使い回し事件」も、人員整理でクビになった従業員が「こんなこともしていました」と訴え出たのがきっかけだった。だいたい何人も何十人も関係した不正行為で、全員の口を封じることは不可能である。最初から社員や世間を甘く見てはいけない。

平成に入って、不二家、赤福、船場吉兆と世襲企業で不祥事が相次いでいる。ひ弱な二代目や三代目が、不祥事の発覚で記者の前に呼び出され、オロオロしている光景をよく見る。

船場吉兆の副社長だった息子は、ろくに答弁もできず、海千山千の女将から「頭の中が真っ白になって……」とささやかれて一躍有名になったが、大企業の社長といえども不祥事や違法行為が発覚したときの記者会見では醜態を晒すことが多い。

不祥事や疑惑が事実でないなら堂々と突っぱねればよいし、事実なら率直に詫びて再発防止策実行を真剣に発表すればよい。絶対にしてはいけないのは、部下への責任転嫁である。

船場吉兆の対応を笑った多くの企業のトップとて、「現場の暴走」のせいにしたり、「報告がなかった」といいわけすることが多い。それで社員やマスコミのさらなる反撃に会っている。

ある民族派団体のリーダーに聞いた話である。何回も面会を申し込んだが、言を左右にして会おうとしない。抗議ではないと説明して、やっと会うことになったときである。

「一流会社のトップが自分の名刺を出そうとしたが、手がブルブル震えて取り出した名刺を床に落としてしまったのだ。慌てて拾い上げたが、約一五分の間、ずっと震えていた。財界活動なども盛んにやって、業界ではコワモテで通っていたが、大した男ではないことがわかった」

その民族団体のリーダーによれば、軍人出身である大企業のトップになった男は、旧部下の息子が面会を求めたとき、危害でも加えられると思ってか、部屋いっぱいの大テーブルの向こう側に立ったまま動こうとしなかったという。このように修羅場をくぐっていないトップが実に多いということである。

JR西日本福知山線での大事故では一〇〇人を超える死傷者が出た。当時の社長が記者会見で口汚く罵られていたのも不愉快だったが、会長や社長はいち早く現場に行き謝罪すべきだった。もちろん激昂した遺族にもみくちゃにされたり、悪罵を浴びることや殴打されることも覚悟しなければならないが、それくらいの腹づもりで行動をすることが、社長には求められているのだ。

当時のJR西日本会長は、事故前、ある経営者の集まりで会社のサービスなどを批判されたとき、傲然と「そんな客は阪急や阪神を使えばよい」といい放ったという。安全な内輪の会合では威張るくせに、いざというときになると怯懦《きょうだ》になる最も悪しき例である。

まず新社長になった時点で、必ず処理しなければならない問題が二つある。

第一は、カネの問題で、個人資産を総点検し、社内外から少しでも疑惑を持たれるような資産形成、株への投資、土地取得などがあれば、即刻処理してクリーンにしておくことである。兄弟はともかく、親と夫人に関する資産も点検しておくことである。

二〇〇六年、当時の福井俊彦日銀総裁が、村上ファンドに投資していたことが「通貨の番人」

としてあるまじきことだと批判され、晩節を汚した。なぜ日銀総裁に就任したとき処理しておかなかったのだろうか。

小沢一郎氏には、民主党代表だった頃からいまひとつ国民的人気が湧かなかったのも、政局の節目になると異常な不動産取得が話題となるからだった。師匠の田中角栄元首相の失脚も不動産操作による金脈作りが暴露されたからだ。二〇〇九年には、ついにゼネコンの西松建設からの献金疑惑が噴出して政務秘書が逮捕され、代表の座を追われた。社長になると会社幹部になった友人などからインサイダー情報がもたらされる機会も増えるが、絶対に手を出してはならない。

◆この項目のまとめ

①不祥事があったとき、トップは常に企業や組織の最高責任者として先頭に立ち、処理に当たるべきである。
②決して部下に土下座をさせて自分は知らぬふりを決め込むことなどしてはならない。
③途中の記者会見は、広報担当に任せてもよいが、節目の記者会見や最後の再発防止策や責任の所在を明確にした記者会見は、必ずトップ自身が行なわなければならない。

2 トップの女性問題は必ずバレる

愛人も愛人らしきものも、すぐに清算せよ

企業トップの「不倫」が相次いで発覚している。二〇〇八年には金融とマスコミトップの不倫が明るみに出た。トップ自身には高い倫理と責任が要求され、企業は利用者や視聴者の信用が最も重要だというのに、このていたらくである。

もしいま社内外に「愛人（らしきものを含む）」がいるなら、すぐ清算することである。社内のライバルや週（月）刊誌は、女を巡る醜聞を虎視眈々と狙っている。

社長の錯覚は、自分のカネや女に関する秘密は周囲に絶対バレていないと高を括っていることである。芸者や高級クラブの女性との仲も、同じ職場の女性はとうに察知しており、簡単に漏出する。

社内や関係会社のOLなどと不倫関係にあったら、これも即刻清算することである。「社内の誰にも知られていない」と豪語する社長は多いが、役員や秘書などはとうに知っているのだが、社長の手前、気付かないフリをしているだけである。

ベネッセコーポレーションの社長が、部下の女性社員と不倫していたことがバレてクビになっ

た。本人たちは知られていないと思って昼間からデートして手をつないだりしていたため、周囲の社員からあまりにひどいと週刊誌に告発されてしまったのだ。

社長の側近は、不倫やセクハラに気付いても黙っていたり、ときには隠蔽の役割まで果たすものである。プロ野球の球団や出版社の社長を歴任したT氏が部下へのセクハラ事件で失脚したケースがいい例だ。他にも九州や東京の大学総長や理事長のセクハラがあったが、必ずバレるものである。そのとき側近の隠蔽工作は社会的指弾を浴びダメージは倍加する。社長周辺の社員は、こんなことだけは絶対にしてはならない。自らを卑しめることになる。

昔から一般企業のトップが部下の女性を、あるいは芸能プロの社長が所属のタレントを愛人にしたりすると、「商売物に手を出した」ときわめて軽蔑されたものである。

トップたるもの、不倫相手が誰であろうと批判されるだろうが、他の分野で活躍しているキャリアウーマンか、せめて〝水商売〟の女性を相手にしたい。人脈の貧しさ、交際範囲の狭さなど、それだけでも器量が問われるというものである。

最近のトップは企業に求められる倫理や信頼を壊す行為で、自ら規範を破っている。さらに、身内の女性を相手にしたことで社内の綱紀を破り、社員の信頼を失ったにもかかわらず、自らけじめをつけ自浄能力を発揮してもいないのである。

二〇〇三年に亡くなった有名な評論家は、約三五年間、夫人と別居し、愛人と同棲していた。亡くなる五年前、やっと離婚が成立し愛人と結婚したが、夫人と別居中、政府の各種審議会委員など公職に類する役職には絶対に就かなかった。

彼の声名と実績からすれば、複数の公職に就いていて当然だったが、断固拒否していた。私が、その理由を尋ねたとき「せめてものけじめだ」と語っていた。

不倫が発覚したトップが、自身の組織やポストに対する責任感と緊張感をまったく欠いている上に、驕りからくる錯覚に捉われているケースが増えている。

企業のトップは最高権力者である。新分野への進出から人事まで、経営方針はすべて彼の決断にかかっている。権力の行使である決断は、周囲の女性の目にはたいへん頼もしくかつ魅力的なものに映るが、それはトップ自身の男性的魅力ではなく、ポストの持つ権力、収入、情報などに女性が幻惑されているだけである。

寝物語に、女性記者に業界の極秘情報を、女性秘書に社内の人事情報を洩らしていたという証拠はない。しかし、このような形で不倫が明るみに出たとたん、「そういえば」という枕詞《まくらことば》で、トップに関するマイナス情報が噴出するものである。

女性問題は周辺から必ずバレる

ある大労組のボスが、料亭で親しくなったコンパニオンの部屋を訪れたところを週刊誌に暴露された。大労組の専横に手を焼いた経営側が、料亭の別のコンパニオンを買収して労組のボスの動静を探らせていたところ、「宴席で○月○日の○時頃、君の部屋へ行くと話してました」という情報がもたらされた。週刊誌が張り込んでいるところへ、労組トップがのこのこ現れ、不倫現場が写真つきで報じられた。

週刊誌はどんな有名会社のトップでも、「不倫しているだろう」程度の単なる疑惑で二四時間も尾行したり張り込むことはない。カネも時間もかかるからだ。トップ周辺やライバル陣営から「○月○日に女性と会うようだ」という情報をもたらされて始めて動き出すものである。

いま一番華やかな花街といえば、東京の向島をあげる人が多い。芸者はほとんどいないが、若いコンパニオンが揃っている。彼女らの大半はカネか男で苦労しているから、政治家、金持ちの経営者、一流企業の幹部などと、愛人ないし不倫関係に陥る確率が高い。

某大臣は、気に入ったコンパニオンを私設秘書に仕立て、内外の出張に同伴していた。政界を騒がせたフィクサーの愛人もいたし、可愛いコンパニオンを巡って有名会社の会長と社長が争った話などゴロゴロある。こんな話は同僚のコンパニオンはみんな知っていて、誰かに喋りたくてうずうずしている。トップの不倫は、社内からはもちろん相手の女性の周辺からも、漏れると心得ていたほうがよい。

ある大マスコミトップの場合は、すでに夫人と別居している状況下で女性秘書と親密になったといわれる。それなら夫人といち早く離婚し、秘書と正式に結婚すべきだった。

別の大マスコミのトップは、次々に改革を実行して実績をあげたが、二期目から独断専行の傾向が強くなった。ライバルが失脚させようと画策している最中、海外での大プロジェクトを巡って国会に喚問されたとき、虚偽発言があったと問題になってしまった。

その騒動が拡大する中、海外出張に子会社の女性を同伴していることが発覚し、公私混同と非難が高まり退陣せざるを得なくなった。このトップは、夫人との間に身体に障害を持つ子供が生まれたことから夫婦仲が疎遠になり、長い別居状態にあった。

社内の幹部や友人は、そんな事情も子会社の女性とのつき合いも熟知しており、いずれ結婚するだろうと黙認の形だった。ところが政治家も巻き込んだ退陣騒動の中で、女性との仲が不倫であり公私混同でもあると攻撃されることになったのだ。

トップの不倫問題での最大の被害者は夫人である。第三者には「大人の恋愛だ」と開き直られれば、それ以上の追及ができないともいえる。しかし夫人にはどんな経緯があろうと、厳しく裁断する権利がある。

ある政治評論家が、愛人とホテルで宿泊中に急死したことがあった。夫人が週刊誌に「主人を空高く舞い上がらせるために、凧と同じで糸を緩めていました」という意味のコメントを出し、友人たちはさすが賢夫人と称賛した。

ところが、事実は夫人と令嬢たちが「不潔だ」と検視のすんだ遺体の引き取りを拒否していたのである。そこへ官邸から「総理がこれから弔問に行きます」という連絡が入ったため、引き取りを決めたという事情があった。

トップが部下の女性を愛人にした場合、社員の士気をなえさせることは前に触れたが、一方で不倫相手に取り入る〝おべんちゃら社員〟を生むことでも罪は大きい。

某百貨店トップの愛人宅には、毎晩のように社長の覚えを目出たくしようと中堅幹部が集まり、カラオケなどに興じていたという。やがてトップは役員会で解任させられ、愛人も百貨店に損害を与えた罪で起訴→有罪となり服役した。

またある大マスコミトップの愛人が経営する小料理屋には、役員、子会社幹部、出入り業者などが群がったものである。愛人を通して、トップに忠誠心や貢献度をアピールする狙いがあったことはいうまでもない。

トップの「愛人」や「不倫」問題は、単に自身の権力欲を満たしたり、快楽を求めることに留まらない。家族から社員まで動揺させ、企業の存続にまで影響する。責任感があれば、「けじめ」という言葉を知っていれば、出処進退は自ら決すべきである。

◆この項目のまとめ

①愛人や、それに準ずるような女性がいる場合はすぐに関係を清算することである。
②部下を愛人にするような上司のもとで、社員の士気を高めることはできない。
③社内外に愛人関係を隠し続けることは不可能である。必ずバレていると思って間違いない。

第2章

現代の企業が晒《さら》されている危機と対策

――絶対に心得ておきたい情報管理の鉄則

1　インターネット上での告発や中傷に対処する

時代の変化に伴う告発手段の変遷

人々は、怒り、悲しみ、嫉妬心、薄れた帰属心などに突き動かされたとき、手近にある情報機器を使って、自分の持っている「情報」を、警察・検察などの司法当局やマスコミに洩らしたり送りつけるものである。

私はかねて「情報機器の大衆化」と「企業を含む組織への忠誠心・帰属心の希薄化」が、内部告発・情報提供増加の原因だと考え、書いたり喋ったりしてきた。その原因の背後には、一九五〇年代後半あたりから激しさを加えた競争社会、増大する社会的不公平&格差への「憎悪」や「嫉妬」がある。これが動機となるのである。

内部告発や情報提供には、タイミングがある。古くなれば価値が落ちる情報もあれば、間髪を入れぬ通報が決定的瞬間をキャッチさせることもできる。重大な証拠をカメラや録音器に収めたり、自身が見聞したものをパソコンで文章化した人は、司法当局やマスコミに少しでも早く送りたいという欲求にかられる。その役割を担うのが「即時性」を持つファックス、携帯電話、メールである。

大蔵官僚（当時）の過剰饗応が批判されたとき、キャリアのA主計官が米国の大学へ留学することになった。その辞令が午前中に出たばかりなのに、午後一時頃には小社のファックスに「A主計官の留学は疑惑のほとぼりを冷ますためだ。許せないからぜひ報道してほしい」というパソコンで打った文書が送られてきた。

昔は、タレント同士のデートを発見しても、公衆電話を探しているうちに見失うことが多かった。それが携帯電話の普及で、まだ彼らがレストランなどにいる間に、マスコミに通報することが可能になった。

さまざまな情報機器の大衆化は、いつでも、どこにいても、パーソナルな「情報」の伝達・交換ができることに加え、金融、交通など日常生活のあらゆる分野へのアクセスを可能とし、私たちの生活を飛躍的に豊かにするなど大きな恩恵をもたらしてくれた。しかし一方では、私たちの人権やプライバシーを容赦なく侵害する一種の凶器にもなったのである。

カメラ、録音器、複写機は、一九六〇年代から急速に小型化し、安価になり、さらに操作が簡単になった。これらの情報機器は、あらゆる事物を記録に残す「証拠能力」がある。

次に、最初はワープロ、やがてパソコン、さらに携帯電話の普及があげられる。告発や情報を提供しようとする人が一番恐れるのは、自分の存在と行為が相手に知られることである。小説や映画の脅迫場面には、筆跡を隠すために雑誌などの活字を切り抜いて糊で貼った手紙がよく登場したものだ。それがパソコンの出現で、自分の筆跡を知られる不安がなくなった。脅迫でも暴露でも、好き放題書きまくっても、当事者であることを特定されない「匿名性」の高い情報機器が、自在に操れるようになったのである。

そして、内部告発や情報提供を増大させた第三の原因として、人間の持つ「自分は情報の発信者だという快感」がある。人間は、自分だけが知っている（と思う）情報や、自分が一番早く得た（と思う）情報を、まず周りの人々に知らせたい、続いて広く世間に伝えたいという本能ともいえる欲求を持っている。

戦後、民間放送局の開局、出版社による週刊誌の創刊などで、多様なメディアが出現し、マスコミの大衆化現象が起こった。一九五六年に『週刊新潮』、一九五九年に『週刊現代』『週刊文春』が創刊され、週刊誌・月刊誌の編集者と取材記者たちは政治家や経営者のプライバシーを遠慮なく取材し報道するようになった。戦前から一九五〇年代半ばまで、経営者のプライバシー報道は、新聞の経済記者の間で聖域化していたものだ。そこへ不作法に乱入した出版社系週・月刊誌に、経営者や企業の「不祥事」が続々と提供されるようになった。

テレビのワイドショーなどに事件の周辺にいる無名の人々が登場して、自分の見聞きしたことを自由に喋っているさまを見て、人々は遠い存在だと思っていたマスコミが身近に感じられるようになった。大企業の不祥事、カリスマ経営者の本当の姿、アイドルなどの醜聞を、情報機器を使って告発したり提供すれば、マスコミは記事や写真つきで報道してくれる。人々がこれに満足する時代が、一九六〇年代半ばから一九八〇年代半ばまで二〇年以上続いたのである。

それが一九八〇年代に入った頃から、パソコンの発達と普及、それを駆使したインターネットやメールによって大きく様変わりしたのである。つまり自分だけが知っている極秘情報や企業を震撼させるマイナス情報を、マスコミに提供して報道してもらうのではなく、自分が発信源になって世間に伝えられることに気付いたのである。これまで内部告発や情報提供を目論む人は、情報機器を使ってマスコミに売り込み、ワンクッション置いた形での報道で満足させられていた。ところがネットなら自分が発信源だから、何の制約もない。すべての情報、怒り、怨み、不満などを生のままで発信できるのである。

マスコミには、完全ではないがチェック機能も検証能力もある。確証が掴めない事柄は追加取材もするし、行き過ぎた表現は訂正させることができる。しかし、ネットでは発信者の意のままに、確実な証拠や裏付け取材もなしに、批判や攻撃が行なわれる。すでに多くの被害者も出ているが、現在では法律による規制にも制約があり、ほとんど野放しの状態である。

マスコミ関係者も専門家も、こんなに早くこのような時代が到来することは予想していなかったに違いない。当然、企業の経営者にも広報マンにもまだノウハウは確立されていない。だが、否応なく、従来のマスコミ報道への対応以外に、ネット攻撃に対する新しい知識と戦略を持たなければならないときを迎えたのである。

ネット上を流れる告発・誹謗中傷の防ぎ方

デジタル機器やインターネットが発達した結果、告発や中傷などについても、いままで見られなかった問題が生じることとなった。

コピーやファックスでは、発信者側から送りつけない限り、現物の告発文書などは広まらない。

また、マスコミの手を経なければ、無関係の人々にまで情報が知れ渡る可能性は低い。仮にマスコミが手持ちの媒体に掲載しようとしていても、掲載を止めさせるべく交渉したり、掲載されてしまった後でも、その情報が事実無根、企業の社会的信用を損なうものである場合は、謝罪文を掲載させたり、裁判の手続きをとるなどの対処が可能である。それらについては一二六ページ以降詳述する。

だが、インターネット上では同じような対処はできない。ウェブサイトに告発文や誹謗中傷がアップされてしまった場合、マスコミが介在しなくても、多くの閲覧者が自らの意志でアクセスし、情報を取得してしまうことになるからだ。

ネット告発の例といえば、一九九九年に起きた、東芝のクレーム処理事件を記憶している人も多いであろう。あるユーザーが、ビデオデッキの修理依頼に対する東芝側の対応に腹を立て、やりとりを録音してインターネット上に公開した事件である。噂が噂を呼び、東芝とのやりとりを録音したデータがアップされたサイトにアクセスが急増し、開設一カ月後には一〇〇万件ヒットを記録したともいわれる。

東芝側は、ホームページの一部削除をさせるべく仮処分を申請したが、予想以上に世論が東芝を批判したため、仮処分申請を取り下げ、謝罪するに至った。世論が東芝批判に傾いたのは、ユーザーと企業のどちらが正しいかということ以前に、やはり、録音された電話での生々しいやりとりが強く影響したと思われる。東芝のクレーム処理係の激しい口調は、それを聴いた人間に強い不快感を与えたからである。

インターネットの世界では、不特定多数に向けた情報発信を基本としているため、一対一でのトラブルにくらべ、影響が大きく、広がりも早い。掲載できる情報が文字や図、写真だけではなく、動画、音声なども簡単に流すことができるというのも、注目すべき特色である。内容に興味をそそられた一般人が、サイトに次々にアクセスすれば、あっという間に情報が広まってしまう。また、誹謗中傷を目的とした悪質なサイトや掲示板の書き込みを見かけた場合に過剰反応すると、かえって相手を面白がらせ、ミラーサイト（あるウェブサイトとまったく同じ内容を持つ、複製されたサイトのこと）が際限なく増えたり、あちこちに類似の書き込みがなされたりするなど、収束に時間を要する事態にもなりかねない。

かつては、企業にまつわる情報や製品の情報などは、企業側が開示、非開示をコントロールすることができた。つまり、顧客と対峙することになっても、企業側が常に優位に立った。しかし、現在ではＩＲ活動が促進され、企業側に都合のよい情報コントロールは難しくなっている。個人が詳細な企業情報を手にすることになり、ごまかしがきかなくなったのである。

インターネット上に誹謗中傷を掲載されないためには、ふだんから顧客窓口などの対応に気を配り、顧客ひとりひとりへ誠実な姿勢を示していくほかない。また、窓口対応マニュアルなどの作成を徹底し、顧客とつながる窓口の業務を軽んじないようにする体制作りが肝要だ。

もしもインターネットに誹謗中傷が掲載されてしまったらどうするか。このような情報は、感情に突き動かされて書かれていたり、信憑性のない噂をもとに興味半分で書かれていたりするケースが多い。その場合は、企業側が客観的な視点で調査を進め、世論の動きを把握しながら、広報活動を展開するしかない。世間から不信感、疑惑を持たれる恐れのある内容だと判断した場合には、速やかに事情を説明し、誠実な態度で事実を公開することだ。まったく事実無根の場合は、その情報の反響にもよるが、黙殺する、警告を発する、訴えるなどの対応が考えられる。

ただし、大型掲示板などに掲載された書き込みから張本人を捜し当てるのは、不可能とはいわないが、非常な手間がかかる。ＩＰアドレスの洗い出しには、掲示板の管理人に問い合わせてアクセスログを開示してもらう必要があり、また、そこから本人を追跡するには、警察の手を借りて該当するプロバイダに問い合わせ、該当する時間にアクセスしていたユーザーを絞り込まなければならない。現在では、大型掲示板「2ちゃんねる」もアクセスログを記録しているが、つい数年前までは一切の記録をとっておらず、またそれがセールスポイントでもあった。そういった経緯のある掲示板もあるので、書き込まれてから対処を考えるよりも、日頃の企業活動に留意するほうが、よほど手間がかからないともいえるだろう。

悪質な情報発信者には王道の手法で対処を

インターネットを利用した名誉毀損、業務妨害、さらに虚偽報道まで激増している。個人で開設したホームページや「2ちゃんねる」のことは、すでに大勢の人が知っていることと思う。

戦後一〇年ぐらいまでは、ＮＨＫラジオと新聞、月刊誌などが情報を発信できるツールだった。一九五五年以降、まず民間放送とテレビが出現し、急速に普及した。さらに出版社系週刊誌がぞくぞく刊行された。

犯罪、事件、不祥事などが発生すると、新聞記者、テレビ、週刊誌記者などが、当事者や関係者のところに殺到し、見聞した事実や事件に対する見解をインタビューする。人権やプライバシーが問題になるまでは、インタビューを受ける人々の顔や目を隠すこともなかった。自分が得ている情報を提供しているという得意な表情さえ伝わってきたものである。

しかし、まだ自分だけが知っている情報や独自の意見を、不特定多数の人々に発信するツールは持っていなかった。それがインターネットの普及によって、自分だけの情報発信ツールを得たのである。

二〇〇九年一月、ある会社員が自分で開設したホームページで、飲食店を経営する会社を中傷したため、その会社から名誉毀損で訴えられた裁判の控訴審判決があった。一審では、会社員は無罪になっていた。その理由が、「ネットの個人利用者の情報に限り名誉毀損罪の適用を緩める」というものだった。一審判決はさらに「ネット情報に対して世間はあまり信頼していない。反論の機会もある」とまでつけ加えていた。

しかし、一審の裁判官の判断は、ネット言論の跳梁によって多くの人々が名誉毀損を含む犯罪の被害者になっている現実を、まったく理解していなかったといえる。やっと控訴審で、高裁は、被害者保護の観点に立ち、「一審はネット利用者の行為に対して甘過ぎる」と断じ、会社員を有罪にし、罰金三〇万円を科したのである。

この逆転有罪判決が下される前には、インターネットでお笑い芸人を脅迫したり、名誉を毀損したとして、一九人が書類送検されている。これはタレントのブログに、そのタレントが二〇年前にあった女子高生コンクリート詰め殺人事件に関係しているという噂を信じて、まず一人が執拗に「殺す」と書き込みしていた。

さらに一七歳から四五歳までの男女一八人が、タレントのブログに、「殺人鬼」「死ね」などの暴言を書き込んでいたため書類送検されたのだ。お笑いタレントは、最初は黙殺していたが、噂やブログを信じた人々が無責任な書き込みに参加したため、ノイローゼを通り越して生命の危険さえ感じるようになったため、ついに告訴に踏み切ったのだった。

警察の対応も遅ければ、検察と裁判所の判断もいちじるしく事実認識を欠いていたのである。ネットに氾濫する情報は、国民が信頼していないなどというのは、世間並みの常識すら持っていないといわざるを得ない。

ある政治学専攻の大学教授は、雑誌のコラムで「2ちゃんねる」を毎日のように見てさまざまな情報を得ていると評価する見方を発表している。大衆が単なる好奇心からのぞくのならまだしも、インテリ層の中にも、いまだに「2ちゃんねる」などで情報を得ている人がいるのである。

匿名に隠れた悪質な「ネット情報」による被害は増え、司法当局への相談や訴訟は続出しているというのに、一部の偽善的メディアがいまだに「表現の自由を侵害する恐れがある」と、有効的なネット規制を牽制している始末である。彼らは、すでにネットで悪態、中傷を浴びせられた挙げ句、追いつめられて自殺した中高生がいる事実を黙殺しているのである。韓国でも有名女優が事実無根の書き込みに悩んだ末、自殺しているではないか。

こうした事件の連続に、やっと教育関係者などの奔走で、二〇〇九年四月から有害サイト規制法が施行されることになった。しかし、この法律には罰則がないため、早くも各方面から罰則を伴う法改正が求められている。

先にも指摘したが、自分自身で情報を発信できる快感は何ものにも代えがたいものである。自分が見たり聞いたりした「事実」はもちろんのこと、単なる「噂」でも「悪口」でも自由勝手に、しかも匿名で発信できるのである。その結果、タレント生命に大打撃を与えることも、標的を死に追いつめることもできるようになったのだ。

こんな「ネット情報」の暴走と横行を前に、利用者の責任とモラルをと説いたところで百年河清を待つばかりである。ネット情報で被害を受けた場合は、即座に警察と相談し、訴訟の手続きを取ることである。姿を見せない悪質な情報発信者には、王道で対決する以外にない。

◆この項目のまとめ

①見聞したものを文章化した人は、捜査当局やマスコミに少しでも早く送りたいと考えている。

②ウェブサイトに掲載された告発文や誹謗中傷は、コピー・ペーストを繰り返してあっという間に広まり、閲覧される。

③自ら情報を発信できる快感を知った人々によって、無責任な「ネット情報」は暴走し横行する。被害を受けたらすぐ警察に相談することである。

2

社員が「内部告発」に走りたくなるとき

スクープは「内部告発」から始まる

最近、大企業や大組織、また官庁や地方自治体の不祥事やスキャンダルなどが明るみに出ることが多いが、ほとんどが社員、職員など内部で働いている人たちからの内部告発によるものである。私が『週刊現代』の編集部員だった一九六〇年代は、告発といえば電話によるものや、推理小説にあるような文字を一文字ずつ切り抜いて貼ったものがほとんどだった。それが一〇年後の一九七〇年代から、複写器でコピーした書類を同封したり、録音機で録音したもの、写真などを証拠につけた内部告発が増えてきた。

約三〇年前、ある雑誌で文藝春秋社の田中健五専務（当時）、東洋経済新報社の高柳弘社長（当時）と三人で座談会をやったことがある。田中氏は『文藝春秋』編集長時代に、立花隆氏の「田中角栄研究」や「日本共産党の研究」などの優れたドキュメントを次々に企画、成功させていた。私が、座談会の中で、新聞や雑誌のスクープについて、「七〜八割方、内部告発による情報を基にスタートしているのでないか」と話したところ、田中氏は「すべてだと思う」と私の発言を訂正したものである。

私はやや遠慮しがちに発言したのだが、実は新聞や雑誌のスクープの九九パーセントは、内部から流出した資料や内部告発からスタートしているのである。

情報提供という名の内部告発が、私の体験では一九七〇年代前半から活発になってきたが、原因の一つは、会社員や組織の構成員の企業や組織への帰属心や忠誠心が薄れてきたことである。次に、さまざまな情報機器が、たいへん発達して便利になったということがある。この二つが内部告発を促進していった大きな要因である。

かつて戦後の政財官界にまたがる疑獄事件を次々に摘発し〝鬼検事〟といわれた河井信太郎氏に取材したことがあるが、一九四〇年代後半から一九五〇年代後半にかけて、発覚した疑獄事件では、必ずといっていいほど中間管理職から自殺者が出ていたという。彼らは、上司や会社や組織の不利になることは絶対に供述しないと決心して事情聴取に応じている。ところが、検事の厳しい追及に追いつめられてすべて供述してしまい、上司や組織に迷惑をかけてしまったのではないかと思い悩んだ末に、死を選んでいったのである。

それが一九六〇年代半ば頃から、事情聴取に対してたいへん率直に供述するようになったという。「上司の秘密から、会社のどこに極秘の書類が隠してあるかなどまで、進んで喋るようになった」と河井氏が答えたのである。捜査の途中で、「いま、熱海にある会社の寮の庭で、これこれこういう書類が焼却されるところだ。いまならまだ間に合うと思う」といった通報が検察に寄せられ、地元の警察官を派遣して、それらの書類を焼却寸前に押収したこともあるということだった。

その後、内部告発は、会社や組織の待遇に不平や不満を持ったり、上役を陥れたいと思う社員の手によってますます増大してきた。したがって企業のトップを始めとして、役員、総務、広報の担当者などは、社内からの「情報流出」や「内部告発」の防止に神経を配り、予防策を講じなければいけなくなってきた。

私が、講談社で最初に配属された総合雑誌『日本』への内部告発は電話と手紙がほとんどだった。それらを基に取材を始め、告発された人物に会って話を聞くことができても、「そんなことはいった覚えがない」とか「そんな書類がどこにあるのか。証拠があるなら見せろ」といった水掛け論で終わってしまうことが多かった。

いま六〇代以上の人はみな経験していることだが、当時は、会議用の議案や企画案は、出席者の数だけガリ版で刷り、それに極秘の印を押し、ナンバーと名前を書き入れていた。しかも、会議が終了すると事務局が回収して保管していた。だから、極秘の印が押された書類は一部といえども外部に持ち出すことは難しかったし、もし洩れた場合でも誰が流出させた犯人かすぐに突き止めることができた。

ところが複写機の登場である。大きかった機器の小型化、高性能化が進み、価格も安くなった。したがって極秘の印を押し、ナンバーを打ち、氏名を明記しても、その部分を隠してコピーすれば、関係者以外であっても何通も極秘の書類を手に入れることができるようになった。当然、それまでのように文字を切り抜いて貼りつけた手紙や電話による証拠のない内部告発は減少し、代わって複写機でコピーした書類を証拠品として添付した内部告発が急速に増えてきた。

約二〇年前から、手紙やファックスでコピーの一部を編集部に送りつけてきて、「このテーマに関心があれば連絡しろ。後の全書類を送る用意がある」といった手口で売り込みを図ってくるケースも増えてきた。正直にいって、雑誌編集部やテレビ局が彼らに支払う報酬の額は大したものではない。告発するほうも、マスコミで大きく取り上げてもらうことに狙いがある。特に日本人の場合は、内部告発によってたくさんの報酬を得ることよりも、むしろ自分の不平、不満を満足させたり、怨みを晴らすといった要素のほうが強い。

一つの録音機が企業の明暗を分けるとき

複写機に次いで情報提供の武器になったのは、録音機である。一九五〇年代後半には、座談会の場合など、テーブルの中央で大きな録音機が回っていたものだ。したがって出席者には、いま録音中だということが一目瞭然で、誰も不用意な言葉や後に問題になるような発言は控えるなど慎重だった。

ところが、その録音機もポケットサイズになり、さらに高性能なデジタルのＩＣレコーダーが普及したいま、かなり離れた距離からもはっきり録音できるようになった。したがって、録音されていることに気がつかないまま、さまざまな秘密や重要なことを不用意に喋ってしまうようになった。

ホテルの一室で二人だけで話したことが、相手によっていつのまにか机の下の録音機で記録されていて、そのときの約束や発言が「言質《げんち》」に取られ、後に大問題になったケースもある。ある学者が、不倫相手にホテルの一室で結婚することを約束させられ、それをテープに取られたために、夫人と離婚して不倫相手と結婚せざるを得なくなったという話もある。あなたの発言が、いつどこで録音されているかわからないのだ。しかもそれが、あなたを陥れる不利な証拠品として出現するかもしれないのである。

電話による取材を受けて気軽に話していると、相手がしっかり録音していて、発言の一部をつまみ食いして使用されることも多い。これからは、個人の場合はもちろん、企業や組織でも、どうしても電話でコメントを出さなければならないときには、必ず電話に録音機をセットして、質問と回答を録音することである。そうすれば証拠が当方に残るからだが、常にこれくらいの慎重さが必要である。

取材に訪れた記者のインタビューに答える場合も、必ず録音機を用意することだ。これは相手にあなたの慎重な姿勢や手強いという印象を与えることにもなるし、証拠を残すことになる。後にコメントの一部をつまみ食いされて、社内外で問題になったときでも、全体はこういう要旨で発言しており、そのなかの一部を故意に取り上げられているということ、本意はまったく違うものだったということなどを証明することができるからである。

あなたが録音機を持ち出したら、不愉快に思ったり、それを口にする記者もいるかもしれないが、「私のところでは前任者からこういうシステムですので」と断ったうえで、挨拶が終わり、取材が始まった時点でスイッチを入れることである。

記者が「本日はこれこれこういう要件で取材にきました……」という冒頭の発言から、必ず録音しておかなければならない。

内部告発を急増させた情報機器の大衆化

複写機、録音機、カメラ、ファックス、携帯電話。この五つの情報機器が、小型化し、安価になり、性能がよくなるにつれて、私たちの生活もビジネスも、たいへん便利で快適なものになったが、同時にメールの普及と相俟って私たちの人権を侵害し、プライバシーを暴露する〝凶器〟にもなっていった。

Eメールは、今や企業、個人を問わず連絡手段の基本である。ケータイやパソコンを使い、文字、絵、写真、さらには動画まで短時間で送信でき、情報伝達の生命線ともいえる。約一〇年前まで、内部告発の手段は電話、手紙、ファックスが主だったが、今や九割までEメールである。企業側もEメールによる情報漏洩を最も用心している。一方、マスコミは自社のホームページに送られてくるEメールによる投稿、告発メールの中に不祥事やスキャンダルの端緒を得て、情報確認や取材に入っているのである。あらゆる組織において、情報が出入する「窓口」は、パソコン、ケータイを使ったEメールになったと断言してよいのである。

一九六〇年代までは、カメラは高価で、貴重品であり、ごく一部の人間しか持っていなかった。それが一九七〇年頃から誰でも入手できるほど安価になり、大勢の人がさまざまな写真を気軽に撮るようになった。それを促進したのが、「使い捨てカメラ」の出現であり、さらに「カメラつき携帯電話」の爆発的普及である。

写真週刊誌は、一九八五年には『フライデー』と『フォーカス』の二誌だったが、この二誌で毎週三〇〇万部を超える売行きだった。一九八四年一一月に創刊された『フライデー』の編集長だった私は、「世の中にはこんなにたくさんの写真があるのか」ということを実感させられた。

有名タレントやスポーツ選手の婚約が発表されると、直後に『フライデー』編集部へ「実は私とも婚約していた」とか「私たちは熱烈に愛し合っています。証拠はこの写真です」といって、肩を組んだり、パジャマ姿でじゃれ合っている写真がよく送られてきたものである。男性のほうは写真を撮ったことを忘れているが、女性のほうは、いつまでも忘れず、写真を大事に保管していることが多い。それが過去につき合った男性が婚約を発表したり、別の女性との熱愛が露顕したとたん、相手に対する不満や怨みを晴らしたくなって、写真や手紙を送りつける気になったものである。

ある都市銀行と関西の商社や夕刊紙にまたがる汚職事件がマスコミで話題になったときには、私の許に都市銀行幹部を尾行した写真と、それを解説したテープまでつけて、銀行側を告発する情報が送られてきた。内部告発を効果的にするためには、「録音機プラス写真」といういくつかの情報機器をセットにする時代が来たのかと考えさせられたものだ。また、労働界の有名なリーダーが愛人とヨットに乗った写真が、『フォーカス』などに載ったことがあった。この直後、リーダーの友人から、「この写真はリーダーのスキャンダルをあばいて影響力を削ごうとして経営者側が編集部へ情報を提供したものだ。リーダーと愛人を乗せたヨットが何月何日の何時頃、どこのヨットハーバーに到着するかまでわかっていた」と聞かされたものだ。

約一年後、今度はこのリーダーが手土産を持ってある女性のマンションへ通うところが、『フライデー』に掲載された。すでに原稿が印刷所に送られた時点で、このリーダーと友人を交えて会うことになった。冒頭、彼から「なぜ私をしつこく追いかけるのか」と詰《なじ》られたが、すでに私は担当編集者から「彼が何月何日にこんな女性のマンションを訪ねるという情報が編集部に寄せられたため、それをもとにカメラマンを派遣しておいたところ、情報通り彼が手土産を持って現れた」ということを聞いていたので、「あなたを快く思わない人が丹念に観察しているようで、その情報に基づいて手配していたんですよ」と伝えた。

この会社の経営者側と労組リーダーの激しい対立は、産業界でも有名だった。リーダーと蜜月状態にあった社長が退陣すると、新しい社長は彼を排除しようと図り、それを察知した彼も労組を動員してサボタージュなどを画策したものだ。後に聞いたところでは、経営者側はリーダーの周辺を絶えず二人の社員に見張らせ、彼のスキャンダルを暴露するチャンスを掴むとマスコミにリークしていたという。これはややオーバーなケースかもしれないが、これくらい執拗に追及しなければ、プライバシーにわたるスキャンダルを握ることは不可能である。

総理大臣には、新聞社や通信社の記者が二四時間体制で張りつく。しかし、事件が発生したときは別として、有名人だからといって、記者が二四時間密着したりすることは、ほとんどない。有写真週刊誌やテレビのワイドショー番組といえども、そんな時間も金もないのが実情である。有名人のライバルとか、彼の行動を知っている人間が、ごく内輪の情報を提供してこそ、初めて決定的な写真などを撮ることが可能になるのである。だから、有名人が自分のだらしない女性関係を棚にあげておいて、自分の周辺からプライバシー情報が漏れることをぼやいたり、ライバルや自分に反感を持つ人を非難するのはまったく見当違いである。

特にファックスの場合は、情報提供が即時にできるという、提供者側にとっての利点がある。マスコミなどへ「こんな情報がありますが、証拠の文書をお読みになりたいですか」という電話があり、「ぜひほしい」と返事すれば、すぐファックスで追加情報が送られてくる。一九九四年に、通産省（当時）の内藤正久産業政策局長解任問題をきっかけに省内が紛糾したときには、『テーミス』編集部へ、内藤氏擁護派と反対派の双方から、コンビニ店のファックスを使って発信元を隠した、〝怪文書〟の類いがたくさん送られてきた。

これに加えて、最近増えてきているのが携帯電話を盗聴して、企業や有名人などのプライバシー情報を得ている人々である。彼らの中には、盗聴を楽しむマニア的常習者と、得た情報をもとに本人を脅したりマスコミなどに提供してカネにする二つのタイプがある。

私が『フライデー』編集長をやめた直後に、あるテレビ局の女性アナウンサーが自宅へ訪ねてきた。約一週間というもの、カメラマンと車に尾行されているらしいので調べてみたら『フライデー』の編集部員だということがわかったという。彼女の相手はパーティで知り合った中年実業家で、「単なる友人だから尾行するのは止めてほしい」と釈明する。担当者に聞いてみると、中年実業家と女性アナウンサーの交際を突き止めたのは、当時、政治家や経営者の間で利用され始めた自動車電話を盗聴している男で、彼からの売り込みをもとに尾行を始めたのだという。盗聴マニアによれば何百回、何千回と盗聴しているうちに、企業などの秘密情報と共に特定の男女の密会情報などが得られるというのである。盗聴マニアにいわせると、携帯電話は「プライバシー情報の宝庫である」ということである。

公益通報者保護法で企業の内部告発は増えるか

公益通報（内部告発）者保護制度を巡って、国民生活審議会の検討委員会は二〇〇三年五月七日、一部委員の反対がある中で最終案をまとめ、二〇〇六年四月に施行された。しかし解説や批判をみると、問題点がかなり多いことがわかる。

二〇〇〇年以降、食品偽装事件、医療ミス事件、自動車リコール隠しなど、消費者の生活に直接関係する違法行為や不祥事が、次々に内部告発で発覚した。ところが、当事者である組織では、不祥事の原因解明や情報開示と並行して、告発者探しが陰に陽に行なわれるのが通例だった。その結果、告発者は組織内で左遷やいじめに遭ったり、果ては解雇されることもあった。そんな〝社会正義の味方〟である彼らを保護する目的で法制定が検討されたにもかかわらず、目的とはかなり遠い内容になっている。

まず第一に、保護の対象となるのが民間部門だけで、国や自治体など公的部門には適用されないことである。消費者の利益を侵害する法令に明確に違反する告発でない限り保護されないのだ。

第二は、保護される告発者の範囲が限定されていることである。取引業者や下請け会社などの従業員は、処罰されても仕方がないとしか解釈できないようになっている。牛肉偽装事件は、取引業者による告発が発端だった。彼の行動はマスコミからは賞賛されたが、食品会社の解散などもあって、自らの会社も解散に追い込まれた。周囲から圧力があったことは容易に想像できる。

英国の公益開示法などは、広い範囲の告発を保護しているが、海外四〇カ国の法制を参考にした割には、告発者に厳しい内容になっている。この法案が制定されたことによって、今後、報復が予想される「内部告発」は確実に減ると思う。

私は、五二年にわたるメディア生活の中で、企業の存亡に関わる違法行為から、トップや上司の汚職やスキャンダルまで、たくさんの内部告発に接してきた。しかし、組織や団体の不正や不祥事が許せないという使命感からの告発は、意外に少ない。最初は「大義名分」からの告発を装うが、調査や取材を進めていくと、組織や上司による左遷や冷遇を怨んでという動機が多いのである。

毎日新聞の外務省担当記者が、沖縄返還を巡る日本政府と米国の密約をスクープしたことがある。外務省が保管していた機密文書を女性職員が持ち出したものだが、彼女に国家の大事を告発するという意志はなかった。当時、愛人関係にあった記者の依頼で、軽い気持ちで文書を提供したものだった。記者にはスクープへの功名心もあったろうが、結局、政府によって、この内部告発は、単なる「男女の情事」の中に埋められてしまった。

欧米には、ニクソン大統領の盗聴事件をあばいたウォーターゲート事件など、国家機密や企業の不正を、正義感や使命感から告発したケースも多い。政治家や経営者の女性関係を巡って高額な金銭が動いたという話も多い。しかし日本では、当事者間で金銭の取引があった場合は別として、マスコミへの内部告発で高額な金銭が動いたというケースはあまりない。日本人は、マスコミに報道させることで、金銭を得るよりも、相手に社会的ダメージを与えたい、怨みつらみを晴らしたいという要求のほうが強い。

ある省庁OBが役員の半分以上も天下りしている特殊法人で、生え抜きの中堅幹部が、彼らの横暴ぶりと収賄疑惑をぜひ記事にしてほしいといってきた。詳細なデータや具体的事例を求めたところ、途中から口ごもってしまった。「これ以上いうと私の名前がわかってしまう。彼らをやんわりとやっつける程度でいいのですが……」と尻込みし、結局、情報は提供してもらえなかった。

彼の言動を批判することは簡単だが、告発者の大半は、組織に知られることによる報復を恐れ、不安にかられているものである。

裁判所に、不当な解雇や左遷を訴えて勝ったとしても、かつての業務に就かされることはほとんどなく、閑職に追いやられるのが大半である。何よりつらいのは、職場や周囲から無視されることだと体験をこぼす人もいる。

今度の法案では、内部告発が組織から訴えられた場合はかなり不利になっている。組織が事実を隠蔽しようとした証拠や冷遇されたことを、具体的に証明しなければならないからである。これでは、告発した場合の危険が増すばかりで、敬遠させる結果を招くことになる。

それでも、世の中には、自分の生命、生活、家族の将来などを賭けて、組織やトップの不正を告発する人が、必ずいるものである。彼らは数は少ないが、どんな報復が予想されても告発に踏み切る。だから企業の場合、内部告発者を保護するように思わせて、実は彼らに厳しい法案が制定されたからといって、決して安心してはならない。

企業はトップを中心に、まず違法行為や不祥事を惹起させない体制を作ることである。幹部はもちろん社員にも遵法精神を徹底させなければならない。それでも組織である以上、全従業員の中から不満や怒りが出てくることはやむを得ない。しかし、それらが企業やトップの存亡に関係するような「公的」なものであるか、単なる「私的」なものであるかの検証や分析は、広報担当者が先頭に立ち精力的に実行しなければならない。

内密のはずがスキャンダルに発展する

携帯電話の場合は、電車の中、駅のプラットホーム、ホテルのロビー、道路などで自由に使われているが、使用者も周囲に人がいるということを意識しているし、秘密の話は後で改めてということも多い。しかし個室や自動車の中では、誰も聞いていないという安心感からプライバシーに触れる秘密の話もつい口にしてしまうものである。だから政治家、財界人、有名スポーツマンやタレントなどは、自分の発言がどこかで盗聴されているかもしれないと用心するべきである。すべての情報機器は、いつ〝凶器〟に変わるかわからないということを認識してほしい。

情報機器を使って内部告発をしようと考えている人たちの狙いは、どんなところにあるか。主として、二つあげられる。

一、自分の属する組織や会社の不正行為を世間に公表してダメージを与えたいと思い込む。この根底には自分の給料が同僚にくらべて低いといった金銭への不満か、昇進や左遷など人事をめぐる不満がある。しかし、純粋に会社の犯罪を告発しようとしたり、イメージダウンを狙うことはあまりない。

二、上司やライバルのスキャンダルを公表することによって、彼を組織の中で失脚させたい、組織から追放させたいという願いからが多い。この場合は、上司の不公平と思う人事や待遇への怒りと、彼に重用されている同僚への嫉妬が根底にある。

内部告発をする人は、いまあげたような動機があって、マスコミや司法当局と接触したがったり告発してくるが、ホンネは絶対に明かさない。

「こんな経営者に会社を任せてはおけない。業績も落ちてきている。製品も欠陥がある。これは消費者、株主、社員に大きな迷惑をかけることになる」

「一人の人間として、会社（あるいは組織）のこのような反社会的行為は絶対に許せない。すべてを公表して社会の批判を待ちたい」

「上司は出入り業者からこんなにリベートを取ったり、下請けからこんな貢ぎ物をさせている。家の新築を下請け業者に殆ど無料でさせたり、家具を出入りの業者や店などにプレゼントさせた。社長や役員にはペコペコしているくせに、部下には威張り散らして恣意《しい》的な人事を行なっている」

こういった内部告発のときの常套文句は、告発が単なる私怨ではないということを強調するために、必ず利用されている。ところがホンネは、前述したような不平不満や嫉妬であるということを心に止めておいてほしい。

『週刊現代』編集長のとき、大蔵省（当時）のエリート課長が、銀座のクラブで業者とタダ酒を飲んだり、業者につけ回ししているという告発が、何とクラブの経営者自身からあった。証拠がきちんと揃っていて「警視庁へも送ったから、間もなく逮捕されますよ」と自信満々である。ところが経営者周辺を当たると、かつて事業を手広くやっていたが、脱税容疑で逮捕され、裁判の結果、無罪となったものの会社が倒産していたことがわかってきた。以来、経営者は大蔵省（当時）と国税局に怨みを抱き、チャンスを狙っていたのだ。

そんなクラブへ、のこのこ飛び込んでタダ酒を飲んだ課長は批判されて当然である。しかし、告発があまりにも私怨がからんでいたため、私は記事を見送ることにした。この間、社の営業担当役員の紹介で、私鉄沿線に多くの直売店を持つ大会社の社長が「記事の掲載を見送ってはくれないか」と挨拶に来た。大蔵省（当時）のエリート課長ともなれば、こんなとき大会社の社長も動かせるものだと教えられたものだ。課長は間もなく退官して、政界へ転進した。

これからはトップはもちろんのこと、総務や広報担当者、さらに個人でも、重要な情報やある期間公表できない情報についての管理は、細心で慎重でなければならない。それでも私は、いままでの体験から、ある事件や事故に、三人以上の人間が関わったり、目撃した場合は、どんなに箝口令《かんこうれい》を敷いても、情報は必ず外部に漏れると確信している。

政治家の中川一郎氏が、札幌のホテルで自殺した事件があった。最初は急病による死であると公表されたが、わずか数日後に、実は女性と一緒にいたらしいという噂が流れ出し、やがて首つり自殺だったということが広く報じられた。そのため、数年間にわたって、中川氏の死を巡ってさまざまなスキャンダルがマスコミに続出した。政治家の「自殺」は、決して名誉あることではない。特に中川氏は、総裁選にも出馬するほどの実力者だっただけに、家族も「自殺」だけは秘匿しておきたかったのだろうが、中川氏の死が確認されたとき、はっきり「自殺だった」と公表していれば、その後のスキャンダラスな報道の洪水だけは防げていたと思う。

中川氏の場合、深夜に異変が起き、奥さんからの通報で救急車がホテルに駆けつけているのだから、ホテルの従業員から救急隊員まで、少なくとも一〇人以上が遺体を見ているはずだ。彼らに口止めしたのだろうが、せいぜい数日しか持たなかったわけである。だから、三人以上が関わった事件や事故は、いずれ人の知るところとなるということ、さらにその場合はよりスキャンダラスに仕立て上げられてしまうということを、覚悟しておいたほうがよい。タイミングをみて全てを「公表」してしまったほうが、その後の波紋を最小限に食い止めることもでき、よい結果が得られるものである。

◆この項目のまとめ

①情報漏洩の増加は、社員の忠誠心の衰退と情報機器の発達が原因である。複写機、録音機、カメラ、ファックス、携帯電話、インターネットなどの情報機器はときと場合によっては〝凶器〟となる。

②マスコミ側の録音や盗聴には、取材される側も全録音で対抗せよ。都合のよい部分だけをつまみ食いしてスキャンダル記事は構成される。

③マスコミへの内部告発は社内の不満分子だけではない。ライバルや対立する組織などからの告発や情報提供が、マスコミの取材をスタートさせる。

④盗聴技術は進歩している。自宅の電話、特に携帯電話は簡単に盗聴されやすいから細心の注意をすることである。

⑤告発者や情報提供者は正義や大義名分を口にするが、ホンネは怨み、不平不満、嫉妬からということが多い。金銭目当ても増えてきたが、企業やライバルにダメージを与えたいと思う人のほうが多い。

⑥三人以上の人間が知った情報を隠蔽することは不可能である。隠蔽するより全情報を公開し、のちに対策を考えたほうがよい結果が得られる。

3

あなたや会社を「内部告発」から守るには

ゲリラ的な情報提供も増えてきた

企業や組織に所属する人たちの忠誠心や帰属心が薄れてきたことは、すでに述べた。その彼らによって、録音機、カメラ、複写機、ファックス、携帯電話、パソコンなど情報機器を利用した「内部告発」が急増していることも指摘した。それ以外にも、ゲリラ的な「告発」や「情報提供」も増えているということを、強く認識しておいてほしい。

その一つが他人の私生活をのぞく盗聴が横行していることである。秋葉原などでは小型の盗聴器が普通に販売されているし、警察無線などを盗聴するためのテクニックを紹介するマニア雑誌まであるほどで、難しい盗聴に成功したケースを、少年たちが得意気に雑誌に投稿していたものだ。盗聴することだけに快感を覚えるマニアなども増えている。それとて決してほめられたことではないが、マニアの段階で留まっているうちはまだいい。盗聴で得た「他人のプライバシー」をマスコミなどに通報するようになってくると、周囲に与える影響も大きくなる。

新聞や雑誌の中には、「タレントの誰と誰がどこで会っていた」という「情報」だけでなく、デート中の写真や証拠品を編集部に送らせているところもある。もちろん写真週刊誌や女性週刊誌には情報提供という「密告＝たれ込み」が連日のようにある。

私が『フライデー』を創刊した直後だった。麻布のレストランで人気歌手と女性タレントが食事をしていた。彼らを見かけた客の一人が店外に出て、外の公衆電話から『フライデー』編集部へ二人の様子を連絡してきたのだ。かねて噂のあった二人だったが、ツーショットの写真はまだ撮られたことはない。編集部が早速、記者とカメラマンを急行させた。普通なら二人が店を出てきたところを撮るところだったが、スタッフが早く着いてしまったため、客を装って店内に入ったまではよかったが、写真を撮ったところでカップルや店員に気付かれてしまった。そこで、フィルムを出せ出せないでひと騒動あった。そのとき、私は普通の人が気軽に他人のプライバシーをメディアに連絡してくるという風潮が広まってきたことを実感させられた。

いまは警察無線もデジタル化されたから、簡単に盗聴できない。しかし、一九七〇年代から一九八〇年代にかけては、ちょっと工夫すれば自由に盗聴することができた。一九八五年から八六年にかけては、『フォーカス』と『フライデー』がそれぞれ一五〇万部以上、合わせて三〇〇万部以上を売り切るという写真週刊誌全盛時代だった。その頃、あるカメラマンは、自宅にいつでもスタートできるようにエンジンをかけたオートバイを用意したうえで、警察無線を盗聴していた。パトカーに事故発生の知らせが入ると、自宅から現場までの距離を計算し、パトカーや救急車よりも早く現場へ到着できるとみると、カメラを手にオートバイを走らせるのだった。

写真週刊誌に、よく生々しい交通事故の写真が掲載されていることがある。車外にほうり出された人が、地面に倒れて血を流しているところや、また電車に飛び込んだ人が首と胴に切断され、駅員が髪を掴んで首を運んでいる写真を見たこともあるだろう。こうした写真は警察無線を盗聴した後、素早くオートバイで事故現場に駆けつける彼のようなカメラマンによって撮影されていたのである。いまならカメラ付き携帯電話で瞬時に撮影して送信できる。

テレビでは交通事故が発生したときなど、近所の人たちや通行人が携帯電話で撮った写真が、ニュース番組などに盛んに登場している。メディアの記者やカメラマンだけでなく、一般の人たちまで携帯電話とインターネットというツールを駆使して情報発信をする時代になったのである。

事故の生々しい写真なら再発防止のための警告となることもあろう。しかし、写真撮影のときと場合によっては、企業や個人の秘密やプライバシーを容赦なく暴露することにもなる。

私が『フライデー』編集長をしていた一九八〇年半ばには、前記のようなカメラマンが都内だけで三〜四人はいた。彼らのうちの一人を編集部の専属カメラマンにしようと思って、契約金などを提示して交渉してみたが、応じてもらえなかった。彼は警察無線の傍受などで撮った写真の性質によって、新聞社と写真週刊誌に売り込むことが、楽しいからだと語っていた。例えば車の後部が高速道路からはみ出ているような、ちょっとユーモラスな写真の場合は『朝日新聞』に、ちょっと残酷な事故の写真の場合は『フライデー』に、といった具合に持ち込むことが生きがいになっているようだった。

日曜日のデパートで表通りに一時駐車させたベンツが動き出し、前に止まっていた車に追突したことがある。ベンツの中に残っていた五歳の子供が、完全に駐車していなかった車のどこかをいじったため、動き出したものと判明した。店内放送で子供の〝両親〟が呼び出された。カメラマンは、警察無線でこの事故を知ると急いで駆けつけ、ベンツと衝突された車の前と後でオロオロしていた親とみられる二人の男女を撮った。「短時間とはいえ、子供を車の中に一人残して買い物をしていると、こんな事故も起きますよ」という警告のキャプションをつけるつもりで写真の採用を決めた。

ところが取材をしていくうちに、この中年男性と若い女性が愛人関係にあり、日曜日に中年男性が愛人をベンツに乗せ、二人の間にできた子供を乗せてデパートに買い物に行ったところだということがわかった。しかし記事は、そのあたりをぼかして作ったが、雑誌が発売されて間もなく、中年男性の妻と名乗る女性から編集部に電話がかかってきた。

「あの女は主人の愛人である。別れたと思っていたらまだつき合っている。車の中の子供も主人が生ませた子供に違いない」とえらい剣幕である。会社役員をしている中年男性は、久しぶりの日曜日に愛人と子供を連れてデパートに買い物に行ったのである。それが予期せぬ事故とタイミングよく写された写真、さらにそれを報じた記事によって、改めて愛人と子供の存在、さらにベンツまで彼女に買い与えていたことが、ばれてしまったのである。

誰かがどこかで必ず監視・注目している

企業のトップや役員が、愛人や若いＯＬと新幹線のグリーン車、タクシー、ハイヤーなどに乗ったときも、マスコミや好奇心に富んだ人たちの目が光っていることを忘れてはいけない。さらに二人の言動や姿態によっては、マスコミに通報される恐れもあるということも知っておいたほうがよい。写真週刊誌や女性週刊誌は、地方へ出張する編集者やカメラマンに、こう指示しているはずだ。

「必ず何回かグリーン車に行き、タレント、有名政治家、有名社長などが若い女性と座っていたら、気付かれないように撮ってくるように」

ふだん慎重なトップでも、若い女性と旅行できるとなると、不用心になるものらしい。あるとき、一部上場会社の有名会長が、東京駅の新幹線ホームでそわそわしているところを見かけた。やがて銀座あたりのクラブのホステスとおぼしき若い女性が現れ、一緒にグリーン車に乗り込むと並んで座ったものである。二人の仲を本当に隠したかったら、どちらかが一列車遅らせるか、同じグリーン車でも席を離して座るべきであろう。

ある裁判の渦中にあった有名会社の会長は、かつらとサングラスで変装し、新幹線のグリーン車に乗って東京に向かっていた。彼にパーティなどで何回か会ったことがあるテレビ局幹部がこれを見破り、車内の電話から会社へ連絡し、改札口を出たところでカメラマンと記者が会長を直撃した。駅の構内を、カメラとマイクを避けて逃げようとした会長のかつらがずれ、醜態を晒《さら》すことになってしまった。本人は変装したつもりでいても、誰かが見ているという一例である。

『フライデー』編集部に、ある個人タクシーの運転手から情報提供があった。中年の有名女優とある若いタレントがタクシーで女優のマンションに向かっていたところ、間もなくマンションで二人きりになれるのに我慢できなかったのか、後部座席で体にふれ合うなどじゃれ始めたのである。その挙げ句、若いタレントは「小遣いが足りない」といい出した。女優が「この間、あんなに渡したのに」と、痴話げんかにまで発展してしまった。有名女優と若いタレントの仲のよさは、その当時少し評判になっていたが、ちょうど二人が出演しているテレビ番組でも同じ設定だったため、番組宣伝だろうと思われ、週刊誌はあまり注意していなかった。初老の運転手は、二人をマンションに送りとどけた後、編集部に電話をしてきたのである。

記者とカメラマンが駆けつけると、運転手がまだマンションの前で待っていて、前述のようなことを説明した後、「車の中でイチャイチャしたうえに、若いツバメが女からカネをせびりとっている様子が許せないと思った」とはき捨てるようにいったという。

新幹線やタクシーの中で目立つことをするなということに加えて、告発者＝情報提供者は、どこにでもいるという実例である。

人々の「社会的不公平感」が告発を誘う

盗聴マニアは、携帯電話ほど盗聴しやすいものはないという。もっとも携帯電話は、最初からプライバシーを放棄しているといってもよい。路上やホテルのロビーで大声でやりとりしているのが、聞こうという気がなくても耳に入ってくる。したがって携帯電話のときは、話すほうも重要な話や聞かれて困る話は、人前や路上ではしないか個室に入ってするように用心している。もっともそんなことをしても、盗聴マニアの前では何の防衛にもならない。社長にも社員にも携帯電話の場合には、近くに人がいようといまいと、会社の機密や秘密の話は絶対にしてはいけないと徹底すべきである。

盗聴マニアにいわせると、昼間交わされる携帯電話は、ビジネスの話がほとんどだが、週末の夜になるとタレント同士の会話や経営者と愛人との打合せなどが一挙に増えるという。それでも最初のうちは、名前がなかなか特定できない。それを何十遍何百遍と聞いてゆきながら、誰と誰が電話をしているのかを特定していくのが、たいへん苦労する反面、大きな楽しみだという。女性タレントの相手が経営者らしい男性の場合は、待ち合わせしたレストランやホテルに行って顔を確かめたうえ、帰りに自宅まで尾行して名前や住所を突き止めるのだという。

ふだん多忙な経営者や政治家がほっと一息つくのは、自家用車の中である。しかし目的地に着くまでつい暇をもてあまして、気軽に携帯電話をかけてしまうものである。そんなとき、つい気を許して機密を喋ってしまうのだが、それが盗聴者によって捕えられマスコミに通報されているのである。

私のところにも、政治家からときどき情報提供の電話がかかってくることがある。いつも忙しそうなのに珍しくゆったりした喋り方をしているし、話はさらに展開しそうである。「いまどちらにいるのですか」と聞くと、「羽田空港に向かっているところだ」とか「成田から米国へ行くのだが、時間が余っているので」などという答えが返ってくることが多い。トップの場合、こんなときの会話にも警戒を怠ってはならない。

さまざまな情報機器は発達して、私たちの生活は豊かで便利になった。しかし情報機器はすでに述べたように、〝両刃の剣〟で、利用法を誤ると、会社の秘密、個人の人権、プライバシーなどを侵害する〝凶器〟にもなる。特に日本のようにメディアが異常に発達したうえ、人々の「社会的不公平感」が充満している場合には、情報機器を通して得た「秘密情報」を、大義名分を装った「告発」という形で通報するケースが多くなるものである。

またマスコミも「告発」や「通報」を歓迎、奨励しているのである。自前の調査能力には限界があるし、最初から手をつけたら費用がかかって仕方がない。それが「告発」なら、その費用がゼロになるか、格段に安価ですむ。それに盗聴マニアや告発をしたがる人たちは、意外に報酬にこだわらないことが多い。彼らは盗聴した内容や技術を誇ってみたいのである。社会的地位がある人間、有名だが傲慢な人間、大金を持っている人間などの弱みやスキャンダルを捜し、暴露し、攻撃し、鼻をあかしてみたいのである。

こうした人たちは今後ますます増えてくるだろう。企業や組織の最前線でこうした事態に対応しなければならない広報、総務、秘書などの担当者は、ぜひとも新しい社会と人々の動きに注意を払ってほしい。

確信犯による内部告発が増えている

最近の内部告発の増加についてはすでに触れたが、ついに確信犯的な内部告発の時代が来たと感じさせる事件が相次いだ。

二〇〇三年、日本道路公団の中堅幹部が公団の財政が破綻していること、つまり債務超過であると雑誌を通して告発した。かねて公団の藤井治芳総裁（当時）には、民営化に反対する言動やワンマン的運営が指摘されていた。

藤井氏は、民営化推進メンバーと見られていた中堅幹部に海外勤務を打診し、拒否されるや四国支社勤務を命じたのである。中堅幹部の告発が内外から注目されたため、焦った藤井氏は、中堅幹部と告発記事を掲載した雑誌を提訴したが、これがさらに世間の関心を集める結果を招いた。

このケースは、中堅幹部が確信を持って組織の違法行為を告発したことと、トップが明白な報復で応じたということに特徴がある。

またある全国紙が、社会保険庁の役人が監督下の健保組合本部から何回も飲食の接待を受けたり、商品券をもらっていたことをスクープした。こうした癒着は、組合幹部の告発で明るみに出たのだが、この報道にはいくつかの特徴があった。

一つは、組合幹部の告発によって取材を開始した全国紙が、系列のテレビ局と連携して、関連人物から裏付けとなる談話などをとり、文字と映像でスクープとして同時に報道したことである。社会保険庁が受けた衝撃は大きかったが、このように、新聞とテレビが連動するケースは今後、増加すると思ったほうがよい。

二つは、告発した組合幹部を、組合の上司が圧力をかけ左遷した言動を、全国紙が執拗に報じたことである。告発や情報提供によってスクープ記事をものにしたメディアは、告発者や情報提供者の側に立った続報を出すものである。

一方、全国紙と系列のテレビ局の独走を他の新聞やテレビが無視したのも〝マスコミの生理〟であると知っておいたほうがよい。

内部告発者に対する道路公団や健保組合の対応は、きわめて拙劣である。左遷人事や圧力は報道に火をつけ、さらに大勢の人たちの知るところとなり、組織とトップのイメージを大きくダウンさせることになる。

こんな醜態を晒さないために、トップや広報担当者はどうすべきか。

まず第一は、違法行為や不祥事をしないことである。しかし、これは「いうは易くして行なうこと難し」で、企業も団体も、長い間には規律も緩み腐敗が始まってくる。出入り業者との癒着も、年を経るにつれて深くなる。組織の違法行為やトップの不祥事を、すべて隠蔽したりもみ消すことは不可能と思ったほうがよい。

ただし告発者の多くは、検察や警察など司法当局やマスコミに情報提供する前に、内部でシグナルを発するものである。広報担当者としては、その段階でキャッチしてトップに対応を進言したい。そのためには、社内の〝風通し〟をよくすると同時に、内部告発者に、みせしめの制裁や圧力を加えるような前例は払拭しておかなければならない。

全国紙が報じた社会保険庁と健保組合との癒着問題でも、内部告発したこの組合幹部は二回ほど厚生労働省に情報を送っていたが、握り潰されていたという。告発しても、無視されるか報復されると思い込ませてしまうと、告発者は一気に司法当局やマスコミに駆け込むものである。

組織内での内部処理には限界があることも承知しておきたい。顧問弁護士と相談して、違法性ありと判断したときは、いち早く不祥事の大要を公表し、場合によっては当事者を告訴か提訴する必要がある。そうしておけば、マスコミなどから「もみ消した」とか「隠蔽した」と批判されることはない。

内部告発者への性急な処分は避ける

道路公団の中堅幹部に対する処分をみて、政治家や経営者の中には、中曽根政権時代の国鉄民営化を巡る人事を思い出した人も多い。当時の国鉄幹部が民営化推進メンバーの中堅幹部を、地方支社へ配転させたのだが、中曽根首相（当時）は国鉄幹部を一挙に更迭し、中堅幹部を本社に呼び戻して民営化を達成したものである。道路公団の場合も、結局、藤井総裁が更迭され、処分された中堅幹部らの復権が実現した。

大企業や大団体なら、こんな「ほとぼりを冷ます」人事をすることができる。そのうえで、ときの権力者が去った後に、復権させることが可能だ。しかし、中小企業ではそうはいかない。特にオーナー企業では大小を問わず、トップ批判や告発は明白な違法行為でない限り、告発者には退社など厳しい処分が待っている。結局、トップが高い見識と倫理観に根ざした経営姿勢の持ち主ならいいのだが、それは理想というものである。

広報担当者が、常に心得ておかなければならないことは、内部告発によって、企業の違法行為や不祥事が発覚したとき、すぐ告発者を処分して摩擦が生じたり波紋が広がることを防ぐことである。そのためには、トップを説得するために拙速な処分などで〝砂ぼこり〟が立った実例を用意しておくことである。国鉄民営化問題のときのケース、道路公団や社会保険庁と健保組合のケースを、よく検証、整理して文書にしておきたい。

とにかくこれからは、確信犯的な内部告発が増えていくことをよく認識しておき、そのうえで慌てふためかない対応を用意することである。

◆この項目のまとめ

①現代は盗聴、通報、告発が盛んな時代である。組織や個人に対する怒りや嫉妬、社会的不公平、格差社会への不満から告発する人も増えているが、一般市民の好奇心からの盗聴や通報も増えてきた。

②複写機、録音機、カメラに続き、ファックス、さまざまな機能を持つ携帯電話、誰でも発信できるインターネットによって、通報や告発は激増してきた。

③カメラは、新幹線のグリーン車、飛行機のファーストクラス、ハイヤーの中のトップの言動や同伴者を狙っている。

④携帯電話ほど盗聴されやすいものはない。大声での会話だけでなく、個室や自動車の中での会話も盗聴マニアは狙っている。

⑤組織の不祥事を告発した人物が特定されても、報復を図ってはいけない。あからさまな左遷や差別待遇が明るみに出て社会問題になれば、組織のダメージはさらに大きくなる。

4 過激な抗議行動や暴力事件に襲われたとき

殺到する抗議電話に対応するには

お客さまを招待した海外旅行で事故が発生し、不幸にも死傷者が出たとする。欠陥テレビからの発火で火災が発生したとする。ジュースに毒物を混入されて中毒者が出たとする。事件の性質、規模、社会的影響によっては、企業の存亡にもかかわってくる。企業は、社長を先頭に誠意を持って事態の収拾に当たらなければならない。被害者にはもちろんのこと、その家族や関係者に対しても、補償金などを含め、誠心誠意、対応しなければならない。

新聞記者、テレビのレポーター、週刊誌記者が押しかけてくる。彼らへの対応については、すでに述べてきた。特にテレビも入った記者会見の要領については、一九〇ページに詳述したのでそれを参照してほしい。最近のこういった事件のとき、マスコミに煽られて当事者や関係者以外の不特定多数の人々によって、抗議行動が惹起されることも多いということも知っておきたい。

まず抗議電話が殺到する。一九五〇年代には、マスコミへの電話による抗議や告発などは、まだ少なかった。私の体験によれば一九六〇年代に入って、環境破壊問題などで住民による反対運動が盛んになった頃から急激に増えた。大相撲で人気力士が微妙な判定で敗れたりすると、その直後から相撲協会を始め、ＮＨＫ、スポーツ新聞などに抗議の電話が相次ぐという。停電があればすぐ電力会社に、不審な爆発音がしたり異臭が漂えば、すぐ警察や消防署に電話が殺到し、パンクすることも珍しくない。

オウム真理教の本拠を警視庁が捜索を始めたとき、サリンを警戒してカナリアを籠に入れて持っていった。その風景がテレビに放映されたとたん、「カナリアが可哀想でないか」といった抗議の電話が警視庁に殺到したという。

二〇〇九年八月、タレントの酒井法子氏が覚醒剤の所持及び使用容疑で逮捕された事件は、彼女がアイドルだったことに加えて、事件発生後、行方をくらませて逃走したことで大きな話題となった。このときも、彼女が留置された警察署に「可哀想！」とか「彼女に代わって留置されるから、すぐ釈放してやってくれ」といった電話があったという。

有名人の不祥事や注目を浴びた事件の際には、こういう無責任な電話、抗議が企業や個人に殺到したり、流言や噂が飛び交うことも認識しておきたい。

テレビのニュースを見ていると、しばしばキャスターやアナウンサーが「先ほどは不適切な表現がありました。お詫びして取り消します」と発言する。差別用語などを耳にした視聴者が、すぐテレビ局に電話したのだ。芸能レポーターの梨元勝氏によれば、出演者の発言に対して、苦情や抗議の電話が三本続くと「お詫びしろ」と指示されるという。もちろん誤りを正すのは早いほうがいいし、侮蔑的な表現は取り消すべきであろう。しかし視聴者の抗議電話や投書に、企業もマスコミも過敏になり過ぎてはいけない。

かつて、『フライデー』がビートたけし氏の愛人を強引に取材したというので、たけし氏が怒り、軍団を引き連れて編集部に殴り込んだ事件があった。この日、事件の詳細がテレビで伝えられた頃から、講談社の代表番号と編集部の電話にファンや事件に関心を持った人たちからの電話が殺到した。たけし氏の暴力を非難する電話もあったが、圧倒的に多かったのは若いファンからの抗議と嫌がらせだった。編集部や総務関係が主に電話を受けたのだが、若いファンの多くは社員をバカヤロウ呼ばわりする。また話をしているうちに激しく泣き出す女子高生もいた。中には「これから行って殺してやる」などというものまであった。

彼らの電話に社員まで興奮していたら仕事はできないし、話にならない。だが、経験豊富なベテラン社員による冷静で慎重な対応があれば、事態を鎮静化させることができる。最近では、NTTに依頼すれば、直ちに一室に一〇台でも二〇台でも、緊急に電話を設置することも可能である。その部屋に電話の対応などに慣れたベテラン社員を配置し、抗議や嫌がらせに応じるのがベストの方法である。

「たけし事件」のとき、午後七時以降になると『フライデー』編集部の夜間直通電話が鳴り出した。仕事を含めて、編集部の電話がすべて使用されていると、他の部署の夜間直通に徐々に流れていった。そのため事件後の数日間というもの、他部署から「受話器を取ったとたん、バカヤロウと怒鳴られた」といった苦情が編集部に持ち込まれ、部員はたいへん肩身の狭い思いをしたものである。企業で不祥事が起きて抗議の電話が殺到しても、会社の代表番号や部署の電話番号を簡単に変えるわけにはいかない。また関係部署の社員にはいい分もあるし、一種の興奮状態にある。この場合もやはり、抗議や嫌がらせの電話は特定の部屋へ集中させ、ベテラン社員に対応させるほうがよい。

会社役員などの自宅・連絡先はシークレットにする

また「たけし事件」の数日後から、役員の自宅に深夜の嫌がらせや無言電話が入るようになった。当時は紳士録などに会社役員の連絡先が掲載されていたのである。数年前に退任した役員の自宅にも嫌がらせの電話があったところをみると、紳士録ばかりでなく、数年前に作られた「社外秘」だった役員の電話番号一覧表も流出していたものとみられた。

一九九〇年代から企業幹部を襲う暴力事件が増えてきたが、会社の役員や社員の住所、電話番号は管理を厳重にしないと、こんなときに悪用されることになる。一九九四年に、富士写真フイルムの専務が自宅前で惨殺されたり、住友銀行の名古屋支店長が射殺される事件があった。企業対象の暴力が幹部から中間管理職まで襲うようになったのである。各企業とも、やっと紳士録などから役員の住所や電話番号を削除するようになったが、もっと早くからするべきだったと思う。

また、「たけし事件」の担当デスクの姓が珍しく、都内の電話帳にも五人ぐらいしかなかった。そのため彼の氏名が被害者として報じられた直後から、電話帳で調べたのであろう、彼の自宅に無言電話や罵声の電話が入るようになり、家族を不安がらせるようになった。私は激励と見舞いを兼ねて訪問したが、困惑している家族の姿を見て、申し訳ないという気持ちでいっぱいになった。すぐ電話番号を変更する手続きをとり、近くの警察署にパトロールも依頼した。また担当デスクの自宅には手紙や葉書などもたくさん送られてきたが、私は夫人に、見たり読んだりしないで、すべて段ボール箱に入れ、まとめて私のところに送ってくれるよう頼んだ。

手紙などによる嫌がらせは、約一〇日間続いた。私はこうした事件のとき、たとえ被害者であっても中間管理職や社員の氏名を公表してはいけないと教えられた。

「ガセネタ」「嫌がらせ」への対処

事件直後の電話や手紙の中には、激励や抗議だけではない。会社関係者を混乱させたり、ぬか喜びさせるような偽情報や、野次馬からの冷やかし情報があるということも覚えておいたほうがよい。

『フライデー』の記者とカメラマンが、あるタレントと人妻の女優がこっそりデートしているところを撮影した。この不倫現場を目撃されたために、逆上したタレントが記者を殴打しケガを負わせたのである。私はもし社員が殴打されたのなら説得し、我慢しようと思っていた。しかし契約記者が、タオルを手に巻くなど周到に防御策を講じたタレントに殴打されたことに怒りを覚え、告訴したが、検察は約一年ほうり出したうえ、不起訴にした。私は、今でも検察とタレントを許せないと思っている。

当時、写真週刊誌批判が高まりつつあった。もちろん「たけし事件」のときほどではなかったが、編集部を批判する声のほうが多かった。そんなとき編集部に「私は現場を見ていたが、記者とカメラマンのほうが紳士的だった。特に記者は一方的に殴打されているばかりだった。私がいつでも証人になってやる。これからそちらに行って、見たままを話してあげる」という内容の電話が、何本か入ったものである。第三者の貴重な証言の申し出に、編集部員が大喜びして私に報告にきた。もちろん電話がある度に、「お会いしたい」「編集部へおいで願えませんか」と丁重に頼んだが、男たちからは二度と連絡はなかった。私は、こんな事件のときには、カネ目当てのものを含めてよく偽情報を提供しようといってくるケースが多いことを教えられた。事件の直後には、こんなおためごかしの情報も飛びかうということを承知しておき、ぬか喜びしたり、振り回されてはいけないという教訓である。

「たけし事件」では、若いファンからの抗議の手紙と葉書も舞い込んだ。電話攻勢が終わってからもこちらは二週間ぐらい続いた。大きな段ボールの箱が、三つも手紙などで占領されたものである。最初は手分けして目を通していたが、同じような文面に誰も手にしなくなり、箱は部屋の片隅に置かれたままになった。そのうち箱から妙な臭いが漂ってきたのである。注意していくつかの手紙を開けてみると、おそらく生理のときのものであろうと思われる血のついた汚物が出てきた。

さらに、糞尿をこすりつけたような紙や布の入った封筒もたくさん発見された。それらが異臭、悪臭を放ち始めていたのである。また、封筒の糊代のところにカミソリの刃を巧妙に貼りつけた手紙も出てきた。うっかり指で封を切ろうものなら、カミソリの刃で指先が切れてしまうところだった。かねてから人気タレントが婚約したりすると、女性ファンなどからカミソリの刃、生理時の血、糞便などが送りつけられてきたということを聞いていたが、このときもそうだった。今後、告発社会の進展と共に、事件によっては電話やファックス攻勢だけではなく、こうした嫌がらせが増えることも承知しておいたほうがいい。

集団行動や圧力団体が来訪したとき

一九六九年、藤原弘達氏が『創価学会を斬る』を出版した。このときも氏の自宅に無言、嫌がらせ、抗議の電話とともにたくさんの手紙や葉書が来たという。これは文面がすべて同じだったというから、創価学会側の指示によるものであったことは明白である。「たけし事件」の場合は、熱狂的なファンによる暴発的行動だから、電話での口調や手紙の中身もいろいろだった。いずれにしろ、企業や個人に対する憎しみ、怨み、抗議などを、形こそさまざまだが、すぐに直接行動に移す人たちが増えたことを、強く指摘しておきたい。

一九九三年、宗教団体『幸福の科学』が講談社に大規模なデモ隊を組織して押しかけたことと、社内各部署のファックスに抗議文を間断なく送りつけて業務を妨害したことがあった。やり方は稚拙だが、これも情報機器は使い方一つで〝凶器〟にもなる一例である。

宗教団体、民族団体、市民団体、一部の学生グループなどが大挙して抗議に押しかけてくることもある。あなたが総務や広報の責任者なら、どう対処するか。社内や部下があなたの言動をじっと見つめているということをまず認識したうえで、部下に任せず自ら陣頭指揮すべきである。尻込みしたいだろうが、堂々と正面からぶつかったほうが、後のことを考えても得策である。抗議団が大挙して押しかけた場合には、代表を二〜三名に絞り込ませ、こちらも同数で向かい合うのがベストだ。

講談社の『ペントハウス』（一九八七年休刊）が浩宮さま（現皇太子さま）のインタビューを掲載したところ、民族団体が抗議に来たことがある。趣旨は「将来天皇陛下になる方のインタビューを、ヌードがたくさんあるこんな雑誌に掲載するのはけしからん」というものだった。各団体の代表各一名と話し合っている間に、彼らの一部が『ペントハウス』に広告を出している企業にも抗議に向かっていた。

創業約一〇年、急成長していたA社の場合、民族団体に抗議された経験もなかったため、広報課長名で真面目に「『ペントハウス』は宣伝媒体として価値があるから」と回答した。すると、抗議に押しかけた彼らのうち数人が、四階の広報室にかけ上がって「広報課長を出せ」と、怒鳴ったのである。他の企業は、みんな無視ないし「それはペントハウスの問題である」と回答していた。そのなかのB社では、総務課長が社前の路上に呼び出され、通行人の好奇の目の前で「抗議文」を読み上げられたという。

C社の場合、民族団体は社前だけではなく、社長の自宅周辺でも抗議行動を展開した。自宅周辺の電柱に社長を糾弾するビラも貼られた。C社の広報担当は、講談社の広告局長に「あなたのところの雑誌で迷惑を被っている。そちらで始末をつけてくれ。うちは民族団体とは一切つき合うつもりもないから」といってきた。私が、困惑した広告局長に頼まれて民族団体の代表に会って話をきいてみると、彼は「C社の場合は、『ペントハウス』の記事とはまったく関係ないことで抗議行動を展開している」という返事をするではないか。私は広告局長に「C社に民族団体のいい分をそのまま伝えてやれ。それでも講談社の責任だというなら、私が広報担当とトップに会って『自分で対処すべきではないか』と強く抗議してやろう」と伝えた。

企業の総務・広報担当者が民族団体とつき合わないというのは一つの見識であり、それはそれでよいと思う。しかし自分だけきれいごとをいっておきながら、広告スポンサーという立場で、新聞社や出版社の広告担当者などに居丈高に後始末を押しつける態度は、大企業を笠にきた横暴、驕りだと思う。

抗議行動と交渉するときの心得

約四〇年前、週刊誌の記事に対して、すぐ大挙して抗議にきたのは日本共産党と創価学会だった。応接室で、数十人が私たち編集部員を囲んで、口々に糾弾するように執拗に抗議を続けたものである。また民族派の団体代表が来たときには、足をくじいたといって頑丈な松葉杖をかかえた男もいた。

そんな経験から、一〇人以上が抗議にきたときの心得を決めるようになった。

一、代表者を三～五人に絞って会う。

二、部屋には監視用のテレビカメラを設置し、別の部屋で数人で監視を続ける。相手が暴力団などの場合は警官を待機させる。

三、なるべく大きな部屋を用意し、テーブルをはさんで話し合いをする。テーブルは、相手が激して飛びかかってくるのを防ぐことにも役立つ。

四、話し合いの空気をほぐすためにジュースやウーロン茶を出すのはよい。しかしガラスのコップや茶碗の場合、もし投げつけられたりしたらケガにもつながる。「あいにく数が足りませんので」と断って、自動販売機の飲み物を紙コップで出すのが一番よい。万が一投げつけられても服は濡れるがケガをすることはない。

ただ十数年前、ある大企業に消費者団体が抗議に押しかけたとき、先に茶碗で日本茶を出した後、慌てて紙コップのジュースに差しかえたのである。そのため、団体代表が「俺たちが乱暴すると思って代えたのか」と怒り出して話し合いが紛糾し、逆効果になったことがあったという。

急増する襲撃事件にはこう備えよ

大阪府下の池田小学校に暴漢が闖入《ちんにゅう》し、多くの児童を殺傷させた事件ほど、世間に衝撃を与えた事件はない。学校は一種の〝聖域〟とみられており、児童を殺傷する目的で犯人が侵入することなど、一九八〇年頃までは誰も予想していなかった。

一九九〇年頃から、米国では闖入者や学生が銃を乱射し多数の死傷者を出す事件が続発していた。しかし、日本では銃器は厳しく規制されているうえに、まだ治安も保たれており、そんな事件とは無縁と思われてきた。もはやそんな常識は粉砕され、凶悪事件が日常的に起こり得ると考えるべきである。学校でも企業でも、これに類似した凶悪事件発生を想定し、対応策を講ずるときがきたと思う。

かつて三菱重工業で過激派による爆破事件が起こった。ロッキード事件では、商社の丸紅（当時、現双日）にデモ隊が押しかけている。大銀行で総会屋への利益供与が発覚したときには、民族団体が社前で街宣行動をくり広げたり、トップや幹部に面会を求めている。

それらに対して、企業側もさまざまな防衛策を講じてきた。その一つが、大企業で警備会社のガードマンを正面玄関や通用口に配置したことである。しかし最近は、ガードマンにも緊張感がなくなってきたように思う。身分証明書の提示を求められたり、訪問先や氏名を記入させられることはあるが、相変わらず若い女性だけ受付に配置している企業や、ガードマンが玄関から離れて所在なげに立っている姿も目につく。

企業のトップから総務・広報担当者まで、ここでもう一度、企業の警備はどうすべきか、闖入者や暴漢が侵入を強行した場合にはどう対処すべきか、団体でトップへの面会を強要された場合はどういう形で会うか、など緊急に対応策を立てる必要があると思う。

さらに大切なことは、対応策を単なる机上プランで終わらせず、関係者だけでもよいからシミュレーションしてみることである。地震や社内で発生した火災からの避難訓練でもバカにする社員がいるが、こんな人間を相手にしてはいけない。必ず対応策の欠陥が発見されるはずである。暴漢が闖入したとき、全員が狼狽し、警察への通報を忘れてしまったというケースも多い。誰がどう行動すべきか、誰がどこへ連絡すべきか、シミュレーションは必ずモノをいうものである。

闖入者を取り押さえる防具を準備しておく

さまざまな団体や人物が、抗議や謝罪要求で来社した場合は、六九ページのような対応策がある。しかし、冒頭の池田小学校のケースのように、最初から話し合いを無視し、銃や刃物で直接行動に出る事件が急増している。企業は、トップや社員を狙った突発事件にも備えなければならない。

大企業の中には、トップや役員のいるフロアへ直通のエレベーターは一基だけで、それも秘密にしているところがある。通常のエレベーターは役員のフロアの一つ下で停止する仕組みになっており、事前に約束した人以外は階段を登ることになっている。これなら突然の闖入者をかなり防ぐことができる。しかし、受付のあるフロアの周辺で殺傷事件が起こる可能性は依然として大きい。どんな対策が考えられるか。

一、地元の警察署とふだんから連絡を密にしておくこと。警察への通報者を複数決めておく。

二、受付に女性だけ置くのはよくない。屈強なガードマンを一人、受付の横に配置させたい。

三、池田小事件以後に小学校などが採用した「刺叉《さすまた》」や、暴力を防ぐ防具を常備すること。

四、トップはもとより全社員に、いままで考えられなかった新しい「危機」が増していること、それらに対するハード面での対策が必要になったことを周知徹底させる。

五、トップを説得して、事前に危険な情報を入手する体制と費用を用意する。会社の製品に不満を持っている消費者団体はないか。会社やトップの姿勢を批判している市民団体はないか。過去に会社と関係のあった総会屋や暴力団に不穏な動きはないかなどをウオッチする。

まったく前兆のない通り魔的事件も増えているが、ほとんどの事件や事故には事前に何らかの動きがあるものだ。トップ、役員、総務・広報担当者には、こうした前兆をいち早く掴まえる義務と責任がある。正面からの抗議や謝罪要求には、誠意を持って毅然たる態度で臨むと同時に、突発事件には冷静で迅速な対応が取れるよう常に用意することである。

「情報」は必ずトップに上げなければならない

二〇〇一年の九月一一日、米国同時多発テロは世界中に衝撃を与えた。その後、米国を中心とする多国籍軍のアフガン攻撃が開始されるなど、予断を許さない状況の中、アルカイダによる米国への報復テロ情報が流れた。この情報が、CIAかFBIのどちらから米国トップにもたらされたかは不明だが、ただ両機関が必死に情報収集に当たっていた様子は、9・11テロ情報を事前に把握できなかったことへの批判の高まりからも窺われた。

ところが後日、九月一一日以前にアルカイダの不審な動きを掴んだ情報機関がホワイトハウスに警戒情報を上げたが、途中で握り潰されたという報道があった。航空機の操縦技術習得には熱心だが、着陸の訓練にはまったく見向きもしない男の存在を掴んでいたのだ。

この情報は、実はブッシュ大統領（当時）のところにも達していたが、大統領が無視していたという続報まであった。そのため絶大な支持率を誇ってきた大統領への批判が高まることになった。

この一連の動きは、企業の危機管理にとっても、いくつかの重要な教訓を含んでいる。

まず第一に、世界最強を誇る情報機関であるCIAとFBIをもってしても、航空機をハイジャックし、それをそのまま〝武器〟としてテロを敢行するという情報を察知できなかったということである。確かに予測も想像も超える大テロだが、大事件というものは、すべてこのように前例などないものである。

企業の広報担当者は、自社や同業他社の危機管理に関係する過去のケースを検証することで、さまざまな対処法を研究しておかなければならない。それが基本だが、9・11テロがいみじくも示したように、事件や不祥事はいままでの経験や想像を超えて発生するものだということを、強く認識することである。そのうえで、突発事故に備えての「連絡網」だけは整備し、マニュアルを用意しておくことである。その遵守を、広報担当者は、トップ、役員、中間管理職に徹底させなければならない。

総務・広報担当者だけの情報選別は危険

広報担当者は、トップの了承、指示を得て、全従業員に、知り得た情報を上司を経ないでも広報担当者に報告することを徹底させたい。社員の功績や善行は、即座に社内に伝播する。ところが事件や不祥事は、まず本人が隠蔽しようとする。さらに、それを知った上司や関係者も、自分の責任を回避するため隠蔽に加担する。かくて「悪い情報」は、トップへはもとより、広報担当者にも到達しなくなるのである。

また、情報が中間段階でストップするのは、中間管理職が部下からの情報を、自分の経験や予測に基づいて「重要ではない」と勝手に判断して握り潰すケースである。トップや組織に不満や不平を抱いていて、大事件や不祥事でダメージを与えたいと願っている人もいよう。そのために意図して情報をストップさせる人もいるが、大半は、その情報が重要であることに気付かないか、大事件の前兆であると見抜く能力を欠いているからである。

企業の創業者やオーナー経営者は、生まれつき危機管理能力を備えている人が多い。しかし、経営管理と保身に腐心しているサラリーマン経営者や中間管理職には責任感や緊張感がない。そのうえ、情報が内包する重要性や危機への連鎖性などへの想像力を欠いている。

9・11の同時多発テロ情報を、中間で握り潰した管理職は、おそらくこのタイプの人間だろう。歴史に「もしも」はないから、この情報が大統領のところに届いていたにしても、あの大テロを防げていたかどうかは不明だが、CIAとFBIの怠慢と驕りは厳しく批判されて当然である。

そんなところから、米国にはCIAやFBIとは異なる新しい情報機関を作ろうという動きが出てきた。それが国土安全省である。しかし、既成の機関がマンネリ化し怠惰になったからといって、新しい機関なら万全ということはない。なぜなら、すでに指摘したように、いくら金をかけ人を投じて組織を作ってみたところで、結局、それを運用するのは人間である。現場が資料を精査し、フットワークを活かして「ナマの情報」を集めても、中間管理職が無能で握り潰したり、トップに危機管理能力がなかったら、まったく無駄になる。

広報担当者も、情報の選別を自分だけでしないことだ。なるべく全情報を（整理は必要だが）トップに上げたほうがよい。それは、トップには特別な人間関係や情報網に基づくインサイダー情報が入っていることが多いからである。広報からの情報とそれらを照合したり組み合わせたとき、重大情報が浮かび上がることがしばしばあるからだ。

もちろんその場合でも、トップが鈍感だったり危機管理に関心がなかったら、情報価値はゼロで終わってしまう。それでも、広報担当者たるもの、ときのトップのためというより、企業の存続と発展のために、さまざまなルートからの情報を細大洩らさず集め、検証してゆかなければならない。つらいところだが、トップもいつか必ず気がつくと信ずる以外にない。

◆この項目のまとめ

①抗議電話には慎重な対応が必要である。一〇〜二〇台の緊急電話を一室に設置して、ベテラン社員が対応したい。

②役員や幹部の自宅の住所や電話番号の紳士録への掲載や一覧表の作成は止めたほうがよい。事件の責任者や当事者の氏名の公表も慎重でありたい。

③違法行為や不祥事が報道されると、抗議や嫌がらせの電話や手紙が殺到する。その中にはカミソリや汚物も入っていることが多い。

④抗議や批判が殺到しているときに、好意をよそおった情報を提供しようというニセ電話もあるから慎重に対応することである。

⑤〝聖域〟とみられる学校や企業、団体を狙う凶暴な闖入者が増えてきた。警察への通報体制を整え、刺又などの防具を用意し、模擬訓練もしておきたい。

第3章

マスコミの取材・報道への対処

——誤れる報道を防ぎ、正しい情報を伝えるために

1　マスコミから取材を申し込まれたとき

「マスコミ関係」を名乗る人物を頭から信じるな

二〇〇六年、民主党代議士の永田寿康氏は、当時、自民党幹事長だった武部勤氏が、問題企業と見られていたライブドアから不正なカネを得ていると告発したのである。事実なら大スキャンダルであり、自民党のイメージダウンは決定的である。

政界もマスコミも騒然とし、事実かどうか裏付け調査と取材が進められた。当時、民主党代表だった前原誠司氏までも、党首対決を前に、「告発には自信がある」と断言したため、世間は民主党は確実なデータを掴んでいるに違いないとみていた。

しかし、永田氏に資料を提供したフリーライターの名前がマスコミに洩れ出したとたん、主として雑誌編集者の間から、「あの男が提供したネタならガセネタ（偽の情報）ではないか」という声が一斉に上がったのである。

この男がかつていくつかの週刊誌に売り込んだネタの多くが事実無根で、それを基に記事にした週刊誌は当事者から告訴され敗訴していたからである。

前原代表、永田氏、永田氏を信用し支持していた野田佳彦国対委員長の三人は、この男の評判をまったく知らなかったのだ。せめて一人でも雑誌編集者に知り合いがいて、彼にその男のことを聞いていれば、あんな赤っ恥をかくぶざまな結末を招いてはいなかったと思う。

三人は新聞記者やテレビ局の報道記者には知り合いがたくさんいたと思う。しかし週(月)刊誌や月刊誌の編集者の中に、情報を提供したり、されたりする知り合いはいなかったのだろうか。一言、「こんな男からこんな情報をもらったが、どんな男か知っているか。情報は信用できると思うか」と聞いていれば、彼の評判を知ることができ、情報をもっと精査、検証する必要を痛感し、裏付け調査を始めていたに違いない。

そうすれば、前原代表が責任をとって辞任するような事態にもならなかったし、永田氏が代議士を辞めることにもならなかったのだ。永田氏はその後、体調を崩して入院生活を送っていたが、二〇〇九年に自殺してしまった。東大卒で将来を嘱望された若い代議士が、ニセ情報を簡単に信じ込んでしまったために失意のうちに自ら生命を絶ってしまったのである。

結局、民主党のベテラン議員が、揃ってこんな偽情報に踊らされたのは、情報提供者がマスコミ関係者だということで、最初から信じ込んでしまったからである。

新聞記者、テレビの報道記者、週(月)刊誌の編集者、フリーライターなど、マスコミで情報を収集したり、関係するメディアで発表している人間が、すべて「真実」を追及する真摯な人間だと思ったら大間違いである。カネに目が眩んだり、ライバルを蹴落とそうとして、虚偽の情報を洩らしたり売り込んだりする人間がたくさんいるのである。大手新聞社、テレビ局、出版社、有名雑誌などを名乗って接近してきたり、電話してきても、最初から信用してはならない。

相手のフルネームや電話番号を聞くこと

一九九三年、山梨県にある甲府信用金庫の一九歳のOLが誘拐、殺害される事件が起こった。犯人は間もなく逮捕されたが、誘拐にマスコミが利用されたことが、事件をいっそう注目させることになった。地元を代表する山梨日日新聞社が刊行する雑誌名を名乗っただけで、会社も被害者であるOLもすぐに信用し、犯人はOLを簡単に誘い出すことに成功した。これはマスコミがいかに世間から信用されているか、特に地方において絶大な信用を得ていることを証明するものである。

しかし、東京や大阪で、例えば企業の不祥事でマスコミの取材を受けたことのある広報部長や肉親、友人などの事件に関連して、テレビ局のレポーターなどに追いかけられた経験がある人なら、殆どの人が、マスコミの持つ影響力を実感する反面、マスコミの報道やマスコミそのものが、そのまま信用できるものではないということを痛感しているはずである。したがって、甲府信用金庫の本店や支店幹部の中に、マスコミを簡単に信用してはいけないということを体験したり熟知している人が一人でもいたら、この事件は未然に防げていたに違いない。

マスコミから、電話で取材依頼やインタビューの申し込みがある。そのとき、必ず確認しなければならないことは、電話をしてきた人物のフルネーム、会社名、所属部署、電話番号などで、これを手元の紙などに、必ずメモしておくことである。甲府信用金庫の場合は、犯人から「さんにちですがお宅のA子さんをグラビアに……」という電話があったという。「さんにち」などという名前の人間はいないはずだ。「さんにち編集部のどちらさまでしょうか」と必ず聞き返すべきであった。電話をしてきた人物の所属部署やフルネームを慎重に聞いていれば、犯人はやや焦り、手強いと感じて、犯行を諦めていたかもしれないのだ。

週刊誌や月刊誌の取材を受けることに慣れている企業の広報マンにも、意外に知られていないことだが、雑誌の編集を、すべて社員でやっているところはほとんどない。コストのこともあって、仕事の一部を、社外のフリー編集者、取材記者、カメラマン、また編集プロダクションなどに委託しているのである。編集者との個人的つながりや編集部との契約で仕事を請け負っているフリーの取材記者、編集者、カメラマンがいる。また数人から十数人で編集プロダクションという組織（株式会社ないし有限会社）などを作り、出版社や雑誌の編集部と契約して、あるまとまったページや連載企画を請け負っている人たちもいる。

彼らが、ある雑誌の仕事を請け負って、あなたや会社へ電話をするとき、個人名や「フリーで○○誌の編集の一部を担当している××」と名乗ることはまずない。「○○出版社の××ですが」とか「週刊○○の××ですが」と、社会的信用のある会社名や、仕事を依頼されている雑誌名を名乗るはずである。本来なら、「週刊○○の仕事を請け負っているフリー編集者の××ですが」とか「○○編集プロダクションの××と申します。『週刊○○』の仕事でお電話しました」と名乗るのが正確だが、最初からこう名乗る人は殆どいない。

フリー編集者、取材記者、カメラマンの中にも、仕事に生きがいと責任を持っている人は多い。しかし、中には、依頼された仕事を期間内にこなすだけで、取材も乱暴なら原稿も無責任に書き飛ばす者も少なくない。社員の編集者や記者から電話のあったときも、フリーの編集者や取材記者から取材申し込みを受けたときも、彼らの上司で、仕事を依頼している雑誌編集部の責任者(編集長や副編集長)を確認しておかなければいけない。これは、後に発表された記事に、事実誤認や歪曲などがあって、抗議や訂正を要求するときのためにも絶対必要である。

ある大銀行の広報部へ電話すると、必ず若い女性行員が出てきた。私が部長や課長につないでほしいというと、必ずといっていいほど「ただいま会議中ですが」とか「接客中で席をはずしておりますので」という返事が返ってきた。しかし、その後に、「一〇分程度で戻ると思いますので、こちらから必ず電話させます。失礼ですが、電話番号を教えていただけますか」と続くのである。

私は、やがてこの銀行の広報部では部員にそういう教育をしていると思うようになったが、この方法だと、新聞社や出版社からの本当の取材かどうか必ず確認できる。また、もしフリーの編集者や取材記者であれば、連絡先として出版社や編集部の電話番号でなく、事務所の電話番号や携帯電話の番号を伝えることが多いから、折り返し電話するときに、契約した取材記者か編集プロダクションかなどが確認できるという利点がある。

大マスコミの中に多いのだが、部署名はもとより、姓名さえ名乗らない社員がたくさんいる。私の体験でも、「こちらＮＨＫですが」と電話をかけてきて、私がフルネームを名乗っているのに、部署名も自分の名前もいわないで用件を切り出したケースがある。亡くなった作家の松本清張氏からは、何回も電話をいただいたが、いつも「松本清張です」とフルネームを名乗っていた。

あの特徴のある声で「松本です」と名乗られれば、編集者はもちろん、出版社の電話交換嬢もすぐ気がついたに違いないのだが、松本氏は常にフルネームを名乗っていたものだ。

また、新聞記者や編集者の中には、横柄に早口で電話してくるものが多い。彼らは、例えば「朝日新聞の○○ですが」と所属部署やフルネームを名乗らないのである。そんなときは「私は○○○○です。あなたの部署とフルネームをお願いします」と丁重に聞き返したほうがよい。そのとき、文字も確認してメモすることである。伊藤のトウが「藤」か「東」なのか、一郎のロウが「郎」か「朗」なのか、確認しておかねばならない。あなたのこうした慎重な対応は、必ず取材する編集者や記者に「これは慎重に取材しなければいけない」あるいは「手強い相手だ」と伝わるはずである。

電話取材は拒否して記者を来社させる

電話での取材には、原則として応じないほうがよい。一九五ページで詳述しているが、取材された側のコメントをつまみ食いされる危険性が、たいへん高いからである。「原稿の締め切りが近づいているので」とか「遠方にいてすぐ伺えないから」というときには、電話に録音機をセットしたうえで、コメントを出すべきである。特にテーマが微妙な場合は必ず録音しておいて、問題が起きたときの証拠としなければならない。場合によってはファックスで質問を送ってもらい、それにファックスで答える方法がよいと思う。これは後に、いいっぱなし、聞きっぱなしだったために生じる水掛け論を避けるためで、文書を証拠として残すことができるからである。

最近は、雑誌の編集部員や取材記者が大新聞の広報担当者などに取材に行くと、録音機を必ず用意している。企業の広報責任者はもとより、一般の市民であっても、マスコミから取材申し込みがあった場合には、まず録音機を用意すべきである。殆どの新聞記者や編集者が持ってきているのだから、取材される側も必ず用意し、慎重に対応することが、誤れる報道を未然に防ぎ、自分を守ることになる。

また取材のテーマは、資料などを送る前に必ず確認することである。例えば、ある年代の平均給与、保養所の数と場所、出張手当てなどのデータを送ってほしいという依頼があったとする。警戒もしないで送ると、翌週『社員を甘やかす会社ベストテン』とか『全国の景勝地に保養所を持っている優雅な会社一覧』といったタイトルの記事の中に、載せられていることもあるからだ。

来社した編集者、記者、カメラマンからは、当然のことながら、必ず名刺を受け取るべきである。そのとき裏に鉛筆で「○月○日○時」と、会った日時を記入しておくべきだ。発表された記事に対して、抗議や訂正要求をしたり、万が一、訴訟に発展したときに、証拠となるからである。『週刊現代』では、私が編集長だった頃、社員は名刺に「週刊現代編集部」と刷り、フリーの契約記者は「週刊現代記者」と刷っていた。出版社によって形式はさまざまだから、名刺を交換したときに、社員かフリーの取材記者か、ざっくばらんに聞いてみるとよい。もしフリーの取材記者かカメラマン、あるいは編集プロダクションの人だったら、電話のときと同様、編集部内の責任者名か担当者名を必ず聞いておくことである。

新聞記者や編集者は自分の肩書きにこだわらない素振りを見せたりしているが、実はたいへん神経質で、気にしているということも知っておいたほうがよい。『週刊現代』の場合は「編集長—編集次長—副編集長」という序列になっているが、別の出版社では「編集長—副編集長—編集次長」となっているところもある。

『週刊現代』の場合は、編集次長が二〜三名、副編集長が五〜六名で、それぞれ担当する分野を持っていた。彼らに電話したり資料などを送るときは、フルネームと肩書きを絶対に間違えないことである。「文字」を扱う職業だから、誤字やあて字にうるさいのはわかるというものだが、実は肩書きにもとても神経質だということを強調しておきたい。新聞社や出版社は人事異動も多いほうだから、一年以上間隔があいていたら、転部していないか、昇進していないかなども含めて、あらかじめ確認しておいたほうがよい。

不審な人物へは正確な情報を元に冷静な対処を

新聞記者や編集者の電話での取材申し込みに対して、「こちらから連絡しますので連絡先の電話番号を」というと、「出先にいますので、またこちらから連絡します」と答える記者や編集者も多い。仕事で出歩いていることもあるが、身分や居場所を知られたくないゲリラ的ジャーナリストが、よくこの手口を使うから用心したほうがよい。

私が『週刊現代』の編集長をしていたときは、木曜日発売の『週刊文春』と『週刊新潮』を水曜日の昼前後に入手していた。『週刊現代』は木曜日夜に校了となるため、二誌と同じ企画があったら見送らなければならないこともあって、早めに二誌を入手していたのである。ある水曜日の昼頃、私は会長に呼ばれた。スキャンダルの多いある大学の総長から会長に電話があったという。「今週、あの大学のことをやっているか」「いえ、やっていませんが、何かありましたか」「週刊現代の記者だと名乗って、あなたの学校の不正入試を取り上げるところだが、本日の午後三時頃までにそれなりの対応をしてもらえれば、掲載を止めてもよい、後で電話するからそれまでに対応を考えておくように、という電話があったそうだ」という。

私は、さっき読んだ『週刊新潮』の特集の中に、その大学の不正入試を巡るスキャンダルを扱ったものがあったことを思い出した。私は会長の机の上の電話で、総長秘書役と話した。「その記者は、『週刊現代』の誰と名乗っていましたか」と聞いたところ、秘書役はしどろもどろで「いや『週刊現代』の者だ、としか聞いておりません」というだけだった。

私は、今回のことに限らず『週刊現代』の記者だと名乗った場合には、必ずフルネームを聞いてほしい、また聞くべきであると伝え、さらにその程度のことで会長に電話したりすることはたいへん非常識であり、かつ失礼ではないか、なぜ編集部に連絡しないのかと、少し強い調子でいった。続けて「一日早く『週刊新潮』の記事を見たか聞きかじったゲリラ的ジャーナリストが、スキャンダルを『週刊現代』にも書くと大学側を脅し、なにがしかのカネでも取るつもりではなかったかと思う」と秘書役に説明した。

その大学は、ふだんからややスキャンダルが多かった。そのため、私は、不正入試に関するスキャンダルは、ほぼ事実に近かったのではないかと思った。それだけに秘書役は、週刊誌が連続して取材し、記事にすると考え、慌てふためいたに違いない。すでにおわかりのことと思うが、電話を受けたとき、フルネームと連絡先を聞いていれば、脅迫の電話ごときに狼狽する必要はないのである。その後、記者から大学への連絡はなくて、この件は落着した。

マスコミを装った犯罪とその対処法

新聞記者や雑誌編集者を名乗ってカネを巻き上げたり、タダ酒を飲んだりするケースは、過去にもたくさんある。それだけマスコミが世間から信用され、信頼されていることの証明だが、ある出版社には、若い女性が、週刊誌の表紙に登場させてやるからと騙されて、カネから身体まで奪われたと抗議にきたことがある。彼女が、いつまでも自分の写真が掲載されないので、母親と一緒に出版社へ乗り込んだのだ。編集長が名指しされた編集者を応接室へ呼んで対面させたところ、その女性が、「こんな男ではない」と叫んで、泣き出してしまった。編集者の名刺を利用して、社外の男が若い女性を騙していたのである。

『週刊現代』を創刊して一～二年後だったが、「週刊現代編集部が旅行するので、編集部員の数だけカメラを購入したい」という電話を受けたカメラ店が、店員に二〇台も持って行かせたところ、社の前で一人の男が待っていた。男はカメラを受け取ると「お金を持ってくる」といって社の中へ入ったまま消えたこともあった。また『週刊現代』の編集部員だと名乗って、新宿のバーで約三カ月さんざん飲み食いした男もいる。最近では、こんなこともあまり聞かなくなった。だから、マスコミの人間から名刺をもらったから、あるいは電話があったからといってすぐ信用しないで、必ず確認することである。そうすれば、こういった事件は未然に防ぐことができる。

◆この項目のまとめ

①記者のフルネーム、会社名、所属部署、電話番号などを確認しメモを残せ。

②社員編集者かフリーの取材記者か、その身分を確認したうえで、彼らに取材を依頼した編集担当者も聞き出せ。

③電話での取材には原則として応じてはいけない。応じた場合は、後日の証拠のために必ず録音しておく。

④打合せや取材に来社した編集者、記者、カメラマンからは必ず名刺を受け取り、日時を記入しておく。

⑤こちらからの電話連絡に応じなかったり、携帯電話のみ教える場合は、ゲリラ的ジャーナリストと疑ったほうがよい。

2　社長への取材と報道を成功させるには

「社長に会いたい」を上手に処理する

「社長に会わせてほしい」「社長にインタビューしたい」――新聞、月刊誌、週刊誌、業界紙・誌などからの申し込みがあったとき、広報部長（もしくは総務ないし秘書）のあなたが、どう対応していくか、一流企業の社長や話題の社長であればあるほど、社内外がじっと見つめている。

大企業の女性広報担当者で作っている勉強会があった。そこで発行した会報が、かつて「マスコミの第一線記者への要望」を特集したことがある。一流企業約三〇社の広報部に在籍する女性社員が回答している。そのなかで「嫌いな記者」の筆頭に上げられたのが、「何かあるとすぐ社長に会わせろといってくる記者」だった。彼女たちは、さらに「社長に会ってお聞きしたいことは何ですか」と聞いても明確な返事がなかったり、「そんなことをあなたにいう必要はない」と開き直る記者がほとんどだったと回答している。ちなみに、嫌いな記者の二位以下は「取材の参考にするからといって新製品を要求したり、持ち帰って返さない記者」、続いて「すぐ酒を飲もうとか、食事しようと誘う記者」などが続いている。

社長へのインタビュー申し込みがあったら、まず、「取材したいテーマ（狙い）」を確認しなければならない。テーマによっては担当役員ですませたほうがいい、広報部長でじゅうぶんの場合もある。ところが、自分で大物と思っている評論家、全国紙の記者、業界紙・誌のトップの中には、テーマに関係なく「社長に会わせろ」と要求する者が多い。

隠された底意には、中身のない記事にハクをつけること、社長にコネをつけたいことなどがある。彼らは、業界のパーティなどにしばしば出席し、社長に話しかけるチャンスを狙っている。そこで「社長、近く会って話を聞かせてください」などと呼びかける。社長も周りに人がいるため、はっきり拒絶もできないから、「まあそのうちに……」などと、あいまいな返事をするものである。彼らは、それを承諾と受け取り、広報部長や秘書に「社長はＯＫしているのに、なぜ会わせないのか」などと詰問してくる。

一流企業の広報部長が「社長を総合週刊誌のインタビューに応じさせたところ、（強引で知られる）経営評論家から『先に俺と会うといっておきながら失礼ではないか』とえらく怒られてしまいました」とぼやいていた。調べてみると、評論家が、パーティで社長に「近くお会いしたい」といったのに対して、社長が「いいですよ」と答えていたことがわかった。

有名評論家や大物コンサルタントの手法としては、そんなときでも社長の対応やもの忘れは絶対に批判しないものである。大声で怒鳴りつけられたり、連絡が悪いと決めつけられるのは、広報部長や秘書である。

ある企業コンサルタントに、毎月一〇〇万円単位の謝礼を払っていた企業がある。かねてメディアを通して企業イメージをＰＲしたい、社長をアピールさせたいと考えていたからである。ところが、いよいよ株式上場も近づいてきたというのに、その企業コンサルタントのところでは思うようなPRもしてくれない。やっと持ってきたのが「ペイドパブ（広告費を払って企業PRをしてもらう）」だった。そこで社長は、月一回、朝食を一緒にした席で、その企業コンサルタントに注文をつけたのである。すると彼は「私が社長や会社のことをあれこれ考えて慎重に進めているのに、あなたの部下の広報担当役員や広報部長がお粗末で、片端からそれをぶち壊していく始末だ」と怒鳴るようにいったという。

このように、広報担当役員や広報部長を、社長の前で口をきわめて罵倒するのも、彼らの手口である。こんなやり方を、賢い社長なら先刻お見通しだが、中には真に受ける社長もいるから、この部分を必ず読ませることである。

思い通りの記事をまとめてもらうための戦略

社長への新聞記者、雑誌の編集部員、評論家などの取材やインタビューが決まった。広報部長は、同席すべきか否かを含めて、どんな配慮をしなければならないか。

まず、テーマによって、同席するか否かを決めるべきである。

社長の人生観、青春時代の思い出などについての取材であれば、同席しないほうがいい。社長に思い切り喋らせたほうが、いい記事ができるからである。社内報や社外に発表したもののうち、参考になる資料を整えてやるだけでじゅうぶんである。それでも、社長によっては、同席を命じる場合がある。記者との対応に慣れていなかったり、実は会社か社長のスキャンダルを取材にきたのではないかと、不安だったりするときである。私の体験では、広報担当役員と広報部長の二人を同席させた社長がいる。彼らが社長の発言にいちいちうなずいたり、つまらない冗談でもすぐ笑ったため、社長は自分の話が受けたと思い込み、得意になって脱線しはじめ、やがて私に向けていた顔を、二人の部下のほうに向けたまま話し続ける始末だった。

会社の業績や人事についての取材なら、当然、同席しなければならない。最新の資料と録音機を用意することはもちろんである。取材が続く間は、社長と記者の両方に注意を払う必要がある。社長の発言の中に間違った数字が出てきたり、誤解されるような表現があったときは、後ではっきり削除ないし訂正しておかなければならないからである。

社長への取材やインタビューは、広報部の努力や心配り一つで、成功もするし、失敗もする。社長が努力し、サービスしているのに、同席した広報課長が、あまりにお粗末、無神経で、足を引っ張った例もある。

一九九二年夏、日本一の旅行会社社長へインタビューを申し込んだ。旅行客を増やしたい、創刊した新雑誌のPRもしたいと、社長は張り切っていた。背筋を伸ばし、手を前に組み、体を乗り出して私の質問に真剣に答えてくれた。ところが、広報課長は出入口に近い椅子に深々と腰をかけ、足を組み、資料らしきものに目をやったまま、私たちのやりとりを聞いてもいなかった。社長が、途中で数字の確認をしたとき、慌てて座り直したが、正確な数字も答えられず、かろうじて「後で調べて編集部のほうへ連絡します」というだけだった。

私も、いろいろな広報課長を見てきたが、こんなやる気のない課長を見たのは初めてだった。

それからというもの気になって、インタビュー中に、ときどき彼のほうへ目をやったが、前と同じように椅子に深々と座ったままでやりとりをまったく聞いていないのだ。社長へのインタビューだから、数字や表現を確認するため、ゲラ刷りを見せてほしいと要求するのが常識だが、それもなかった。むしろ、こちらから社長の発言部分のゲラを送り、数字などの確認を求めたくらいである。

彼は、広報課長の職務と責任を完全に放棄した失格者ではないか。私は思わず「社長、こんな社員に広報を任せておいてよろしいんですか！」と問いただしたくなったものである。

私も講談社時代、当時の社長がインタビューを受ける場に同席したことがある。まだ社内に広報室がなかった頃だったが、「お前は、よその広報部長にたくさん会っているから、心得もあるだろう」と、急遽「広報部長心得」を命じられた形になった。ある出版評論家のインタビューを社長が承諾し、日時も決まっていた。ところが、社長が病気になったため、副社長のインタビューですませてもらおうとしたのである。評論家は、執筆を来月に延期するから、どうしても社長にインタビューしたいという。そこで改めて、約二時間、社長邸の応接間でインタビューに応じることになった。ふだんからホンネで話したり、ストレートな言葉づかいをする社長だったが、この日は、自宅ということでリラックスしていたうえに、健康も回復してきていたため、そのまま活字にされたら社内外で問題になりそうな話がポンポン飛び出してきた。

私は、それらをメモし、取材が終わってから、出版評論家を近くのホテルに誘い、コーヒーを飲みながらいろいろお願いすることにした。「あの箇所は、こういう表現のほうが社長の真意に近いから変えていただけないでしょうか」とか「あそこは言葉が足りなかったようです。過去にこういう経緯があったので、それをふまえると、こういう表現のほうがより正確になると思います」などと頼み込んだのである。このときは、出版評論家のレポートが掲載された雑誌が発行されるまで、どんな内容になっているか不安で仕方がなかった。

インタビューなどで、表現を変えてもらったり一部分を削除するように依頼をする場合は、細心の配慮が必要である。

評論家や記者が、その場の雰囲気や臨場感を大切にする人の場合は、広報部長などの依頼に強く反発することがある。彼のプライドを傷つけないよう言葉づかいには特に注意すべきである。「この表現のほうがより正確ですので」という姿勢をにじませることである。それまでに、取材者と広報部長の間に信頼感が醸成されていれば一番である。

広報部の気遣いが会社・社長のイメージを左右する

三越で権勢をふるった元社長の岡田茂氏を、解任される約二カ月前にインタビューしたときである。事前に、広報課長から、すまなそうな表情で「岡田は腰を痛めているため、話しているうちに、ソファからずり落ちそうになります。そのうえ、足を組んだりしますので、とても傲慢にみえてきますが、原因は腰痛ですので、どうぞご了解ください」と釈明された。確かに、五分と経たないうちに、岡田氏は足を組んだままふんぞり返った形になった。その頃の岡田氏には、超ワンマンだとか強引な男だという評があふれていた。広報課長からの事前の釈明がなかったら、誰でもすぐ「こんな傲慢な男はいない」と思い込み、不愉快になるに違いない。

それに岡田氏が、ぞんざいな言葉づかいをする。「てめえら」とか「小山五郎（当時三井銀行会長で、三井グループの総帥だった）の野郎、いいたいことがあるんなら、いってみろってんだ」などと連発する。いきおい私たちとのやりとりも険悪になっていった。私は、そばでオロオロしている広報課長らに同情し、腰痛という釈明を素直に信じることにした。

「俺が宣伝部長になる前からつき合ってきた記者たちが、老齢で引退したり出世して、俺のことが本当にわかる記者が現場にいなくなっちゃった。そのためいまの若い記者は、俺の表面的なところばかり見て、書き飛ばしやがるんだ」

岡田氏は、そんなことも喋ったりした。氏は、総合雑誌の編集長やスポーツ新聞の編集局長を歴任した慶応大学同級生のO氏を、広報顧問のような形で迎えていた。O氏は大宅壮一氏が主宰したノンフィクションクラブのメンバーで、私とも旧知の仲だった。岡田氏の横に座っているO氏を見ると、さすがにあきれ返ったような顔をしていた。岡田氏は、自分自身の公私混同や経営姿勢に問題があることに、まったく気付いていない〝裸の王様〟に成り下がっていた。私がインタビューを終えて応接室を出たところで、広報課長から「ネクタイです。お気に入るかどうかわかりませんが……」と、包みを差し出された。困惑した表情の中に超ワンマンに仕える苦労がにじみ出ていた。思わず同情する気持ちにもなったが、丁重にお断りした。

その岡田氏に三越を追われて、西武百貨店に転出し、社長になった坂倉芳明氏にもインタビューしたことがある。一五分ぐらい経ったとき、目をつむって、考え考え答えていた坂倉氏が、突然、眠り出したのにはびっくりした。高齢の経営者が疲労困憊したときなど、インタビュー中にふと居眠りするケースは、私も何度か経験している。しかし、ほとんどの経営者はほんの二〜三分で正気に戻り、何事もなかったかのように喋り出したものである。居眠りが長引くような場合は、同席している広報部長などが「社長、お茶を替えましょうか」と大きな声をかけ、女性秘書に濃い目の緑茶やコーヒーを運ばせることである。

ある石油会社の大社長は、午後三時頃になると、必ず居眠りするくせがあった。その会社で、私は『週刊誌の内幕』というテーマで講演することになった。午後二時から四時が予定されていた。講演前、広報部長から、「社長は二週間ほど海外出張していて、昨日、帰国したばかりです。従ってまだ時差が残っていて、講演中にちょっと居眠りをするかも知れません。どうしてもあなたの話が聞きたいといって出席はいたしますが、もし失礼なことがありましたらご勘弁ください」と事前に釈明された。確かに、午後三時頃になると、私の正面に座っていた社長がコックリコックリし始め、約二〇分間うとうとしていたようだった。

それでも講演が終わると、社長が、一番先に手を挙げ、全体をふまえた的確な質問をしたのにはびっくりした。一流の経営者ともなるとやはり違うものだなあ、と妙に感心させられたものである。もちろん私は、事前に、大社長がここしばらくの間、海外出張などしていないことを承知していた。しかし、広報部長の事前の釈明や配慮は、たいへん気持ちよかった。

社長はじめ役員への新聞記者による「夜討ち朝駆け」も問題になっている。社長に呼び出され「朝はいいが、夜は何とかならんか。うまく処理せよ」と指示された広報部長も多いと思う。政治家の場合は「夜討ち朝駆け」が多いことは、情報発信源としての重要さと人気のバロメーターである。しかし、経営者の場合は違う。経営者も奥さんも記者に対応することに慣れていないし、ノウハウもほとんどない。また、政治と異なって企業経営の場合には、寸秒を争って情報提供をするような緊急事態はめったに発生しない。そして高齢の経営者の場合、朝は強いが、夜は早く寝るようになってくる。

ところがマスコミ側にいわせると、「最近は『トップ人事』と『企業合併』が、突然決定したり発表されることがあるから、夜討ち朝駆けは必須である」、となる。特に日本経済新聞は、「トップ人事だけは他紙に抜かれるな」と記者に猛烈にハッパをかけているという。だから、社長はもとより広報部長まで追い回されることになる。

そこで広報担当の出番となる。まず社長に、役員会ではっきり念を押してもらわなければならないことがある。トップ人事から平社員の異動まで、人事は必ず一斉に、記者会見で発表するという確認だ。そのうえで、一斉発表を実行してみせること。もちろんその他の案件も、一紙にスクープさせるようなことのないように心掛けることである。

金丸信氏が自民党幹事長だった頃、『フライデー』編集部は、夫妻の自宅でのツーショットを撮ろうと張り込んだ。とたんに記者クラブから「自宅へは取材に行かない約束だから君らも去れ」と横柄にいわれたものである。週刊誌はそんな約束に拘束される覚えはないと、むしろファイトを燃やしたが、政治家と記者の間でも「夜討ち朝駆け」禁止協定が結ばれていたという例である。「社長が高齢であること」や「奥さんが病弱であること」を理由に、記者クラブと「夜討ち朝駆け禁止」を約束する方法もある。そのかわり、一～二カ月に一度は朝食会などで、社長と記者が懇談できる機会を設けなければならないだろう。

何より夜討ち朝駆けを止めさせるには、「あそこの会社は『夜討ち朝駆け』しても情報が出ない」ということを徹底することである。トップ人事から新製品発表まで、広報部を通じて一斉発表する会社だということを周知させることである。一社にスクープさせたりすると、他の新聞社から怨まれるばかりで、プラスはまったくない。それでも「夜討ち」があった場合は、対応だけ慇懃にしてお帰り願うことである。記者や編集者は狭量で生意気だから、玄関払いだけは避けたほうがよい。逆怨みされるからだ。トップでいよいよ情報がとれないとわかると、広報担当役員や広報部長が「夜討ち」されることになる。

ある広報部長が「記者からトップの交代だけは私に教えてくださいとしつこくいわれ弱っています」とこぼしていた。ところが、人事部周辺から話が漏れて他紙のスクープになった。とたんに「あなたが流したのか」と問い詰められたうえ、それからは社のマイナス面ばかり強調する記事を書かれる羽目になったのだ。トップ人事などで他紙に抜かれると、意趣返しに「批判」に転ずる記者が多いことも知っておくべきである。

余談だが、「夜討ち」した記者への社長や奥さんの対応一つで、彼らの会社やトップへの評価ががらり変わることもある。バカバカしいことだが、無視もできない。私が政治家や作家の自宅をハイヤーで訪ねたときの体験からいうと、①小さい部屋でもいいから招じ入れる、②奥さんにお茶（とお菓子はなくてもよい）を出させる、③ハイヤーの運転手にも同じものを出す、は励行したい。③は意外に忘れがちだが、たいへん好い印象を与えるものである。

かつてハイヤーの運転手から聞いた話だが、「記者や運転手に評判よかったのは、河野謙三さん（故人・元参院議長）でした。帰宅すると記者の待つ部屋へ行く前に、運転手の控え室に顔を出して『ご苦労さん』と声をかける。運転中だからと酒は出ないが、ジュースから寿司まで食べ物などいっぱいあった。最悪なのは三木武夫さん（故人・元首相）の家で、挨拶もなければ何も出なかった」ということだった。「夜討ち」への対応だけで、記者や運転手の評判がこんなに違うのだから怖い。

最後に肝心なことを一つ。記者や編集者を名乗って、暴漢がベルを押すことも多い。合併前の住友銀行や富士写真フイルムなどの幹部は、暴漢に襲われ殺害されている。社長、役員、部課長になったら、自宅を訪問した相手を確認せずに気軽にドアを開けてはならない。

新任の幹部、地方の幹部から秘密が漏れる

企業のトップシークレットが漏れるのは、だいたい新任の取締役か昇格した役員からである。社長といえども昇格した直後はそうだが、新任の取締役などは、会社の重要案件の決定に参画できた喜びと誇りで、つい口が軽くなるものである。「俺はこんなことも知っているんだ」と自慢したくて、出入りの記者や業界紙・誌などに喋ってしまうのだ。

記者は役員の性格も調べ抜いている。最初のうちは黙っている役員も「これはあなたの担当分野のことではありませんか。知らないはずはないでしょう」と、やや軽蔑した様子を見せたりすると、ほとんどがむきになって口を開くという。新任、昇任の役員に対しては、社長から「知っているけれども、私の口から申し上げるわけにはいかない。社の広報に確認してほしいと、毅然として答えるように」と強く指示してもらわなければならない。

また本社の正面からの取材で情報が取れないとき、記者の中には、旧知の幹部で、いまは地方支社長や工場幹部となっている人たちに、直接、電話で取材するときがある。幹部は、東京からの電話に、なつかしさのあまり不用意にも知っていることを全部話してしまうことがよくある。

名古屋が本社で、東京が本部となっている企業がある。広報セクションは双方にあるが、雑誌対応は東京になっていた。ところが、ある週刊誌記者が、名古屋へ転勤した旧知の広報副部長にコメントを求めたのだ。しばらく雑誌取材から遠ざかっていた副部長が、他社を批判する言葉を口走ったため、記事になってから、東京の広報部が尻ぬぐいに奔走したこともあった。いずれも日頃から注意しておかなければならないことである。

地方支社や工場で事故や不祥事が発生したときも、本社の広報部がすぐ責任者と連絡をとり、本社でマスコミ対応すると共に、現地へ慣れた部員を派遣したほうがよい。事故や事件で動揺しているところへ、テレビや週刊誌から取材攻勢をかけられたら、うぶな支社や工場の総務担当など振り回されるばかりだからだ。事故や事件の規模にもよるが、大企業の中には、東京や大阪の広報担当をすぐに現地へ派遣するシステムを作っているところもある。

パーティ会場で社長の放言を狙う記者がいる

最近は、社長邸へのアタックに加えて、ホテルなどでひんぱんに開催されるパーティ会場で、歓談している社長に密かに近づいてホンネや放言を狙う記者が増えてきた。アルコールと会場の雰囲気で気分がよくなったところへ、さりげない口調で尋ねられ、つい極秘情報をポロリと漏らしてしまう社長も少なくない。広報部長や秘書は、パーティに向かう社長と記者たちとの「接近遭遇」にも配慮しなければならなくなった。

ある大新聞グループのトップは、パーティ会場でよくアルコールを口にしている。スポーツ紙や写真週刊誌の記者たちは、ネタが枯れてきたり、トップがオーナーである人気球団の人事などで聞きたいことができると、パーティ会場から先まわりし、トップ邸の前で待機していることが多い。かなりご機嫌になった社長は、記者の誘導尋問に乗せられ、思わずホンネを漏らしたり、大放言をやらかす。スポーツ紙の一面に、トップの大胆な発言が躍るのも、正規の取材ルートを通さないゲリラ取材の結果である。もっともこのトップは、自分が若い記者だった頃、冬の寒い夜に張り込みしていても、政治家から一言ももらえなかったつらい体験から大胆発言もサービスと割り切っているという。また、酔余の放言とみせて、球団のエースを牽制したり、ファンの不満のガス抜きをするなど、実は効果をバッチリ計算しているところもある。

まあプロ球団の人事や内幕ぐらいなら、パーティ会場での直撃や社長邸への「夜討ち朝駆け」で飛び出してもよい。しかし、一流企業の場合、最重要で極秘であるべき人事や事業計画を、たとえ社長の口からとはいえ、アルコールの勢いやゲリラ的取材で飛び出させてはならない。御曹司社長や就任したての社長の中には、パーティ会場で泥酔したうえで知り合いのクラブのホステスなどとついじゃれ合ったり、肩を組んだりすることも多い。写真週刊誌などがこんなシーンを狙っているということも、注意するようにいっておかなければならない。

◆この項目のまとめ

①新聞記者、雑誌の編集者、評論家には取材テーマの確認をする。内容によっては担当役員ですませるほうがベターである。
②社長のインタビューには同席すべきか、否かを判断する。人生観、青春懐古談なら同席不要。企業業績や人事問題なら必ず同席し、誤解されそうな表現、訂正・削除部分をチェックする。資料と録音機の準備も忘れるな。
③表現の訂正、削除部分の依頼には、相手の反発、プライドに配慮する。「このほうがより正確だから」と信頼感をにじませる姿勢で。
④社長に不利なことは前もって釈明しておく。例えば「腰痛で姿勢が悪くなる。フンゾリ返っても威張るためではない」「居眠りをするかもしれない。高齢のうえに海外から帰ったばかりで時差ボケのせいだから許してほしい」など。
⑤数字や表現の確認のため、必ず原稿かゲラでチェックする。
⑥社長への「夜討ち朝駆け」取材には応じない慣行を作る。記者の不満を封じるため、また一

紙のスクープで他に怨まれないように、一斉発表の記者会見の場を設定する。
⑦自宅取材禁止でも訪れた取材者には、小部屋でもよいから招じ入れてお茶ぐらいは出す。同行の運転手にも、同じ扱いをする。
⑧企業のトップシークレットが漏れるのは、だいたい喜びと誇りでつい口が軽くなる新任の役員である。あらかじめ注意しておいたほうがいい。

3 社長の「コメント」をうまくまとめさせる法

対談や座談会ではここに配慮すること

社長に、新聞や雑誌から「対談や座談会に出てほしい」という依頼があった。広報は何をしなければならないか。

まず、新聞や雑誌が希望する日時を確認することである。しかし、すぐに「その日の、その時間は、ちょうど社長の予定も入っていません」などといい切ってしまわないことだ。たとえ、予定がまったく入っていなくても、「一つ業界の会合があるようですが……」と含みを持たせたうえで、テーマと相手を確認することである。テーマが社長の得意な分野や会社の宣伝になるものであっても、相手が業界でのライバルやあなたの会社や社長に悪意を持っている評論家なら、丁重に断ったほうがいい。

「座談会」の場合は、出席が予定されている数人の中に、社長と意見が合わない人がいないかどうか、確認する必要がある。しかし、断る場合には、必ず「テーマが合わないこと、スケジュールの都合がつかないこと」を、はっきりメディア側に伝えることである。間違っても「社長が、あの人との同席を嫌がっていますので」などと口にしてはいけない。記者や編集者は口が軽いから、尾鰭をつけて面白おかしく「○○社長と××社長が大ゲンカ」とか「○○社長と××社長は業界の大ライバル」などと無責任な噂を広げていくからである。

「対談」「座談会」「インタビュー」の場合、原稿かゲラの段階で必ずチェックするのも広報担当の役目である。まず、出席依頼を承諾するとき、必ず「原稿かゲラでチェックさせること」を条件にするべきである。

新聞も週刊誌も月刊誌も、締め切りに追われて仕事をしている。ちょっと油断していると「時間がなかったので」と、社長が喋りっぱなしのままで、原稿もゲラもチェックできないまま校了にされ、気がついたときは記事が店頭に出ていることすらある。そうなってから、社長の問題発言や大きな事実誤認を発見しても手遅れである。

私も、ある総合雑誌のインタビューを受けたとき、女性記者に任せたままで、ゲラの点検を怠ったため、一部分をつまみ食いされて発表され、揚げ足をとられたことがある。

同業者ということで、安心していたのと、つい遠慮してゲラを点検させてくれといわなかったことを、強く反省させられた。談話だけの場合は、最後に必ず「談」か「文責　編集部」と入れさせることである。文章と談話では、ニュアンスがたいへん違っている場合が多い。談話ではどうしても表現がオーバーになりがちで、それが文字化されると刺激的になり、誤解を招くことが多いからである。

まず、社長の対談やインタビューの原稿やゲラ刷りは、あなたの手元に最低一日は留めるぐらいの余裕を持ちたい。週刊誌ではゲラ刷りをファックスで送ってきた後、「一～二時間以内にチェックして返送してくれ」、などと平気で注文してくるところもあるからだ。広報部長のあなたが急な出張などでチェックする時間がないような場合は、課長か部員に連絡して代行させなければならない。

社長一人が喋った「インタビュー」の場合には、存分にチェックすることもできる。しかし「対談・座談会」となると、相手がある。社長の話した部分に、勝手に加筆したり、削除していると、話の流れが止まったり、意味不明になることもある。あなたが直接、相手や先方の広報担当と話をしてもよいが、間に記者や編集者を立てたほうがスムーズにいく。「この表現だけは事実と異なるからどうしても変えたい」とか「この部分は後に問題となりそうだから削除したい」と頼み込むべきである。

一九七九年、『現代』誌上で、内藤國夫氏に、創価学会名誉会長の池田大作氏に「九時間インタビュー」をしてもらったことがある。さまざまな経緯があって、やっと実現したものだが、発表してみると意外に反響が少なかった。

内藤氏はジャーナリストとして長い間、創価学会をウオッチしてきた体験と資料をもとに、ふだん抱いているさまざまな意見や疑問をぶつけ、真意を確認しようとした。

これに対して池田氏は、厳しい質問や立場が苦しくなってくると「宗教の世界」に逃避して回答したからである。ゲラ刷りに手を入れられたとき、教義や宗教用語を駆使されたため、迫力や臨場感がなくなったうえ、池田氏の狼狽やホンネも隠されてしまった。これは、普通のインタビューと思って、最初にゲラ刷りチェックを約束してしまった私の完全な失敗だった。

写真の表情や経歴にも万全の注意を

原稿やゲラ刷りのチェックは何も本文だけではない。使われる写真についても注意しなければならない。マスコミは、社長が調子に乗って喋りまくっているような写真を「迫力があっていい」などと使いたがるものである。よく見ると社長が、手を振り回したり口を歪めていたりして、イメージを損ねたり下品な印象を与えかねない。また、雑誌によっては、資料室から社長の古い写真を探し出してきて、そのまま使うことがある。チェックして、良いイメージのものに代えなければならない。

社長の経歴についても、注意が肝心である。生え抜きでない社長や幹部の場合、前の会社や官庁での肩書きを、たいへん嫌がっている人も多い。こういうことは、社長も改めて口にしないから、何かのついでに聞いておいて、社長お気に入りの「決定版」を作っておくとよい。

あるテーマの特集や記事の中に、数行ないし数十行の社長の「コメント」がほしい、といってきたときは、最初から断っておいたほうが賢明である。社長が熱心に数十分も喋った中から、数行ないし数十行を「つまみ食い」されて活字にされたとき、その「コメント」が業界の慣行をいちじるしく破るものであったり、特定の人物を誹謗《ひぼう》するものであったりすると、大きな問題になるからである。

どうしても社長の「コメント」取材を承諾するなら、記事のテーマと構成を教えてもらい、どの部分にどんな形で使われるかを確認しておかなければならない。しかし、マスコミがそんなことを簡単に教えるわけがないから、最初から断っておいたほうが無難というものである。社長の「コメント」がひとり歩きして、企業や本人のマイナスになったケースはごまんとあるからだ。

また、新聞や雑誌に、自分のコメントのつまみ食いをされて、切歯扼腕の思いをした広報部長は大勢いるはずだ。特に週刊誌の場合は、当事者や関係者から集めた「コメント」を、編集部があらかじめ想定していたタイトルとストーリーに合わせて、取捨選択ないし、切り貼りしてゆく手法が定着しているからである。彼らの手法に、うっかり乗せられないためには、万全の配慮をする必要がある。まず、社長が「コメント」取材に応じてもよいといったときでも、マスコミに談話を「つまみ食い」される恐れがあることや、その実例と、悪い結果をきちんと説明しておかなければならない。そのうえで、テーマに沿って簡潔に話すように説得しておく必要もある。饒舌《じょうぜつ》は「つまみ食い」される隙と材料を豊富に与えることになる。

マイナスイメージのコメントは容易に引き出せる

週刊誌で、例えば小泉純一郎氏を攻撃し、貶《おとし》める記事を作ろうと思ったら、実に簡単である。周辺の人に「小泉氏について語ってくれ」と頼み、小泉氏の長所を三〇分でも一時間でも喋らせた挙げ句、最後に「そんな彼にも、欠点や嫌なところがあるでしょう?」と聞けばよいのである。小泉氏の世話になった人や好意を持っている人でも、「確かに、小泉氏にも欠陥や欠点はありますよ」と、彼のマイナス部分を語ってくれるものである。

そのうえで記事を作るときに、小泉氏を絶賛した部分を全部カットし、「こんなに親しい人たちでさえ『小泉氏のここが欠点だ。ここが嫌いだ』と語っているではないか」と前置きして、小泉氏を批判した部分や、氏を貶めるエピソードだけを書き連ねればいいからである。その部分を、関係者や周辺の人が話したのは事実である。しかし、小泉氏をあれこれ評価した部分がすっぽり落とされた場合、悪口だけが網羅され、しかも強調されてしまう。小泉氏も、記事を読めば「なんだ、あいつは俺の悪口ばかり並べたてている。俺のことをこんなふうに思っていたのか」と不愉快になるというものである。

有名タレントに「愛人」のことで取材するときでも、ベテラン記者になると、楽屋に花束を届け、インタビューも最近出演したテレビ番組のことなどから入って、まずタレントを安心させてしまうものである。実はタレントのほうは「愛人のことを聞きに来たのではないか」とたいへん不安に思っている。それが三〇分も経つと不安も忘れ、だんだん気を緩めてくるものである。ベテラン記者はインタビューを終えて楽屋から出ようとして、ふと思いついたように振り返り「〇〇さん（愛人のこと）とは、その後つき合いをしてますか」などと、気軽に尋ねかける。もうすっかり気を許しているタレントは、オウム返しに「ええ、よくお会いしています。とてもいい人です」などと答えてしまう。インタビューの最初の三〇分は、このコメントを引き出すためのお膳立てに過ぎなかったのである。

テレビのワイドショーをみていると、事件が発生したりタレントの恋愛や離婚が明るみに出たときなど、同じマンションに住む人や近所の人たちが、カメラに向かって「こんなことを話していいのか」と思うようなことをペラペラ喋っている。彼らは、海千山千のレポーターにおだてられ、うまく乗せられて、数十分も喋らされているが、いざ放映されるのは、テレビ局にとって都合のいいほんの五秒か一〇秒に過ぎない。後で、このテレビ番組をみた当事者や近所の人たちは「あの人はあんなことばかり喋ったのか」と爪弾きされることにもなりがちである。テレビでも週刊誌でも新聞でも、チェックできないときには、絶対に喋り過ぎないことである。

一見無愛想な新聞記者やむくつけき編集者が取材に来たら、「何を聞かれるのか、どう書かれるのか」と警戒し、あなたのコメントも慎重になろう。ところが、最近の新聞や雑誌は、大学を出たばかりの若い女性記者を取材に行かせることが多くなった。男性たるもの、いくつになっても若い女性の笑顔や困った顔には弱いものである。「何もわかりませんので、よろしくお願いします」といった風情に同情して、つい洗いざらい喋ってしまうものである。

ところが、掲載紙・誌を見ると厳しく批判した記事が作られていて、思わずがっくりきた広報部長は大勢いる。仮に取材にきた記者に好印象を持ち、記者が協力的な姿勢をみせても、いいコメントを取ろうとする狙いかもしれないし、編集長やデスクのところではあらかじめ批判的な記事を作ろうと考えていることも多いから、決して気を許してはいけない。「女性記者にサービスして喋ったコメント」の中から、都合のいい部分だけがつまみ食いされたときのショックはとりわけ大きいものである。

記者からの電話の場合でも、来訪された場合でも、取材に応じた場合は、自分のコメントのどの部分が、どのように使われたのか、必ず編集者からファックスで送ってもらって確認することである。そのとき、前後の文章も送ってもらい、どういうテーマと文脈の中でコメントが使われているか確認したいところだが、それは拒否されるかもしれない。それでも自分のコメント部分から類推し判断して、マイナス方向の記事の中で不利な使われ方をしているとみた場合には、全面削除か、譲っても匿名にさせるべきである。

巧妙な手紙戦術にも乗らないように

政治家や経営者の中には、インタビュアーが女性の場合は喜んで応ずる人がいる。辛口の男性評論家や記者より、女性、特に若くて美しい女性が歓迎されることは、古今東西を問わず男性の性《さが》である。彼女たちは言動の矛盾を厳しく突っ込んだり、嫌がられる質問をしない傾向にある。NHKや民放のキャスターをしていた某女史が、インタビュアーとして歓迎されたのも、その一例である。彼女の結婚式に、一回しか会ったことのない財界人が、招待されたとたん喜んで出席していた。もともと彼女は浅薄な権威主義にとらえられたミーハーで、招待した彼女もお粗末なら、のこのこ出席した有名人も鼎の軽量を問われるというものである。

社長の『独占インタビュー』や『社長の特別寄稿』を依頼する次のような手口も知っておいたほうがいい。本人や家族が会うことを拒絶したり、広報部長のあなたが電話を取り次がなかった場合に、社長の自宅へ手紙を届けるやり方である。

「あなたの反対派のB氏が、こんなことを喋っている。このままだと、あなたのいい分は、まったく世に知られないことになる。私たちはあなたの味方である。発行部数ウン十万部の私たちの雑誌で、あなたの本当の考え、真実の声をぜひとも世の人々に知らしめたい。インタビューの方法や場所は、あなたのご希望通りにする」

　こんな主旨の手紙にほだされて、つい自宅でインタビューに応じてしまった政治家、経営者、タレントは大勢いる。特にスキャンダルなどが一方的に流布された場合、当事者はたいへん悔しい思いをし、周りがすべて敵のように思えて気が弱くなるものである。そんなとき、新聞記者や雑誌の編集部からのこんな手紙に、つい乗ってしまうものである。そうなると、別のマスコミに、さらにあなたのライバル側の反論などが出て、泥仕合がくりひろげられることになる。

　社長や会社が、スキャンダルがらみで批判や攻撃された場合、社長や幹部にどんな対応をとらせたらよいか。広報部長は、こういった泥仕合を展開させないよう常に冷静な判断力を持っていなければいけない。

　また社長のインタビューや会社の不祥事などが掲載された雑誌は、必ず発売前に入手して、最低一日前に、社長や幹部の手元に届けておきたい。新聞広告で初めて知った社長から「あれは何だ」と怒鳴られてからでは遅い。編集長や編集部に強力なコネがあれば雑誌を事前に入手することは可能だが、彼らは発売前に雑誌を当事者には絶対に渡さないと思ったほうがよい。私の体験では、例えば大蔵省（当時）の幹部や税務署員のスキャンダルを取材し記事にすると、必ずある大銀行の広報部から発売前にその部分のコピーを下さいという連絡があった。ある証券会社を取り上げると、出入りのＰＲ会社がやはり発売前に記事のコピーを下さいといってきた。こういう〝ダーティジョブ（汚れ役・汚い仕事）〟を引き受けている人やグループもあるということも承知しておいたほうがよい。

週刊誌なら発売前日に、月刊誌なら発売二～三日前に、書店に届いているものである。ただ発売前に売ったり店頭に並べることはできない。こんなときにモノをいうのが、会社へ出入りしている懇意な書店である。会社でたくさんの雑誌や書籍を購入しているのだから、広報部長ならふだんから、いざというときのためにコネをつけておかねばならない。もし出入りの書店がなかったら、いまからすぐわがままをいえる親しい書店を作るべきである。これは最低限の義務だと思っていたほうがよい。また、一部の書店の中には週刊誌を一日前に、月刊誌を一～二日前に密かに売り出しているところもあるということも承知しておいたほうがよい。

出版社にもブレーンを作ることのプラスを一一七ページで詳述するが、彼らは、取材申し込みを受けたり、誤報などを訂正させようとするときの相談相手になるだけではない。週刊誌や月刊誌を発売前に入手しようと思ったときにも、力になってくれるはずである。どんな業界にもいえることだが、必ず〝裏ルート〟というものがあるからだ。

◆この項目のまとめ

①「対談・座談会」の場合には、テーマと他の出席者の人物確認。ライバルや悪意を持つ評論家でないか。断るときは「スケジュールの都合がつかない」ことに。
②発表前に原稿かゲラでのチェックを約束。「談」「文責編集部」など入れる検討もする。
③「対談・座談会」の訂正には出席相手のコメントも関連する。仲立ちには記者や編集者を立てたほうがスムーズにいく。

④社長の「写真」や「経歴」紹介などにも、目を光らせること。古くないか、正確か、社長自身も満足なものであるか。
⑤社長から広報部長まで女性記者には弱い。サービスで喋り過ぎると、手厳しく書かれる。
⑥広報室を通さずに、直接社長の自宅や家族に渡される「あなたの味方です」といったおためごかしの手紙に乗ってはいけない。
⑦週刊誌、月刊誌を発売前に入手するコネを作っておく。出入りの書店が狙い目である。

4

会社や社長への不利な取材を防ぐには

新聞、テレビ、出版にブレーンを作れ

新聞、テレビ、週刊誌から、隠していた会社の不祥事やトップのスキャンダルで、取材の申し込みがあった。社内を調べてみると、どうやら周辺の取材も進んでいるらしい。こんなとき、あなたが総務部長や広報部長だったらどうするか。担当役員と相談し、事態によってはトップの決裁も仰がなければならない。その結果、記事の掲載をやめさせられないか、事前に内容を把握したうえでタイトルや表現を変更してもらえないか、こちらのいい分も掲載させられないかなど、いろいろ指示されることもあろう。

平成に入ったとたん摘発されたゼネコン疑惑のように、県知事や政令都市の市長など、首長や幹部が逮捕された後、彼らの自供や押収された証拠書類をもとに、企業トップが検察や警察に取り調べられたり逮捕されたときは、捜査の行方や裁判の結果を見守る以外にない。また、大手都市銀行の支店幹部による不正融資事件なども頻発したが、この場合も、発覚したときには、会社側としては、事実を正確に報道してもらうよう努力する以外にない。しかし会社には、犯罪には当たらないが、世間に知られると会社のイメージを落としたり、また会社にダメージを与える不

祥事やスキャンダルが多いものである。例えば、
一、業績が悪化してきたのに比例して社長の経営手腕が批判され始めた。
二、会社が力を入れた新製品から欠陥が発見されたようだ。
三、社長または幹部社員と女性社員の不倫が明るみに出そうだ。
四、会長派と社長派の対立を匂わすような「怪文書」が出回っている。

こういった事件や事故があなたの耳に入ってきて、週刊誌やテレビの取材も始まったときには、どう対応したらよいか。

雑誌の予定記事のタイトル、小見出し、表現の一部などを変えてもらおうと思ったときには、編集長に直接連絡をつけ、なるべく編集長とサシで会うようにしたほうがよい。そのときは、会う前に、編集長や編集部側が、その事件なり事故に関してどれくらいの情報量を持っているか、どの辺まで突っ込んだ取材をして正確な情報を持っているか、などを掴んでおく必要がある。それを怠って、素っ気ない対応をしたり、正確な情報を掴んでいるはずがないと高を括った対応をすると、後で痛いしっぺ返しを受けることになる。

編集長や編集部の掴んでいる情報の質や量を知るためには、どうしたらよいか。

企業の広報責任者であるあなたなら、新聞社、テレビ局、出版社などに、それぞれ一人ぐらい何でも相談できるブレーンを作っておきたいものである。

紹介者を経て初めて会い、名刺を交換した直後に「実は今日はこんなことで相談に来たのですが」というのでは、ちょっと芸がなさすぎる。広報の責任者になった時点から、前任者のコネク

ションを復活させるなり、用事をこしらえて直接訪問するなり、マスコミ関係の勉強会などを利用して、顔つなぎをしておくことである。

私は、編集長時代、よく若い編集部員に「作家やライターには絶えず水をやらなければいけない」といってきた。毎日、鉢植えの植物に水をやることで、草花を枯らせることなく、季節によって美しい花を咲かせることができる。マスコミという仕事の場合、例えば雑誌の締め切りギリギリに、政治、国際、経済問題などで新事態が生じたとき、無理をいって急いで原稿を書いてもらったり、アドバイスがもらえる専門家やライターを、常に何人か確保しておかなければならない。そのためには、「初めまして、お願いします」ではやはり無理があるというもので、年に数回は食事をしたり、盆暮れには郷里の名物を送るなどして、ふだんから連絡を絶やさないでおくことである。これを私は「水をやる」という表現で説明してきた。

前任の広報部長からの申し送りもあるだろうが、あなたと気の合う記者や編集者が、各社に一人ぐらいは必ずいるものである。知り合ってすぐにゴルフや酒席を一緒にしようと誘ったり、マージャンや金品をそれとなく要求するような記者は、相手にしなくて構わない。そういう記者は、社内で、現在の肩書きはともかくとして、重要視されていないことが多いし、またそういうことは必ずバレて、その雑誌や責任ある立場から追われていくからである。

銀座のある百貨店で不始末をした社員がクビになったとする。そのとき、社名がどう書かれるか。そういうときこそ、広報部長の腕とふだんのつき合いの見せ所である。例えば「三越の銀座店では……」と書かれたら、これはもう落第である。「銀座のM百貨店では……」と書かせることができたら、これはまずまずの成果を上げたと思わなければならない。銀座にはMの頭文字がつく百貨店が三越、松坂屋、松屋と三店もある。読者は、そのうちの一店を想像するだけである。したがって、三越と書かれるよりはずっと社のダメージを少なくすることができる。さらに「銀座のある大手百貨店では……」、または銀座を取って「ある大百貨店では……」と書かせることができれば、大成功である。その場合には、東京都内のあらゆる大百貨店、およびその支店が対象となるからである。

かつて、バブル全盛時代に就職希望の大学生を早く確保するために、野村證券は内定を出した学生を遠隔地へ連れてゆくため、バスを用意したことがある。私が『フライデー』の担当役員だった頃、編集部のカメラマンが、野村證券の人事担当者がたくさんの学生をバスに乗せようとしているところを撮ったのである。そのとき、野村證券の旧知の広報部員からの電話は、まず野村證券という社名を取ってもらえないかという依頼だった。

しかし、それが時間的に無理とわかると、それではN證券に変えてくれませんかという。私が、それもできそうにないというと、「野村」という二文字と同じ文字数だから「大手」という表現はできないか、と食い下がってきたものである。結局、すべて時間的に無理だったのだが、野村證券広報部の執拗な要請にはむしろ教えられたものである。

自称「事情通」と過去の「実力者」をアテにするな

タイトル、小見出し、表現の変更を依頼する編集長へのルートを、どのように見つけたらよいか。よく出版社のOBなどに編集長への連絡を依頼する場合がある。役員、局長、部長として、現役のときにはそれなりに力を持っていた人たちだが、彼らの多くは、別の部局へ移ったり定年で退社すると、もともと実力がなかったのか、とたんに後輩の編集長などから敬遠されるようになる。気がつかないのは本人だけである。

私が『週刊現代』編集長をしていたときにも、すでに退社していた広告担当の元役員が、猫なで声で電話をしてきて会いたいという。すでに企業から接触があって、元役員の依頼の内容はわかっていたので、「わざわざおいでいただくことはありません」と申し上げたことがある。彼は現役のときには、その会社の代弁者のようにふるまい、事実であっても書くと広告が入らなくなると邪魔したり、些細なことで訂正を求めてきたことがあった。そんな経験もあって私は、元役員に会うことを敬遠したところもある。

後輩に尊敬され続けたり親しまれているOBは、意外に少ないものである。だから、もし編集長への紹介を頼むのであれば、そのあたりも事前によく調査しておかなければならない。

また、ある特定の出版社の事情通だと自称する業界紙の記者なども多い。彼らの中にはその出版社の人事にも精通しているようなことをいったり、「あの編集長なんか、俺のいうことは必ず聞く」と大言壮語する者もいる。

週刊誌の取材記者として数年間だけ仕事した後、業界誌などに移って、そういうホラをふいている者もいる。彼らは週刊誌の事情に詳しいことを売り物に「○○編集長ならいつでも会わせられる」などと、役員や広報部長に声をかけてくることもあろう。

私も編集長時代、元取材記者や業界紙の記者たちから、ずいぶん会食その他に誘われたが敬して遠ざけることにしていた。

もっとも、ある週刊誌の編集長は、副編集長時代に当時の閣僚の汚職情報を売り込みに来た女性秘書と男と女の関係になってしまった。彼女の嘘の情報をもとに、何度か閣僚の汚職報道を続けるうちに、このスキャンダルは業界の一部にも知られ、さらにその週刊誌で古くから仕事をしている一部の取材記者の知るところとなってしまった。

本来なら、こういうスキャンダルの持ち主は編集長に就けてはいけないのである。ところが事情を知らない役員の推薦で、社長はこの副編集長を編集長にすえてしまった。

彼が、自分のウイークポイントを知っている記者たちからの情報を優遇し、彼らの要請をやすやすと受け入れていたことは、在任中の企画や誌面を見れば明白である。

業界紙記者、フリーライターの中には、こういう〝武器〟を持っている者もいるということだけは知っていても損ではない。しかし、業界紙・誌の記者や取材記者が編集長と本当に親しいつき合いをしていることは殆どないと思ってよい。

広告代理店を通して、編集長に接触する方法もある。ただし、最近の広告代理店の中には、編集長とサシのつき合いをしている担当部長や局長も少ないので、役に立つことは少ない。その出版社のいろいろな雑誌に広告を出しているからということで、広告代理店の局長クラスの中には「編集長とパイプを持っている」などと売り込んだり、自慢をする人もいるが、ほとんどがハッタリだと思ってよい。

仲介者の選択ミスは自分の首を絞める結果に

ある大企業の広報部長が、中クラスの広告代理店の社長に、自分の会社の社長のスキャンダル取材をやめてもらおうと、編集長への仲介を依頼したことがある。広告代理店の社長から広報部長のところへ「編集長の上に〝社内の実力者〟がいる。彼によく話してあるから、広報部長のあなたからではなく、社長から直接、彼の自宅に『よろしく』と電話してほしい」という指示があった。広報部長は渋る社長を説得し、その〝実力者〟なる人物が深夜になって自宅へ帰ったところへ、直接電話させたのである。ところが、〝実力者〟はそんな話は聞いていないと話はまったく通じないため、社長は怒り出すし、部長の面子は丸潰れになってしまった。

第一、編集長と社長の間にそんな〝実力者〟が存在するとは思えないが、もし存在していて広告代理店の社長が彼と本当に親しいのであれば、広報部長のあなたを同道して紹介すればいいのである。「電話ですべて話してある」などというのは、だいたい「○○氏から電話をさせるから、話を聞いてやってください。細かいことは○○氏が話すと思いますから」程度の無責任なものである。こういった無責任な広告代理店の社長や局長が、たいへん増えているということも知っておいてほしい。

『週刊現代』編集長をしていたとき、あるテレビ局のプロデューサーのスキャンダルや癒着を一人の社員が売り込んできた。その社員の告発だけ聞いたデスクと担当編集者の報告では、プロデューサーへの私怨の感じが強かったので、本人と周辺へさらに取材するよう指示した。約一週間後、大阪のある政治団体代表を名乗る男が、私に直接、面会を求めてきた。男は大型の名刺を出した後、大物政治家との仲を吹聴し、プロデューサーへの取材を止めてもらえたら、別のいい情報を提供するからという。

すでに追加取材させたデータで、あまりに私怨がからんでいることがわかったので、記事は掲載しないことに決めていたが、政治団体を使ったことが不愉快で、プロデューサーのところへ電話した。「こういう男が取材を止めろといって来たが、あなたが依頼したのか」と聞いたところ、彼は電話の向こうでオロオロし「取材記者が来たので、困ったなあとつぶやいていたら『俺が行ってやる』といっていたけれども……」と歯切れが悪い。私が「彼はいかがわしい団体の人と思うが、このことを公表したら、あなたはテレビ局にいられなくなるのではないか」と強くいうと、沈黙したままだった。

それから間もなくだったと思うが、このプロデューサーの実兄のジャズ歌手が、ある男に貸した金の取り立てだったか、自分の愛人に手を出したためだったか、こういう団体を使って先方を脅迫していたことが発覚し、逮捕されるという事件が起こった。かねて芸能界の一部にこういう癒着があることは聞いていたが、この兄弟もどっぷりつかっていたのである。こんな団体を使って抗議をしても効果はないし、いずれ弱みを握られて、カネをむしり取られるのがオチなのにと可哀想に思ったものである。

新聞、テレビ、雑誌などで、自分ないし会社や組織のことで、事実誤認、業務妨害、プライバシーの侵害、名誉毀損などがあったときは、まず社内で相談することである。内容や程度によっては、弁護士と相談し、自分が直接出向いて交渉するか、弁護士名で内容証明を送ったのちに交渉してもらうか、決めたほうがいい。繰り返すが「社内の実力者」だとか、「自称編集長の親友」といった言葉に騙されて、そういう男に仲介してもらおうなどと考えないことである。特定の週刊誌の取材記者を長く務めた者の中には、自分の力を誇示したくて編集長とさも親しいようにいい触らす者もいるが、実際には相手にされていないことのほうが多い。

◆この項目のまとめ

①記事のストップができない場合は、予定タイトル、小見出し、一部の表現のマイルド化を編集長と会って話し合うことも必要である。
②相手が掴んでいる情報量を過小評価しないで、高を括った対応に走るとしっぺ返しにあう。それには日頃のブレーン作りが大切だ。
③編集長へのルートに彼の先輩やOBを使うときは、関係のよしあしを調査してからにすべきである。
④業界や会社の事情通を気取る記者や編集者の大言壮語に乗るな。広告代理店やPR会社にもこのタイプの人物は多い。
⑤編集長との話し合いは仲介者を頼むより、まず社内で相談し、程度により自分で出向くなり弁護士名での抗議書を送付する。

5 新聞や雑誌の「誤報」は訂正させられる

誤報を訂正させた後も手抜かりするな

評論家の立花隆氏と話をしていたとき「者とつく職業の人間ほどタテマエとホンネの違う人間はいない」ということで意見が一致した。学者、新聞記者、編集者のことである。この三者に共通していることは、

一、社会の変革や新しい事実を、追及、調査、報道するのが仕事であるにもかかわらず、自身の言動は超保守的で挑戦はめったにしない。古い秩序にとらわれている。大きい声で現状への不満や体制批判はするくせに、例えば組織の新分野への進出などには反対し、転職や転社といった冒険もしたがらない。

二、事実より噂を信じやすい。他人の過誤は厳しく追及するくせに、自分のミスは認めたがらない。追及される側に回ろうものなら逃げ回る。面子にとらわれ、嫉妬深く、陰湿な足の引っ張り合いをする。もちろん立派な新聞記者、学者、編集者もたくさんいるが、正義漢ぶったり、カッコいいことをいっている彼らが、自分の仕事上のミスやスキャンダルが発覚すると、見苦しいほど取り乱したり、卑怯なふるまいをしがちである。また、このタイプの新聞

記者や編集者は、権威をひけらかす大新聞社や大出版社に見られがちである。

私も、自分自身、反省し自戒することはもとより、若い編集者や記者にも、絶えず思い込み、誤った判断、誤報をしないようにと注意を促してきた。しかし、何回か誤報し、訂正し、取り消し、お詫びなどを重ねてきた。内心忸怩《じくじ》たるものがあるが、強い反省を含めていくつかのケースをもとに検証してみようと思う。

自分の会社や社長に関する報道で誤りがあったら、本当に取るに足らないことなら別だが、誤報のままで放っておいてはいけない。黙認したものと見なされ、事実としてひとり歩きしてしまうからである。上司と相談し、担当役員、社長の承認も得て、必ず「訂正」、「取り消し」、「お詫び」をさせることである。週刊誌なら次週か次々週に、月刊誌なら翌月号の誌面に掲載させたほうがよいが、程度や場合によっては「文書」にしておくこともよい。

元警察庁長官で、のち代議士になり中曽根内閣の官房長官としても剛腕をふるった後藤田正晴氏は、自分自身に関する報道で誤りを発見した場合、ごく些細なものであっても、大人が読まないヤング向けの雑誌であっても、必ず訂正の申し入れをし、それを誌面に掲載させていた。

『ペントハウス』（講談社で刊行していた頃、私は担当役員だった）の同氏へのインタビューの中で、当時の首相だった中曽根康弘氏に関して述べた部分がピックアップされ、「中曽根クンに告ぐ」というタイトルをつけられたことがあった。このときは「官房長官である私が、いくら後輩といえども、ときの総理をクン呼ばわりするような非常識なことをするわけがない」と、タイトルを編集部が勝手につけたことに強く抗議し、訂正、お詫びを要求してきた。後藤田氏の場合、職業上の体験から、誤報がひとり歩きしたときの怖さを熟知していたからだろうと思う。

日本の大学を卒業後、アメリカのビジネススクールに学び、その後ニューヨークに事務所を持って、アメリカの一流企業や中近東の石油王などの企業コンサルタントをしている知人がいる。ある女性週刊誌に「有名女性歌手がニューヨークで彼のヨットに乗り、二人が親密そうに話していた」という記事が掲載された。私は一読して、ちょっと信じられなかったが、奔放な男性関係が話題になる女性歌手の顔を思い浮かべ、「誤報にしても彼の浮き名儲けかな」と軽く読みとばした。ところが、その女性週刊誌が発売された翌日、彼から電話がかかってきた。ちょうど彼は日本に帰ってきていた。「あの記事はまったく事実無根である。すぐ抗議したいから相談に乗ってくれ」という。

私のアドバイスを求める前に、すでに彼は電話で編集長に抗議したという。ところが、編集長は「複数の証言がある」と、自分たちの取材に自信を持ち、お詫びや訂正をする意志がないといっていたという。私は彼に、顧問弁護士を通して「名誉毀損で刑事告訴する用意がある」ことを明記したうえで、「全面取り消しとお詫びを紙面に掲載せよ」という要求書を発送することを勧めた。彼は、アメリカ人の敏腕弁護士を顧問にしている。この弁護士と相談して、ニューヨークから英文と日本文の双方で、編集部に抗議と訂正要求を発送した。編集部はそれを受け取ったときには、すでに低姿勢に転じてしまっていた。編集部も抗議を受けた後の再取材で、記事がまったく誤報であったことを知っていたからである。

ここからが、世界の企業家を相手に世界中を飛び回って仕事をしている知人らしかった。すぐホテルで編集長と会って、翌週発売の週刊誌に「全面取り消しとお詫び」を掲載することを約束させた。まもなく、彼から私のところに、ファックスで女性週刊誌の編集部が彼に提案したお詫び原稿のコピーが送られてきた。それは六センチ四方のスペースに小さい文字で書かれていた。記事のセンセーショナルな作り方、新聞広告などでのアピールにくらべると、訂正とお詫びのスペースがいかにも小さ過ぎるし、文章も素っ気ないと判断し、彼に「スペースを倍にし、文字も大きくさせるよう」に指示し、原稿の一部も手直しして、ファックスで折り返し送ってやった。翌週、結局、私が手を入れたような形での訂正とお詫びが掲載されていた。

やがてニューヨークに帰った知人から、日本の主要な新聞・雑誌（週刊・月刊を問わず）をリストアップしてくれといってきた。それから間もなく、彼の顧問弁護士名で、英文と日本文二通の「経過報告」と、女性週刊誌の「訂正とお詫び」部分を拡大したコピーを、私のところを含めて主要な新聞・雑誌社に送ったと知らせてきた。女性週刊誌による日本の一女性歌手との誤れる情報で、自分が営々と築いてきた名誉と信用を損なわさせてなるものか、これからの自分の業務に支障をきたせてなるものかという、知人の強い信念と敏速な行動に教えられたものである。

訂正要求に対する大新聞社の傲慢なケース

この知人の場合は、世界の企業を相手に仕事をする個人の企業コンサルタントだから、本人の責任で、しがらみもなく週刊誌の誤報を徹底追及することができた。しかし日本という風土の中で、しかもあなたが企業の一員であったら、いくつかクリアしなければならない問題がある。

まず、直接の上司からはじめて、役員、社長の承諾を得る必要がある。相手の新聞社や出版社に、会社や社長のことで、現在および過去に、何か弱みを握られていないか調査する必要もある。取り消し要求や提訴・告訴をすることで、かえって反発させ過去のスキャンダルをむし返させてはならないからである。しかし私は、少々弱みがあっても、誤報については断固たる姿勢を貫いたほうがよいと勧めたい。新聞記者や編集者は、嫉妬深くて陰湿なところがある。したがって、

一、誤りをなかなか認めたがらない。

二、認めてもしぶしぶで、なるべく小さいスペースか文書類で片付けようとする。

三、いずれ、あなたかあなたの会社にプラスになる記事を書くから、今回は不問にしてほしいなどと取引を持ちかける。

こんな提案をしてくることも多い。だから、ふだんから新聞記者や編集者にそれぞれ信頼できる友人を一人以上は作っておいて、彼らにざっくばらんに相談して、ただやみくもに押すだけでなく、引くときの要領も心得ておかないと、残念だが、あなた自身がやけどすることにもなりかねない。

一九七〇年、講談社が石牟礼道子氏の水俣病を告発した『苦海浄土』を刊行したときである。刊行当初、この本は少しも話題にならず、返品が続いていた。ところが、しばらくして「大宅ノンフィクション賞」を受賞（選考会で決定後、石牟礼氏が辞退した）して話題になったうえ、公害や環境問題が各方面から取り上げられてきたため、注目を集めてきた。そのとき、朝日新聞の夕刊コラムに「講談社がこの本を絶版にしたのはけしからん」といった意味の論説委員の文章が掲

載された。その頃の講談社は、最短でも一〇年間ぐらいは単行本を絶版にすることはなかった。この論説委員が、ちょっと講談社に確認していれば、すぐに判明した事実である。早速、担当部署が訂正とお詫びを要求した。

その頃、私は『現代』編集長をしていた。たまたまその月の発行号で、約一〇〇枚の朝日新聞レポートを掲載していた。朝日新聞に限らず、新聞社を扱うときは、些細なことでも彼らから抗議があることを承知していたので、最初から慎重に取材を進め、ゲラの段階で数字など内部の数人に確認もしてもらい、非常に自信のあるレポートに仕上げていた。ところが、講談社からの『苦海浄土』に関する記述の誤りについての訂正とお詫び要求に対して、朝日新聞社の当時の論説主幹から「いま発売中の『現代』の当社に関する記述の中にも誤りがあるが、私たちはあえて抗議をしない。だからそちらも抗議を取り下げろ。そのかわり、声欄に投書すれば優先的に採用する」という返事があったという。

私は、石牟礼氏の『苦海浄土』を刊行した出版局の局長に呼ばれ、「今度の朝日新聞レポートに何か間違いがあったのではないか。何か朝日新聞から抗議があったか」とやや詰問調に聞かれたものである。私は取材経過から記事完成までの経緯を説明し、「レポートには自信がある。抗議など一切来ていない」と回答した。そこで前記のような交渉経過を聞くことができたのだが、関係のない私まで飛ばっちりを受けたことに腹が立った。朝日新聞のこの手の手口は、後にも私自身が経験している。このように、新聞社は完全な誤りであっても、なかなかそれを認めたがらないし、また訂正やお詫びを出したがらないものである。

週刊誌の編集長も経験した高名な新聞記者が、テレビのキャスターに転進した。『週刊テーミス』（私が学習研究社と組んで一九八九年から二年間刊行。一九九一年に廃刊）で、彼の経歴、人柄、キャスターとしての適性などをちょっと皮肉交じりの記事にした。ちょうどそのとき、親会社の学習研究社出版部のほうで、彼と某教授の対談集が企画され進行中だった。『週刊テーミス』の記事を読んだ彼から、出版部の担当者へ手紙が来た。

「対談集の依頼があったとき、私は快諾し、現に企画は進行している。そんなときに私のことを週刊誌であれこれあげつらうのは矛盾していないか。私の出版企画は取り止めにしたいと思う。また病弱の母のところへ深夜、取材に押しかけたことも不愉快である」

こんな意味のことが書かれていた。誰しも、自分の欠点や過去をあげつらわれるのは不愉快だろう。また母親のところへ取材に行ったことも面白くはないだろうと思う。しかし新聞記者を続け、また週刊誌の編集長も体験した人であれば、異なる部署で同一人物について、異なる企画を進めているようなことはよくあるし、ときと場合によっては母親への取材もあるということを熟知していると思っていただけに傲慢な抗議と嫌がらせに情けなくなった。現に私はリクルート事件のとき、深夜に彼が編集長をしていた週刊誌の取材を受け、とても不愉快な思いを経験している。しかもオフレコを約束し、背景説明をしただけにもかかわらず、無断で私のコメントを引用し、しかも雑誌すら送って来なかった。

彼の対談集を企画していた出版部は、単行本企画が潰れてしまうのではないかと心配していた。私は「単なる嫌がらせで、彼は絶対に仕事を降りたりしないよ」といってやった。なぜなら彼の手紙の最後に、「ただしこの手紙を週刊誌の編集長には見せないでほしい。なぜなら、今回のことでお詫びや訂正をさせても、それを根に持たれて、次のときに必ず報復の記事を掲載されるから」という意味のことが書き加えられていた。彼は新聞記者や週刊誌の編集長として、何か誤報をして、やむを得ず訂正やお詫びを出したときでも、決して本心からではなかったに違いない。かえって抗議してきた個人や企業に怨みを持ち続け、いつか報復の記事を書いてやろうと考えていたのではないだろうか。

私自身の反省も含めて、新聞記者や編集者が訂正やお詫びに対して、もっとフランクに正々堂々と対処することを考えていかなければいけないと思う。

交渉のこじれとマスコミ側の責任・対処

『週刊テーミス』時代、ある市民団体のいい加減な平和運動とそんな理念に反する乱れた男女関係を批判したレポートを掲載したところ、十数人が親会社の学習研究社へ押しかけ、受付周辺で抗議文などを読み上げるパフォーマンスをくりひろげたことがある。「抗議なら編集部へどうぞ」といっても、彼らなりに効果を狙ってか、編集部には一度も姿を見せなかった。

編集部でも彼らからの抗議はある程度予想していたので、慎重な取材と裏付けをとっており、記事内容には自信があった。告訴されたら受けて立つつもりでいたが、学習研究社でのパフォーマンスに続いて弁護士を通じた抗議はあったが、そのままになった。

一九六〇年代前半から一九七〇年代前半にかけての創価学会は、気に入らぬ記事があると、大勢で押しかけ、対応に出た編集者をつるし上げに近い形で糾弾したものである。それが、藤原弘達氏の著書『創価学会を斬る』の出版妨害事件が、社会から厳しく批判されて以来、過激な抗議行動は控えるようになっていった。ところが、それも一〇年ぐらいのもので、徐々に以前のような言動が目立ってきた。一九九六年には、国会で政教分離問題や宗教法人税問題を取り上げた国会議員の自宅や事務所へ、嫌がらせの電話や無言電話が殺到したという。

一九八九年、『週刊テーミス』が創価学会の集金活動を取り上げたときは、青年部を名乗る若者三名が編集室内に無断で入り込み、机の間を肩をそびやかせて歩きまわりながら「編集長を出せ」と大声で怒鳴ったこともあった。何年経っても、本性は違わないものだと思ったものだ。

それでは新聞や雑誌に誤報や名誉毀損に当たる部分があったからといって、新聞社や出版社へ大挙して押しかけて抗議や要求をしたら効果があるかということになる。明らかな誤報や人権侵害なら、個人でも企業なら広報部長でも、データを基に抗議すれば、どんな鉄面皮な編集部といえども訂正やお詫びに応じざるを得ない。それでも言を左右にするようであれば、提(告)訴に踏み切るべきである。

最近では、取材を始めた段階で、編集部に弁護士から「警告書」を送ってくるケースも増えた。取材された当人が、身に覚えのないことなどを取材されたとき「噂や憶測を基に書かないこと。書いた場合は法的手段に訴える」といった内容のものである。一九九六年に表面化した泉井石油商疑惑でも、ある通産官僚は接待に応じたと報道した月刊誌に対して「警告書」を送ってきたものである。しかし数日後、省内の調査で接待に応じていた事実が判明して処分された。不用意に警告書を送付したことが、かえって編集部に軽蔑され反響が大きくなったケースである。

弁護士に「警告書」や「通告書」を依頼する場合も、メディア事情に精通した人を選ぶべきである。最初から高飛車に「全文を取り消せ」という申し入れで、かえって交渉がこじれたケースもある。こんなとき役に立つのが、それぞれの部門でのブレーンである。弁護士の作成した文書を、経験をふまえて点検してもらったほうがいい。

大新聞など、よく誤った報道をしておきながら、やや過激な抗議などがあると「言論には言論で対処してほしい」などと、カッコいいことをいう。しかし「対抗する言論」を持たない人たちが、有効な反論を発表したりするには、どうしたらよいのだろうか。私は、個人や組織のさまざまな抗議や不満に正面から対応してきて、「正当な反論権」といったものについてずっと考えてきているが、まだ結論を出せないでいる。ただ最近、マスコミも、誤報はもとより人権やプライバシーに関して、慎重な取材、調査、報道をする心構えと体制をとるようになってきた。

マスコミは、社会に対して責任体制を明確に示すことである。雑誌は、週刊、月刊を問わず、必ず編集長名と、発行責任者名を明記している。そのため、前述したように、抗議や苦情も、直接、本人が受けることになる。ところが、新聞には、編集局長名も社会部長名も記載されていない。たまに署名原稿もあるが、特定紙面ないし記事の責任者名を明記するときが来ていると思う。テレビも、ニュースや報道番組については、総括責任者名を最後に明示するべきだと思うし、映像については「○月○日撮影」と必ずクレジットを入れるべきであろう。

◆この項目のまとめ

①報道で誤りがあれば黙認しないこと。誤報が一人歩きをする。新聞記者、編集者は誤報を認めたがらないが、必ず「訂正」「取り消し」「お詫び」の掲載をさせる。

②その際、自分の上司、役員、社長の承諾を得ること。過去の不祥事などをむし返させることになるかもしれないから、引くときの要領も考えておく。

③新聞記者や編集者は、自分の記事の誤りをしぶしぶ認めて訂正やお詫びを掲載しても、逆怨みして、いつか報復してやろうと考えている人種である。

④噂や憶測を基に取材を始められた場合には、弁護士を通じて編集部に「警告書」を送ることも一つの方法である。

⑤新聞は編集局長や社会部長名を紙上に明記し、テレビはニュースや報道番組のチーフプロデューサー名を明記するべきである。

6

週刊誌の刊行を事前に阻止できるか

「警告書」が効果を発揮することもある

社長のスキャンダル疑惑で、週刊誌や月刊誌から取材の申し込みがあったとする。調べてみると、周辺の関係者にも取材しており、来週（または来月）記事が掲載されることは確実のようだ。

そんなとき、広報担当役員や広報部長が、出版社の編集幹部や当該誌の編集長に接触し、掲載中止、タイトルの変更、表現をソフトにしてくれといったような交渉はできる（そのときの具体的なノウハウについては一一八ページに詳述した）。

まず、社長のスキャンダル疑惑がまったく事実無根であれば、交渉にも強気で臨むことができる。雑誌側が、それでも掲載した場合は、名誉毀損や人権侵害で告訴すれば確実に勝つことができる。スキャンダルがやや灰色であっても、公表されることで本人や会社がダメージを受けると判断したときは、弁護士のアドバイスを得たうえで交渉したほうがよい。

後述するが（二二〇ページ）、要請を受けたメディア側は、公表のプラスマイナスを検討する。例えば、過去に資金面や営業面で援助を受けたことがあるかどうか、今後はどうか、などである。

現在は大新聞社、大テレビ局、大出版社になっていても、創業期から順調に事業を発展させたところは皆無だといっていい。途中、資金面で行き詰まったり、営業不振で苦境に陥ったこともあろう。そんなときに援助してくれたり、力になってくれた企業や個人の「恩」を忘れてしまう人はいないはずだ。

一九六七年頃、『現代』で協和銀行（のち埼玉銀行などと合併してりそな銀行に）を取り上げようとしたことがあった。一三大都市銀行（当時）を、さまざまな面でランクづけしようという企画だったと思う。取材を始めて数日後、販売や広告を担当する複数の古参社員から「協和のマイナスになるような記事は考え直してくれ」とやんわりだが真剣な口調でいわれた。

彼らによれば、一九五〇年代前半、講談社も経営が苦しく、ボーナスの支給日が予定よりも遅れたことがあったという。そのとき、もう一つのメインバンクが融資を断ったのに、協和銀行池袋支店だけが融資に応じてくれたというのだ。古参社員からは「殺人事件でもあったら仕方ないが、協和を悪しざまに書くことだけはしてほしくないな」ともいわれた。その後も、都市銀行関連の企画を立てると、きまって「協和にだけは配慮してくれよな」といわれたものである。

当時の協和銀行池袋支店長は、講談社の将来を買い、思い切って融資に踏み切ったのだろう。もちろん週刊誌や総合誌がこんなに影響力を持つ時代の到来を予測していなかったと思う。しかし、企業と企業の間にも、こういう〝友情〟が生まれることがあり、それが社員の中に生き続けることもあるのだ。

創業者はもちろん、歴代のトップは、創業期から興隆期にかけて手をさし伸べてくれた人や企業の厚意が身に沁みているはずである。そんな恩義ある人や企業から依頼されたら、人間誰しも無碍《むげ》に断れないものである。だが、先の協和銀行の例は、銀行幹部が懇願したわけでも、講談社トップが指示したわけでもない。事情を知る古参社員の間から期せずして上がった声が、編集部を動かしたのである。これを〝浪花節〟と決めつけるのは簡単だが、私の編集体験の中には、こんなこともあったということを記しておきたいのである。

先にも述べたが、最近は水面下の交渉とは別に、編集部が取材を開始したり、中には開始する前に、弁護士名で「警告書」が送られてくるケースも増えた。過去の件をほじくり返されたり、故意に結びつけて報道されることを回避するためにするのである。

ハンサムなタレントとミス日本になったことのあるA子さんが婚約した。典型的な美男美女の取り合わせだったため、女性週刊誌やテレビのワイドショー番組が競って取り上げたものである。ところが、結婚式の一週間前になって、はっきりした理由も公表しないまま破談になった。さきの報道の反動で、週刊誌からテレビまで、破談の原因が、二人の出生や学歴にあるのではないかと詮索されて、大騒動になったものである。素人同然のA子さんは、この騒動で心身ともに疲れ果ててしまった。海外へ逃避すれば、そこのホテルにまでテレビのレポーターが現われる始末で、ノイローゼ寸前になった。

それから数年後、世間はA子さんのことをほとんど忘れてしまった。やっと元気を取り戻したA子さんは、良縁を得て結婚することになった。このとき、A子さんは弁護士と相談し、主な週刊誌とテレビのワイドショー番組の責任者に「取材を自粛してほしい」という文書を、弁護士名で発送したのである。

文面は「A子さんは、すでに一般人に戻っている。近く結婚する相手も一般人である。かつての婚約→破談を含め、あらゆる取材と報道をお断りする。もし違反した場合は、A子さんの人権とプライバシーの侵害に当たるから法的な措置をとる」という内容だった。マスコミからみれば、A子さんはすでに〝話題の人〟ではなかった。しかし、中には関心を持つ雑誌や番組があったかもしれない。彼らにとって「警告書」は、A子さんを強引に取材して法的措置を取られるよりは止めておいたほうがいいとなったから、効果を発揮したとみてよいだろう。

ある大女優の息子が、自宅地下室で友人たちと覚醒剤などを使用していた事件が発覚し、逮捕された。このとき、大女優と弁護士から、マスコミに対して、「女優の息子だということで報道されるのは不当である。取材も報道も控えてほしい」という趣旨のファックスが送られてきた。

大女優による記者会見も行なわれたが、「報道はプライバシーの侵害である」といった強硬姿勢を崩さなかったため、記者たちの反発を買ってしまった。その後、息子は再び覚醒剤に手を出し、実刑になったし、大女優の活躍の場も少なくなっていった。弁護士による警告書や記者会見での対応によっては、逆効果になるという好例である。

一九九四年、ある一流企業の専務取締役が自宅の玄関先で殺害されるという事件が起こった。ねばり強い捜査の結果、暴力団員だった男が逮捕されたが、事件発生からしばらくたったとき、一流企業と事業のことで対立したB企業のことが、一部の雑誌で取り沙汰されたものである。慎重な表現ながら、B企業を実名で取り上げた雑誌もあったが、間もなくその雑誌編集部へ、顧問弁護士名で「警告書」が送られてきた。

「○○企業とB企業との関係で軽率な推測を下さないでほしい。繰り返し取り上げた場合は法的措置をとる」と明記されていた。企業や個人によって報道機関へ事前にこうした「警告書」を発送する方法も覚えておいたほうがいい。

「差し止め請求」はいつどのようにやるか

週刊誌、月刊誌、単行本に対する刊行前の〝手段〟の最たるものが「差し止め請求」である。出版物の刊行を「仮処分申請」で、国家の強制執行力を使って中止させる措置で、地方裁判所へ申し立てることになっている。

政治家のC氏が大企業からワイロを受け取っているのではないかと疑惑を受け、週刊誌から取材を受けたとする。事実無根だと説明しても、周辺から噂などを集めた模様で「疑惑がある」または「収賄政治家」という内容で記事も出来上がり、掲載も決まったようである。

このように記事の対象者が、週刊誌の発売によって、プライバシーが侵害され、名誉が毀損されると思ったときには、発売前に地裁へ差し止めの申請をすればよいのである。ただし、このときまでに、申請する側は、掲載される記事内容を、事前に正確に掴んでおかなければならない。例えば政治家のC氏でいえば、スキャンダル疑惑がいかにも決定的であるかのように書かれているか、タイトルや小見出しがオーバーで断定的であるか、などである。

『フライデー』編集長時代の体験だが、日教組事務局の妻子ある中堅幹部が、結婚をエサに、事務局内の複数の女性と関係を結んでいた。騙された一人の女性の告発を受けて、彼女が問題の男性を詰問しているところを撮影したうえ、男性自身にも取材して、無責任と乱倫を批判した記事を作った。

翌日、中堅幹部から相談された日教組の顧問弁護士は、講談社の元労組委員長ですでに退社していたが、社の幹部や労組に影響力を持っていた男に「伊藤を紹介しろ」と依頼したのである。私は元委員長の顔を立てて日教組の顧問弁護士と会うことにした。内容に自信があったので、写真と記事の掲載中止を拒絶すると、彼らは「差し止め請求」をする気配を見せ始めたのである。

しかし、そのためには、どんな写真を使用するのか、記事のトーンはどうか、タイトルは厳しいものかなどを確認しなければならない。私は、翌日、弁護士や元労組委員長からの電話に「まだ掲載するかどうか決めていません」と態度をあいまいにしつづけた。やがて、広告代理店から新聞広告の原稿を早くくれと矢のような催促があった。いつもより早い広告代理店の要請は、明らかに彼らの作戦だとわかったので、私はギリギリまで広告原稿の送稿を延ばして「差し止め請求」を無効にしてしまった。

では「差し止め請求」があった場合、裁判官はどう出るだろうか。まず政治家のC氏の例でいえば、C氏の代理人になっている弁護士を呼んで、いい分を聞くのである。そのうえで、雑誌の発行責任者か編集長を呼び出すことになる。この場合も、弁護士が代理人になっている場合が多いが、裁判官は「C氏の説明ではプライバシーの侵害や名誉毀損の恐れがあるから、記事を代えるか発行を見合わせるように」と要請する。このとき、雑誌側の弁護士は、すでに編集部と相談して、記事のゲラ刷りなどを持参している場合が多いものである。そこで、裁判官に記事の内容について説明し、C氏の弁護士がいうようなプライバシーの侵害にも名誉毀損にも当たらないと主張することになる。

しかし、記事に目を通した裁判官の了解を得られないと雑誌側の弁護士が判断したときは、和解勧告にしたがって、C氏の弁護士とも相談し、タイトル、小見出し、細部の表現の変更について譲歩することが多い。それは、もしC氏の「差し止め請求」が認められて、刊行が中止されたり、発売後に回収ということになると、出版社側の損害が大きくなるからである。また裁判所の決定や勧告を無視して刊行した場合は、本訴になった場合に負けることを覚悟しなければならないからである。

このとき「差し止め請求」する側は、保証金を用意しなければならない。よく「雑誌の定価×発行部数」といわれたりするが、かつて寸前までいったケースから想定すると、億といった莫大な金額ではなく、数千万円といったところである。

二〇〇四年、『週刊文春』が木曜日の発行を前に、田中眞紀子氏から発行差し止め請求をされた。『週刊文春』は、その号で眞紀子氏の長女が離婚したことを報じようとしたのだ。眞紀子氏は「長女は私人である。その私人のプライバシー侵害は許されない」と主張していた。『週刊文春』は、田中角栄元首相の死後、眞紀子氏の長女が国会議員選挙に立候補する噂があったことなどの理由をあげて、長女は公人である、したがって報道する価値があると主張した。私は、編集部のいい分はやや牽強付会だなと思ったが、結局東京地裁は眞紀子氏の主張を認め、差し止めを決定したのである。

ある大出版社では、三年間に二件の割で「差し止め請求」の申請があるというが、今後は年を追って増えてゆくだろうとみられている。ただ、最近、ある政治家が雑誌の連載追及レポートの前編の内容に激怒し、後編が刊行される前に「差し止め請求」をしたことがある。しかし、前編の内容について、事実無根や誤認などの部分がほとんどなく、かつ名誉を毀損するという判断に至らなかったため、後編の「差し止め請求」が認められなかったケースもあった。

〝伝家の宝刀〟は、常に用意しておかなければならないが、いざ抜くときは、トップとも、弁護士とも、ブレーンともよく相談したうえで抜き、狙った成果をあげなければならない。

◆この項目のまとめ

①不愉快な取材や臆測で記事が作られそうなときは、弁護士と相談して、事前に編集部宛て「警告書」を出す方法もある。

②雑誌や書籍の発売によって、プライバシーが侵害され、名誉毀損されそうなときは、内容をよく把握したうえで、地方裁判所へ「差し止め請求」をすることができる。

③ただし「差し止め請求」は〝伝家の宝刀〟だから、抜くときは弁護士ともよく相談して最大の効果をあげなくてはいけない。

7　社のイメージは広報担当者で左右される

メディアの大小で態度を変えるな

企業のトップから平社員まで、大マスコミの記者や編集者の強引で傲慢な取材と報道に対して、正面から対応せざるを得ない広報部長や総務部長の苦労、努力、立場について、もっと理解すべきである。しかしこの章では、企業や組織の最初の対応者である広報部長や総務部長などのあり方について、少々辛口に述べてみようと思う。

まずマスコミを通した企業やトップのイメージ、評価は、広く社会への窓口になっている広報部の対応によって、大きく左右されるということを認識すべきだ。

広報部の責任者になったら、最初、何をしなければならないか。まず、前任者から引き継いだマスコミ関係者の名簿を全面的に点検することである。全国紙の経済部長や週刊誌の編集長は、だいたい二年から四年で交代している。デスクとなったらもっとひんぱんに代わっている。工場のある地方のブロック紙や県紙を落としていないか、総合週刊誌や総合月刊誌で欠けているところはないかも点検すべきである。

新聞記者や編集者は、実は肩書きが大好きで、内心とても気にしている。新任の広報部長から、古い肩書きのままの挨拶状が届いたり、前編集長のところへのこのこ挨拶へ行くところを見たら、彼らの自尊心はたいへん傷つけられていると思ったほうがいい。そんなときには、後に記事で報復されかねない。

広報部長が次にしなければならないことは、大新聞から大雑誌、ミニコミ、業界紙・誌まで、有名無名や会社の規模で、訪ねてきたり電話をしてきた編集者や記者を差別しないことである。マスコミ側の横暴さや傲慢さを批判する広報部長が、実は大新聞の記者や大出版社の編集者に対しては、卑屈なくらいペコペコするのに対して、創刊間もない雑誌や業界紙・誌の記者には居丈高になるケースはたくさんある。

電話でアポイントを取ろうとすると、明らかに居留守をつかう。また何回目かの電話でやっと出てくると、「何かご用ですか」と切り口上でいう。訪ねた場合でも、部長が約束しておいたのに、「急用ができましたので」と部員を差し向けたりすることも多い。この広報部長が、誰に対してもこういう姿勢をとっているのであれば、礼を失しているとはいうものの一貫はしている。しかし、こんな部長に限って、トップや自分のスキャンダルをちらつかせられたりすると、たちまちオロオロしたり低姿勢になるものである。

私は講談社で三〇年近く編集の仕事をし、その後、学習研究社と組んで週刊誌を編集してきた。そのときにはほとんど気にならなかったことだが、新たに、現在の月刊『テーミス』を創刊してみて、初めて、歴史や実績がない小出版社というものの苦しみや世間からの対応について、考えさせられたものである。

創刊してまもなく、小社の販売担当と広告担当の二人が、ある大企業の取締役広報部長を訪ねたときの体験である。彼は応接室に現れるなり「もう読んでいますよ」と、いきなり小誌をテーブルの上に投げつけるように置いたという。小社の二人は、すでに一流企業約五〇社の広報、宣伝、総務担当などに会ってきていたが、こんなに傲慢で誠実味のない対応はなかったという。

彼は「創刊から日が浅くて、まだ発行部数も少ない。したがって信用もできないし、いつ休刊するかもしれない。だからそんな雑誌に広告を出したり、販売担当と話をする必要はない」という気持ちだったかもしれない。しかし、他の企業の広報、宣伝の担当者は、小誌の編集姿勢への賛否から、将来の広告出稿への見通しその他について、それなりに誠意を込めて話してくれていたのだから、この取締役広報部長の対応が突出していたというべきである。

私は、『週刊現代』が創刊されて二年目の一九六〇年、コラムの「社風と社員」という欄の取材で、ある会社を訪れたことがある。この「社風と社員」というコラムは、当時、毎日新聞経済部のスタッフ約一〇人に交代で書いてもらっていたもので、かなり話題になっていた。しかし、どうしても彼らが書けないという中堅企業があって、私が代わりに取材で訪ねたものである。当時、『週刊現代』といっても発行部数も少なく、まだ企業などではよく知られていなかった。対応に出てきた社員も、当時はまだ広報担当もいなかったから、おそらく総務か業務担当者だったろうと思う。

「最近創刊した雑誌ですか。『週刊朝日』はたしか大宅壮一の執筆で、私どものところへ取材に来たけれども、お茶一杯飲まないで取材していきましたよ」と、私がいかにも何かねだりにきたような対応をされた。私も若かったせいもあって、「私の雑誌もお茶一杯要求しませんよ。それなら外部取材で書かせてもらいます」と、タンカを切ってそのまま帰ってきた記憶があるが、どんな大雑誌といえども、創刊当時は少ない部数でスタートするし、また知名度も足りないものである。朝日新聞↓当時一〇〇万部の週刊朝日↓大評論家・大宅壮一——こういう権威には手もなく屈しても、新参の雑誌や一編集者には、横柄な対応をする会社と社員もいるのだ。

未知の新聞記者や雑誌の編集者から突然、電話があったり、いきなり訪問されたら、誰でも何か取材されるのか、何か書かれるのか、と構えてしまうものである。もしかしたら協賛金をねだりにきた業界紙・誌の記者かもしれないし、また市民運動のリーダーかグループが抗議に押しかけたのかもしれない。だからといって、広報部長は居留守を使ったり、すぐ部下を差し向けてはいけない。広報部長というのは「大勢の未知の人たちに会う」というのが重要な仕事の一つだと思うからである。

私の体験だが、明らかに二日酔いで酒の臭いをプンプンさせながら出てきた大企業の広報部長もいる。椅子にふんぞり返って座ると、こちらの用件もそこそこに、「そんなことできませんよ。そんなわけがないでしょう」といい放ったものである。記者にも、もちろん傲慢で横暴な記者や編集者もいる。しかし、常識ある記者や編集者なら、最初から決して乱暴な口の聞き方をしたり、居丈高な取材はしないものである。

『テーミス』創刊当時の体験談だが、公社から一応民営になった独占的大企業の広報部長に会ったことがある。その大企業は、政治家、監督官庁を巻き込んだ大問題で揺れていた。もちろん大企業は自分の側に有利に運ぶため、一部の政治家や強力な労組と共闘したり利用し合ったりする一方、マスコミも味方につけるため、新聞、テレビ、雑誌などに大量の広告を出していた。そうした事実がありながら、広報部長は私たちの出稿の依頼に「広告は出しておりません」とぬけぬけ嘘をついたのである。

その後、独占的大企業の中に置かれた記者クラブから情報提供があった。予想以上に出た利益を隠すために、各部署で備品や什器を、マスコミに気付かれないように購入しろという通達を出しているというのである。すでに大企業に懐柔されている記者たちは、自分の新聞では書けないため『テーミス』に流してきたのだ。独占的大企業には、普通の企業以上に社会的責任があるにもかかわらず、こうした手口は許せないと思い記事にすることにした。しかし、広報部長の見解を求めたところ、本人は逃げてしまい、部下の課長にコメントを出させたのである。大企業をバックにした広報部長の傲慢も批判されなければならないし、この大企業に懐柔されて及び腰の報道を続ける記者クラブも大反省すべきである。

すでに指摘したことではあるが、取材に来たメディアがどこまで情報を持っているか、それを確認もしないうちに、「そんなことはありません」などとぬけぬけ嘘をいわないことである。

いまや広報部長は〝公人〟とみなされる

中曽根内閣の内閣広報官だった宮脇磊介氏は、静岡県警本部長や皇宮警察本部長などを歴任した後、内閣広報官に任命されたのだが、その日のうちに、数十に及ぶ新聞社と出版社をリストアップし、翌日から編集局長、編集長に片端から面会していった。政府の広報担当者が、週刊誌や月刊誌の編集長にまで進んで会いに行ったというのは、宮脇氏が最初ではないだろうか。しかも宮脇氏は、それまで官邸が見向きもしなかった女性誌やコミック誌にも足を伸ばしたのだ。当時、部数日本一を誇った集英社の『週刊少年ジャンプ』にも行ったということを、本人から聞いたものである。

主要新聞社（関係ある県紙も入れて）の経済部長と主要な総合週刊誌、総合月刊誌の編集長をすべてリストアップしたとしても五〜六〇名ではないだろうか。会おうという意志さえあれば二〜三カ月以内にできるはずである。会社へ訪ねてくる経済部の記者や業界誌の記者に会っているだけで、広報の仕事をしていると思ったら大間違いである。

会社の不祥事などで、テレビのレポーターや週刊誌の記者が押しかけてきてから慌てふためくのは、だいたいこういう広報部長である。現代はコミックですら、政治や経済を正面から取り扱っているし、コミックの綿密な取材や掘下げは、並みの政治小説やビジネス誌の記事をはるかに超えている。小説は総じて売れなくなってきたから、作家も出版社も取材費をかけられない。ところが読者も多く、ベストセラーになるコミックは、取材に費用と時間を存分に投入するから、情報量と迫真力が違うのである。

会社の不祥事で、新聞の社会部や週刊誌が動き出すと、すぐ広告代理店を呼びつけたり相談する広報部長が、特に大会社に多い。大量の広告を新聞、テレビ、雑誌に出稿しているのだから、広告代理店を通じて出版社あるいは編集部に一種の圧力をかけてもらえないかと期待したり、できれば取材を中止してもらえるかもしれないと思っている。ところが編集長は、最初から取材目的や経過を広告担当者に教えたりしないものである。ある程度記事の目途が立ったところで、社内の力関係にもよるが、情報を少し提供する程度である。

『週刊現代』の創刊からしばらくの間というもの、大手の広告代理店から、記事によっては取材を中止してくれとか、圧力まがいの話があったものである。しかしその後、部数が増え、力をつけるにつれて大手の広告代理店といえども、大会社の幹部や広報から依頼されても、編集部へ強引に迫ることはなくなった。だから広報部長は、ふだんから新聞、テレビ、週刊誌、月刊誌の記者や編集者とわけへだてなくつき合っていなければならない。

新聞、テレビ、週刊誌、月刊誌の報道の方法はまったく異なっている。新聞と週刊誌と月刊誌は、文字や写真が中心のメディアだから、同じものだと思っているかもしれないが、取材方法、記事の作り方、発表の形態は、みんな大きく違っているということを認識しておいてほしい。だから、新聞記者の友人に週刊誌の作り方や編集部との対応の仕方を相談しても、ほとんど役に立たない。したがって広報部長たるもの、企業と自分の危機管理として、新聞、テレビ、雑誌に最低一人ずつブレーンを作っておくべきである。礼儀正しい言葉づかいをする、予備取材をしてくる、メモを的確にとる、取材のテーマと方向をはっきりいう、こんな記者や編集者なら、ブレーンにしておいて損はないと思う。

最近の広報部長の悩みの一つは、担当の新聞記者がすぐ交代することである。ある建設会社の広報部長は、業界のことにまったく無知な記者が来社したので、五日間通わせ、業界事情から会社の現状までレクチャーしたといっていた。「ボランティアですよ」と苦笑していたが、記者を一人育て、味方にしたと思えば報われるというものである。

最近の新聞記者や編集者の中には、本社こそ訪問するものの工場見学をしたことがない者も多い。彼らに最新技術や主力商品の製造過程を見学させることも広報部長の仕事の一つである。ワコールの広報室長だった三田村和彦氏から「室長になって部員に尋ねたところ工場を見たことのないのが何人もいた。早速、工場見学のための出張をさせた」と聞いたことがある。私は、京都の本社に当時の塚本幸一社長を訪ねたことがある。木造の社屋で、二階が工場になっており、女性の工員が懸命に製品を作っている中を縫うようにして、社長室まで行ったものである。

創業時は、どこの会社も事務部門と工場が同居したり隣接していた。したがって社長から事務系社員まで、自社製品が完成するまでの過程を自分の目で見たり体験することができたものである。それが本社が東京や大阪にあって、工場が地方に散在するようになってからというもの、自社製品に対する知識も愛情も希薄になってきたのだ。記者や編集者を企業ファンにするためにも、工場見学の機会を設けるべきである。

◆この項目のまとめ

①企業の社会への窓口である「広報担当者の対応」は、企業やトップのイメージから評価まで決めるものである。

②マスコミ関係者の名簿を随時点検する。全国紙、週刊誌、月刊誌、さらに工場や支社などが

あるブロック紙や県紙まで忘れない。

③記者や編集者はプライドが高い。肩書きや名前に間違いはないか細かく注意する。

④訪問や電話を受けた新聞・雑誌の記者や編集者を、有名や無名、また会社の大小などで差別をしない。

⑤広報部長はマスコミ関係の訪問者に居留守を使ったり、部下に会わせたりすることはやめる。重要な仕事の一つは「大勢の未知の人に会う」ことと心得るべきである。

⑥取材に来たメディアに、相手がどこまで情報を持っているのかわからないうちから、ぬけぬけと嘘をついたり、居丈高になってはいけない。

⑦新聞、テレビ、週刊誌、月刊誌は、それぞれ取材方法、記事の作り方、発表の形態が異なる。広報部長は各ジャンルにパイプを持っておきたい。

8

総務・広報担当者を襲うハニートラップも！

業界紙の女性幹部が誘惑するとき

最近、在外大使館員を狙ったハニートラップの話をよく聞く。企業や団体の窓口になっている総務や広報の担当者とマスコミも、常に緊張状態にあるわけではない。たまには懇親のために酒食をともにすることもあろう。しかし、ハニートラップのケースはめったにないと思うが、こんな実例もあることを知っておいてほしい。

業界誌のトップが亡くなったため、親戚の三〇代の女性が後を継ぐことになった。彼女はなかなかの美形だったが、やがて広告などで協力してもらうため、総務や広報の担当者を銀座のクラブなどに招待するようになった。それが何回か続くうち、彼女の誘惑に負けてしまい、つい男と女の関係になってしまった者も出てきた。しかし、そんな関係がいつまでも続くわけはない。

担当者が、彼女の主宰する業界誌との間に距離を置き始めると、彼女は二人の関係を明かした手紙を、会社の社長に送りつけたのである。それが彼女の常套手段だったらしく、やがて数社の担当者が地方支店などに左遷されたものである。

ある大銀行のトップは、出入りの女性記者と親密になり、深夜デートの現場を週刊誌で報じられたが、そのまま居座ってしまった。トップの女性問題なら不問に付されるが、中間管理職や平社員なら許されないのか。社員の内攻した怒りと不満は、必ず爆発するものである。トップは甘くみてはいけない。

企業の営業関係では、水商売の女性などを利用して契約に成功したという話もよく聞く。しかし、女性の新聞記者や編集者が総務や広報担当者と〝男と女の関係〟なって情報や広告などで便宜を図ってもらったというケースは、今まであまり聞いたことがなかった。

ところが最近は、政治、司法の分野からスポーツ、芸能まで、急速に増えた女性記者が、いわゆる体を張った取材を敢行することが話題となっている。東国原宮崎県知事を巡って取材が過熱したときには、彼の自宅に泊まり込んだ女性記者もいた。先に、女性記者の取材に甘い顔を見せたり、与《くみ》し易《やす》しと見てはいけないと書いたが、彼女らのハニートラップを含む〝誘惑〟は増えることはあっても減ることはない。心しなければならない。

またマスコミは、トップへの取材を巡って、総務や広報担当者に陰湿な意地悪をすることがあるのも知っておいてほしい。

T社長は大企業の経営者であると同時に、作家や評論家としても活躍する有名人だった。ある週刊誌がT氏のコメントを広報部に依頼したが、多忙なのとテーマを考えて広報部は断ってしまった。編集部は、T氏の小説を担当していた社内の出版部部員から自宅の書斎にある直通電話を聞き、直接コメントを取ってしまったのだ。

その上で、編集部は広報部に「もう一度お願いしたい」と電話した。もちろん広報部の返事はノーである。週刊誌は「してやったり」だが、翌週の週刊誌を見た広報部のくやしい気持ちには同情せざるを得ない。こんな意地悪をするマスコミもあるということを知ってほしいし、同時に広報部長としては、どんなにトップが多忙であろうと、取材のテーマに不満があっても、「○○社からこういうテーマでコメントを求められました。諾否をご指示ください」とメモを上げておくべきだったと思う。

流通大手のダイエーを創業した中内㓛氏に、広報課長から部長に抜擢されたA氏に聞いた話がある。

「部長になった数日後の金曜夕方、会長からある件について調べるようにと指示された。すぐ取りかかったが、全容がつかめない。土、日と調査して報告は月曜にしようと思った」

ところが、土曜早朝、中内氏から自宅へ電話があり、強い調子で「あの件はどうなっているか」と聞かれたというのだ。A氏が慌てて「まだ途中です……」と言いかけた途端、「不十分でもいいからすぐ報告しろ。マスコミからもせかされているんだ」ときつく叱られてしまったという。A氏は「課長と部長は違うんですね」と汗びっしょりになっていた。私は「オーナー経営者やワンマン社長といわれる人たちは、即座の報告を求めているのだ。土曜朝一番で報告すべきだった」と答えた。

あるオーナー経営者の秘書を二〇年務めた友人がいる。彼は、社長が出張したときは、昼飯は全て自分の席でパンか弁当を取り寄せて食べていた。いつ電話が掛かってくるかわからないし、すぐ出ないと機嫌が悪くなるからである。あるときトイレに入っていると、社長から電話が入ったことを、部下の女性が知らせてきた。すぐ飛び出して受話器を取ったが、もう切れていた。出張先へ何度も電話して、やっと社長につながったと思ったら、「もうよいッ！」と切られてしまったという。

◆この項目のまとめ

①女性経営者や記者が、総務や広報担当者と「男と女の関係」になって便宜を計ってもらおうと接近してくることもある。ハニートラップは増えこそすれ減りはしない。

②マスコミはトップへの取材依頼を広報担当者などが一存で断ると、陰湿な意地悪をする。必ずメモを提出して諾否を確認しておこう。

第４章

マスコミの特質と生理を理解する

――報道の意図をくみ取り、賢く対処するために

1

週刊誌の取材からタイトル・新聞広告まで

週刊誌はこんな体制と手順で作られる

「週刊誌の取材体制」（図1）と「取材開始から原稿作成まで」（図2）は、私が『週刊現代』『フライデー』『週刊テーミス』の編集長を務めていたときのものを基に作ったものである。他誌の場合も、もちろん細部は異なるだろうし、編集次長と副編集長の呼称が入れかわっている出版社もあるが、だいたい同じものと考えていただいてよいと思う。

この表にしたがって説明すると、A編集次長が、ホットな特集やレポートを担当し、もう一人のB次長が小説やコラムなど連載関係を担当する。A次長の下にいる副編集長が、特集やレポート担当のC班とD班を指揮する。だいたい手が足りないから、副編集長自身も特集を一本担当することが多い。一本の特集やレポート作成に加わるのは、テーマの大小や取材期間の長短にもよるが、編集者一～三名、取材記者一～三名の計二～六名が普通である。

月曜発売の『週刊現代』の場合、発売日の前々週の金曜にほぼ全部のテーマが決まり、すでに取材を開始しているが、本格的取材は前週の月曜朝からだ。夕方には編集者のもとに記者からその日の報告がある。社へ上がって直接報告する場合もあれば、出先から電話という場合もある。

■図１　週刊誌の取材体制

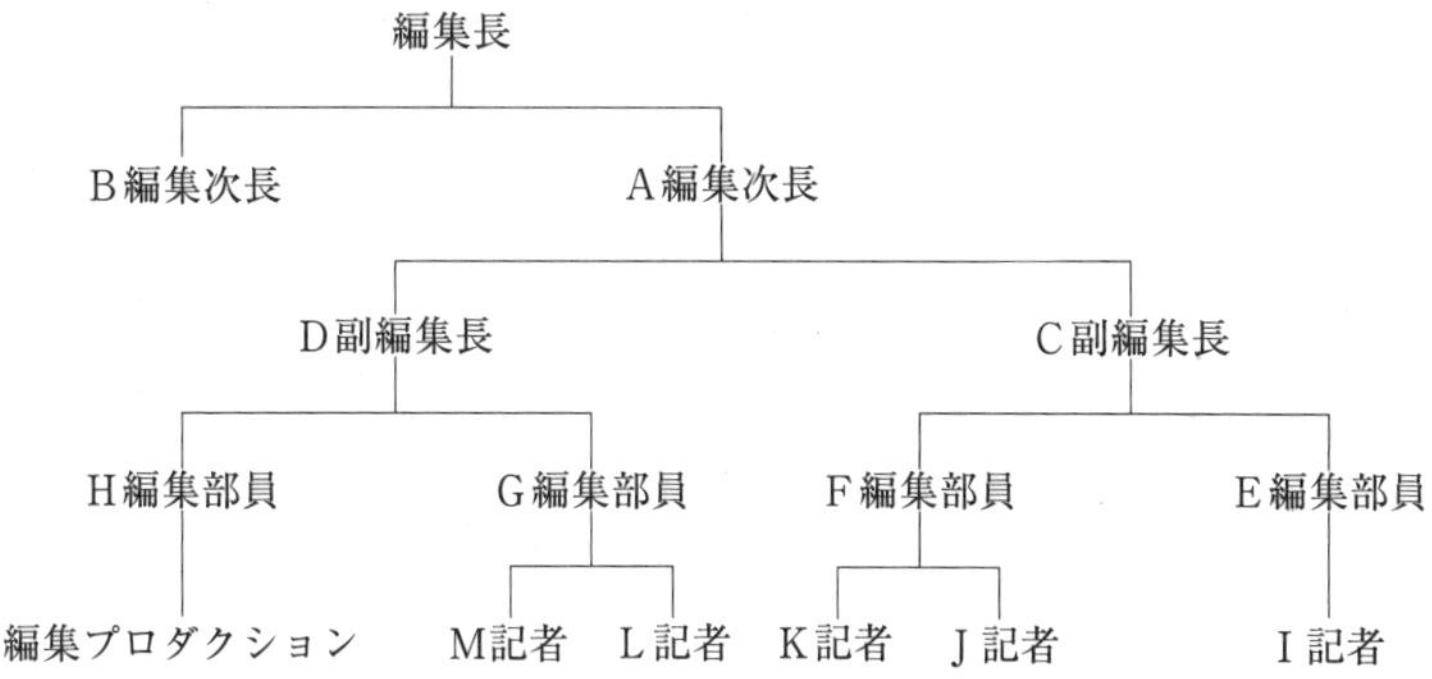

■図２　取材開始から原稿作成まで

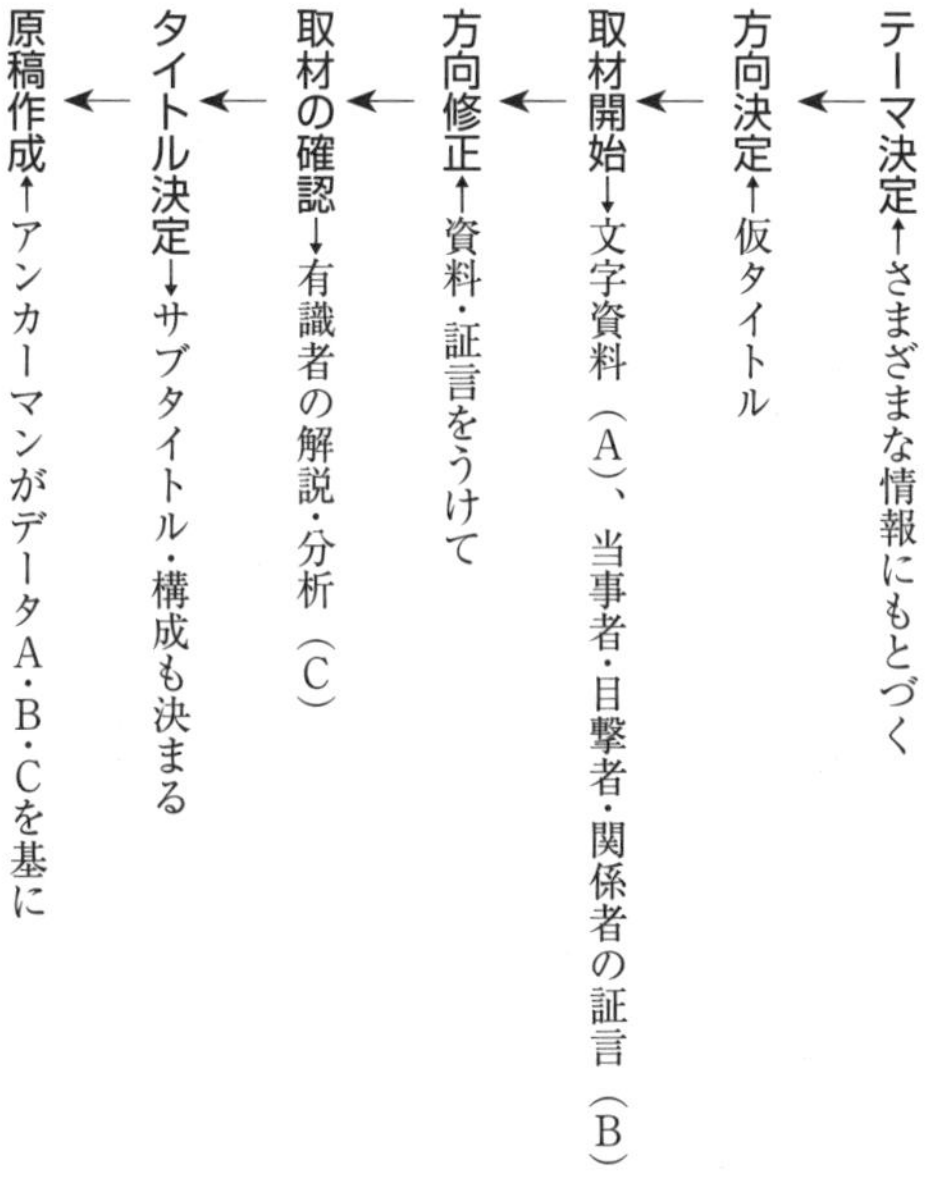

火曜も朝から取材、夕方には全スタッフが集まって、最初のテーマと狙いで間違いないか、取材した結果、いままでの方向を変えるべきかなどが話し合われる。方向転換の場合には、編集長や次長に報告して承諾を得なければならない。

水曜朝からは、編集者は集まってきたデータを点検し、追加すべき箇所や裏付け取材の必要な箇所を取材記者に指示する。編集者は、そのうえで、タイトルとサブタイトル案を編集長へ提出しなければならない。編集長が五本から一〇本の特集やレポートのタイトルとサブタイトルを決めるのは、水曜の午後三時頃から八時頃までの間である。

編集長がタイトルとサブタイトルを決める前から、編集者は最終原稿をまとめるアンカーマンを呼んでいるが、彼にそれまで集めた活字の資料、編集者と記者で集めた当事者・目撃者・関係者などのコメント、有識者の解説や分析を渡し、丹念に目を通すよう指示しておく。タイトルとサブタイトルが決まると、編集者は構成を考え、アンカーマンに執筆を依頼するのである。

編集長が全部のタイトルを決めた午後八時頃から、宣伝担当と新聞広告や電車の中吊り広告の打合せに入る。どの特集が今週一番の売り物か、どのレポートが読者に最もインパクトが強いか、写真はどんな人物を使うかなどが決められる。その頃から、早い原稿は完成するから、編集次長や編集長が点検し、疑問点や裏づけの必要な箇所を指摘して、木曜朝から追加取材するように指示する。木曜朝からは、編集部員は印刷所から送られてきた初校ゲラの手入れと追加原稿の挿入、再校ゲラの最終点検という作業に追われる。

編集長は、新聞広告と中吊り広告の最終チェックを終え、編集者の手を離れた再校ゲラの最後のチェックに入る。『週刊現代』を創刊した一九五九年から八五年ぐらいまでは、木曜夕方から午後一〇時過ぎまで、約一〇名の編集部員が印刷所へ「出張校正」で出向いていたが、ファックスなどの発達で、編集室で校了にすることが多くなった。印刷、製本は木曜深夜からで、金曜早朝から全国に向けて発送され、月曜発売となるのである。

週刊誌は「まずタイトルありき」

すでにおわかりのように、最初にあなたのところを取材に訪れるのは、社員の編集者か契約している取材記者である。だから、大企業の広報部長やスタッフの中には、編集長や副編集長と対応するときと態度を変えて居丈高になったり、つっけんどんになる者も多いという。確かに彼らは勉強もじゅうぶんではないし、要領を得ない質問をすることも多い。しかし前述したように、彼らの報告とデータ原稿などで、企画やタイトルの方向が変えられたり、決定するのである。

取材されるときには、嘘とごまかしは絶対に避けなければいけない。嘘やごまかしは、いつか必ずばれると思って間違いない。記者や編集者が、さらに追及しようとハッスルするのは、こういうときである。

田中角栄氏の元秘書だった早坂茂三氏は、のち政治評論家として活躍していたが、二〇〇四年に亡くなった。氏の秘書時代に何遍も取材で会い、ときに大ゲンカもした。しかし氏は、冒頭に次の三つの約束をし、それを絶対に破らなかった。

一、嘘は絶対にいわない。

二、ミスリードは絶対しない。

三、ただし立場上、いえないことがある。それは「いえない」とはっきりいう。

私も、ときどき週刊誌の内幕について講演することがあるが、終わってから「週刊誌はまずタイトルを決め、それに沿って取材したり、記事を作っていくというが本当か」という質問がある。前掲の図2を見ていただければわかるように、「まずタイトルありき」は事実である。もちろんそれまでにデータ原稿をチェックし、担当編集者にも「このタイトルの方向で間違いないか」と確認しているから、タイトルと内容がまったく違うものが出来上がるわけはない。取材開始のときに作るのは、あくまでも「仮タイトル」であり、途中で、方向を変えることもしばしばある。

ただし『週刊現代』や『週刊ポスト』などのように、表紙に多くのタイトルを刷り込む場合は、ときに表紙のタイトルと本文の内容がやや異なることもある。前日までは、絶対にこのタイトルの線でいけると思っていたのが、取材不足だったり情勢が急変した場合である。四ページで作る予定を、内容がないために急遽二ページに縮めたこともある。

『週刊現代』が創刊された一九五九年から約一〇年間は、まず原稿が完成し、編集長がそれを読んでからタイトルとサブタイトルを決めていたものである。ところが、一九七〇年代前半から印刷、製版、製本など各会社の労働時間や体制が変わってくるにつれて、原稿や写真の入稿日時が早くなってきた。さらに深夜まで働いていた製版会社や製本会社の従業員が、深夜労働を忌避するようになってきたこともあって、最終原稿が完成する前にタイトルとサブタイトルを決めなければならなくなったのである。

このシステムは、週刊誌においてはいかにタイトルが重要かということを強く認識させる結果ともなった。編集長にもよるが、編集会議に企画を提出させるとき、短冊のような紙に、タイトルとサブタイトルしか書かせないのである。読者を魅きつけるのは、すべてタイトルにかかっているというわけで、提案者が「このタイトルはちょっと弱いですが、中身は面白いものになります」などといっても、相手にされない。編集長から「読んでから面白かったなんてのは駄目だ。読者が読みたくなる、買いたくなるタイトルが先だ」と怒鳴られてしまうのがオチである。

そのタイトルも、まず表紙で、次に新聞広告で、さらに地下鉄など車内の中吊り広告で、読者を魅きつけるものでなければならない。そのためには、簡潔であること、新しさがあること、衝撃性がなければならない。そんなところから「大新聞が報道できない……」とか、「テレビでは絶対にわからない……」といったキャッチフレーズが使われたり、もっぱら女性週刊誌だが、「略奪愛」とか「通い愛」といったユニークな造語が氾濫《はんらん》するようになったのである。

編集長が、このようにタイトルやサブタイトルに懸命になるのも、読者の「読みたい」「買いたい」という欲求を喚起し、雑誌の部数を伸ばしたいからである。売れなければ、一年ないし二年で容赦なく責任を取らされる。だから、企画の採否、取材を中止するか進めるか、記事を掲載するか没にするか、タイトルはどう決めるかなど、すべての権限は編集長に集中しているのである。したがって、すでに指摘してきたことだが、何か依頼したり相談することがあったら、編集長か社長に直接アタックしろというゆえんである。

週刊誌の進行を説明したところで、最後に編集長によって新聞広告や中吊り広告のチェックがあることを述べた。だから広報部長は、自社に不利な記事の掲載が決まった後でも、新聞広告や中吊り広告から記事のタイトルを落としてもらえないか、あるいは扱いを小さくしてもらえないかという交渉をするべきである。広報部長たるもの、週刊誌と月刊誌の記事の製作過程は、頭の中に叩き込んでおきたいものである。

◆この項目のまとめ

①週刊誌ではタイトルが先に決められ、取材も執筆もそれに沿って進められることが多い。
②取材で来た若い編集者や取材記者には誠実に対応せよ。彼らの印象、報告、データ原稿で記事の方向が決まることが多い。
③取材に対して、嘘はいわない、ミスリードはしない、立場上いえないことは「いえない」とはっきりいう。
④自社関係の記事が新聞広告や中吊り広告でどんな大きさで扱われるかにも注意し、編集部に配慮を求めたい。

2　週刊誌の取材記者にはどう対処すべきか

取材記者の名刺をもらったときには

『フライデー』を創刊した翌年の一九八五年春、TBSから大宅映子氏のラジオのトーク番組に出演しないかという話があった。『フライデー』の宣伝になればと思って、引き受けた。約束した土曜日の午後二時少し前に受付に行くと、しばらくして大宅氏と若い女性が二人現れた。名刺を交換すると、いずれもTBSの社員ではなく、下請けのあるプロダクションの社員だった。それから約一時間半で一週間分の録音をしたが、最後までTBSの社員は一人も顔を見せなかった。いくら連続番組で、手順その他がわかっているとはいえ、また、いくら社員が週休二日で、土曜が休みとはいえ、社員がまったく現われないのには驚いた。

私は週刊誌の編集長のときも月刊誌のときも、休日に仕事があった場合、外部の記者やカメラマンだけで仕事をさせたことは一度もない。必ず社員を一人は出社させて、指示・監督させていたものである。その後、放送関係者に聞いてみると、テレビ局もラジオ局も、実にたくさんの下請け、番組制作プロダクションに仕事を依頼していることがわかってきた。

その後の私の体験でも「○○テレビの××と申します。土曜日の△△という番組にコメントをいただきたい」という電話を受けたことがある。承諾して当日待っていると、カメラマンを含めて四〜五人のスタッフが来社したが、そのなかに社員が一人もいなかったケースが何回もある。

テレビ局やラジオ局の取材を受けたことのある人ならこのような経験を持っている人も多いだろう。もちろん、ほとんどの人は真面目なスタッフだが、貸した資料が返却されなかったり、企画が中止になっても、連絡一つよこさないスタッフもいるという経験も持っていると思う。同じようなことが、週刊誌や月刊誌の取材を受けた場合にもいえる。「『週刊○○』のものです。貴社の新製品のことでお話を伺いたい」という電話があり、記者が来社したとする。あなたは彼と名刺を交換したら、まず「失礼ですが、編集部の方ですね」と念を押したほうがよい。「いや、私は社員ではありません。取材記者です」または「フリーの記者で『週刊○○』の仕事をしています」という返事があることも多いからである。

すでに八三ページでも指摘したように、出版社系の週刊誌はもとより、新聞社系の週刊誌も、グラフや記事の一部を下請けの編集プロダクションに任せたり、取材記者ないしフリー記者という名の「社員ではない取材記者」に仕事を依頼している。取材記者や取材カメラマンは、週刊誌の性質にもよるが、現在でも多いところで三〇〜四〇名、少ないところでも一〇名前後はいると思う。

一九五九年に『週刊現代』が創刊されたときには、すべての記事とグラフを、社員編集者でやっていた。ところがわずか三〜四週間でその体制はくずれてしまった。あまりの忙しさに、社員編集者だけではできないということがわかったからである。まず新聞記者にアルバイト原稿を頼むことから始まった。やがて元新聞記者らが仲間と始めた二つの編集・取材プロダクションに仕事を依頼するようになり、そこのスタッフが編集部に出入りし始めた。全国紙の元記者といえば、読売新聞社を辞めた三田和夫氏だけで、あとは地方紙や業界紙などの経験者だった。

やがてテレビの下請けをやっていた制作プロダクション出身の取材記者も出入りするようになった。一九六五年頃の『週刊現代』には一〇〇名近い取材記者がいたこともある。最近では週刊誌ばかりか、月刊誌でも専属の取材記者をスタッフに加えているところもある。彼らは月刊誌一誌の原稿料だけでは生活していけないから、編集長の了解のもとに数誌の雑誌を掛け持ちするか、傾向の違う女性誌などの仕事もすることがある。だからある日、あなたを、『週刊○○』の取材で訪ねてきた男が、別の日には『月刊○○』の名刺で訪ねてくるようなことも多いのである。

月刊誌も、一九五八年に講談社が創刊した『日本』(『現代』の前身)は、グラフに登場する人物の交渉から一ページのエッセイの依頼にいたるまで、すべて一二人の社員編集者でやっていた。しかし、編集部員が取材してデータを作り、それらをもとに作家や評論家にレポートを書いてもらうようなシステムがだんだん投入されるにつれ、社員編集者だけではとうてい仕事がカバーしきれなくなった。そこで月刊誌でも女性週刊誌や女性誌との掛け持ちを認めたうえで、三〜五人の取材記者を配備するようになったのである。

それでは名刺だけで社員編集者と、契約の取材記者を区別することができるのか。すでに八六ページでも指摘したが、まず出版社や編集部によって名刺の形式も違うから、ざっくばらんに聞いてみたらよい。取材にきた記者が契約記者だった場合には、必ずしなければならないことがある。それは、取材記者に仕事を依頼している担当の社員編集者と担当デスクの名前を聞いて、必ず名刺などにメモしておくことである。

それは、雑誌が刊行された後、事実誤認などで訂正や取り消しの要求をしなければならないとき、取材記者ではなかなか埒があかないからである。その場合には、担当の社員編集者やデスクと交渉しなければならない。取材記者は、毎日、編集部に来ているわけではないから、緊急のときには連絡もできない。また、その後になって、新製品の資料などを送って企画の参考にしてもらおうと思った場合でも、社員編集者やデスクと直接話をしたほうが、スムーズにいくことが多いからである。

また取材記者の中には『週刊○○』の名刺で、こっそり他の週刊誌や月刊誌の仕事をしたり、告発や脅迫材料にするためのスキャンダル取材をしている場合もあるから、気を許してすべて喋ってしまうと後悔することもある。また彼らには、雑誌や出版社は違っても記者同士の一種の連帯意識がある。したがって、自分が得た情報や契約している雑誌の企画などを、密かに教え合う場合もあるから、つき合う場合は慎重にしていたほうがよい。

取材記者のタイプには三つある

取材記者には、大きくわけて三つのタイプがある。

第一は週刊誌での取材や執筆を、将来、小説やノンフィクションを書くための修業だと考えているタイプである。『週刊現代』記者から軍事評論家としてテレビや雑誌で大活躍している小川和久氏がいる。氏は『週刊現代』の記者として特に防衛、軍事問題に関心を持って取材や執筆をしていた。このタイプの記者の数は一番少ないが、自分の専門分野を徐々に絞り込んでいき、意欲をもって取材、調査、執筆などに全力投球する。それを続けているうちに、さらに情報が入るようになり、外部のメディアから原稿や講演などの依頼が増えるため、経済的にも恵まれてくる。したがって一番早く独立し、フリーで仕事をするようになる。

第二は、いつかはライターとして自立するという夢はもっていたが、その後の何年間かの取材記者経験で、もう独立して、フリーになるのは難しいと自分の才能に見切りをつけた記者たちである。総合週刊誌で、毎週真面目に取材したり、執筆を続けていけば、ある程度の収入は計算できるものである。したがって週刊誌の取材記者として、きちんとした仕事さえ続けていれば、経済的にはかなり安定した水準を維持できる。彼らの中には、仕事に慣れてくるにつれて、手を抜くことを覚えたり、要領を覚えて、惰性的に毎週の仕事を片付けていくものが多い。このタイプの取材記者が一番多いと思ってよい。

第三は、ただ毎週の収入だけが狙いで、指示された仕事を平均点程度に片付けていくタイプである。週刊誌の取材マシーンに成り下がり、その環境に安住している記者たちで、中小の業界紙や専門誌あるいはテレビの制作プロダクションなどからの転進組が多い。彼らは、よくいえばベテランだが、すれっからしでもあり、週刊誌の記事や取材に関連して問題を起こすのは、このタイプが一番多い。

取材記者を利用した脅迫事件もあった

企業や個人に、スキャンダルをちらつかせて「週刊誌に売り込むぞ」と脅す手口もあることは先に記したが、週刊誌の取材記者を利用した脅迫事件の実例を紹介しよう。

ある有名私立大学の教授が、教授会で理事長の経営方針を批判した。そんなに強い調子ではなかったというが、三カ月後、理事長に呼ばれていくと、腹心の理事ともう一人三〇代の男が立っていた。理事長が差し出した一枚の写真には、約一カ月前、教授とある女性がラブホテルから出てきたところが写っていた。

「この人は週刊誌の記者で、この写真の裏付け取材で私のところへ来た。学校にとっても不名誉なので掲載をストップできないかと交渉したところ、教授が学校を去るというなら記事も写真も見送ると約束してくれた。君の返事を早く聞かせてくれたまえ」

教授から共通の知人を通して私に相談があった。写真週刊誌の記者を名乗った男は、元『フライデー』の記者だったが、問題があってクビになり、他の週刊誌に移っていた。

私は「この写真は教授を大学から追放するために仕組んで撮られたもので、掲載されることはない。大学の有名でもない一教授の不倫など週刊誌が追いかけるわけがない。女性も大学の意を受けているに違いない。ラブホテルから出てくるところを確実に撮ることは至難の業で、女性、ホテル、カメラマン全て用意されていたに違いない」とアドバイスした。

教授は、「女性は私に惚れていた。だから男と女の関係になったのだ」とむきになって抗弁したが、結局、大学をやめてしまった。

このように、ハニートラップを含め、マスコミを利用してトップやあなたを陥れようとしている人たちもいるということは、知っていてほしいのである。

第二、第三のタイプの取材記者の中には、週刊誌の取材をルーチンワークのように片付けてゆく者が多いが、広報部や取材対象者などからの苦情や抗議も多い。彼らは編集長がタイトルを決めると、そのタイトルやサブタイトルに添ったコメント作りをするのもお手のものである。また、バブル全盛時代などには自分の私的な海外旅行を、週刊誌からの出張であると偽って企業に売り込み、何社かから餞別をせしめたものもいる。また編集長や編集部に顔が利くことを外部に誇示したいために、編集長と企業幹部とのゴルフや宴席を取り持とうとしたりもする。さらに小耳にはさんだ週刊誌内部の事情や出版社の内部情報を、業界紙・誌などに誇大に売り込んだりすることもある。

彼らの中には四〇代、五〇代はもとより、中には六〇代さえいる。当然、週刊誌の編集システムについては精通しており、こと週刊誌の〝生理〟については、三〇代の社員デスクなどより心得ているものも少なくない。週刊誌はページによって締切日や締め切り時間が違っている。また、表紙にタイトルが刷り込まれた場合には、その記事は没にすることができないため、少しくらい取材の手を抜いても大丈夫だということなども経験から承知している。だから大学卒の新人の社員編集者や経験三～四年の編集者が彼らをリードし、指示をしようと思っても、巧妙にサボタージュすることがある。

例えば「この企業の幹部に会って、この事件についての見解を取るように」とデスクから四日も前に指示されたとしよう。しかし、彼らは企業の幹部に嫌がられる取材をしたくないし、面倒な取材も避けたいために、締め切り当日まで、取材の申し込みをしないで遊んでいて、締切日になって初めて企業幹部のところや広報部に電話を入れたりするのである。当然「本日は出張中で連絡がとれません」とか、「予定がぎっしり詰まっていて、電話でお答えする余裕もありません」などという返事が返ってくる。彼らは「取材を申し込んだ」というアリバイ作りのために申し込んでいるだけなので、内心では喜んで「取材は時間切れでできなかった」と新人の編集者などに伝えるのである。

また彼らの中には、タクシー代やコーヒー代などもごまかしたり、水増ししたりするのも少なくなかった。ある出版社は、取材記者のタクシー代がかさむのに驚き、数人の取材記者をピックアップし、彼らが夜になって社を出て自宅に帰るまでを経理課員がオートバイで追いかけたこともある。経理課員の追跡によって、彼らが帰宅するとき、タクシーを利用していなかったこと、途中で寄り道していたことなどの不正が明らかになった。

週刊誌の編集部には、契約記者と共に契約カメラマンが一〇人～二〇人はいる。彼らの中にも、記者と同じように将来の独立を目指すなど目標を持って精進している者もいるし、編集部の指示にしたがうだけでルーチンワークをこなしている者もいる。そんな中で『フライデー』に創刊後しばらくして加わった堀田喬カメラマンの仕事ぶりは、マスコミだけでなく政財界人の間でも広く知られている。政財界関係のパーティには必ず現われ、熱心に撮り続けるばかりか、数週間後には、撮った写真を本人に送るなどアフターケアを欠かさない誠実な姿勢が信頼を得ている。

◆この項目のまとめ

①テレビ、ラジオの番組製作にも下請けプロダクションが多いが、週刊誌の取材記者も契約記者やフリーの記者がほとんどである。また編集・取材プロダクションの製作も多い。

②社員編集者でない彼らは数誌を掛け持ちし、いろんな誌名で訪ねてきたり、名刺を持って仕事をしている。名刺交換のときに担当の編集部員の名前を確認してメモする。緊急時や後日の誤報を訂正させるときのためである。

③取材記者は告発や脅迫材料にするスキャンダルの取材もする場合がある。また、記者同士の連帯意識があって、情報や自分の雑誌の企画を教え合ったりすることもあるので注意したい。

④取材記者には三つのタイプがある。将来、作家やノンフィクション作家を志し、現在は修業中と思う者。いずれライターとして自立したいが、まだフリーは無理な者、または自立は諦めたが記者として大成を志す者。そして、マンネリ化した取材マシーン的な者で、この第三のタイプが問題を起こすことが多い。ベテランの彼らは若い社員編集者も軽くあしらったり、指示された取材の手を抜いたりする。

3 新聞記者や編集者とはどうつき合うか

記者や編集者の悪口はすぐ洩れる

広報部長、総務部長などから、新聞記者や雑誌の編集者から報復や嫌がらせを受けたという体験をしばしば聞いている。すでに何遍も指摘してきたことだが、記者や編集者の中には、狭量で嫉妬心がたいへん強い人が多いことを改めて強調しておきたい。報道に対して、事実無根や名誉毀損で抗議されたり告訴されたりしたとしよう。再取材や調査で報道の誤りが発見されれば、当然、お詫びや訂正をしなければならない。明らかな事実誤認や名誉毀損で謝罪した場合でも、彼らは心の中で「いつかは仕返しをしてやろう」と思い続けていることも多い。

記者や編集者にとって、ねばり強い取材や執拗な交渉はほめられるべき特性であろう。ところが「ねばり強さ」が、しばしば私的でアンフェアな執念深さという形をとることも承知しておいてほしい。私はある作家から相談されたことがあるが、彼は芥川賞を受賞して以後、順調に作品を発表し、すでに中堅作家になっていた。そんな彼が「ある新しい小説雑誌ができ、その担当編集者と何遍目かに会ったとき『貴社のAさんはとてもいい方ですね、とても親しくしていただいていますよ』と何気なく口にしたんです。すると、その担当者はそのときは黙っていたものの、その後、何となく私を遠ざける様子がみえ、やがて原稿の依頼もなくなってしまいました。何か悪いことをいったのでしょうか」というのである。

私は小説雑誌の編集者もとても狭量で自信過剰であり、その作家と自分だけが親しければよい、その作家は自分が発見した、あるいは育て上げたと思いたがるものだと述べた後「貴社で一番親しい、あるいは親しくなれそうな編集者はあなた一人ですね。今後ともいろいろ相談に乗ってください。また力になってくださいよ、というべきだった」とアドバイスした。中堅作家が何気なく口にしたAという編集者と担当編集者は、社内でライバル関係にあったのかもしれない。またAが担当編集者の上司だったとしても、彼はAの人柄や力量を軽蔑しているかもしれない。このように他社の編集者ならともかく、自社の編集者と自分の担当している作家や評論家が親しいと聞いただけで、プライドが傷つけられたと思い込む編集者はたいへん多いのである。

記者や編集者は、企業や広報部長は自分にだけ親しみをもっていると自惚れを持っているし、自分とだけつき合っていればよいと思い込んでいる。だから取材に訪れた記者に、広報部長などが軽い気持ちで「貴社の○○さんとは親しくしていただいております」とか、「貴社の○○編集長とはとても仲よしです。よろしくお伝えください」などといったら逆効果になることが多いものである。特に社員でないフリーの取材記者と親しいことは絶対に口にしてはいけない。

私は、取材に来た新聞社や出版社の社長と本当に親しかった場合のみ「私どもは社長ととても親しくさせていただいております」といってもよいと思っている。しかし社長以外だったら、親戚の中にどんな実力を持つ役員がいようとも、また販売や広告関係の部課長クラスの中に親しい人がいようとも黙っていたほうがよい。

いくら編集者・記者と親しくても手加減はされない

企業の不祥事やスキャンダルを取材された場合、その編集者が帰った後で、親戚の役員や、親しい部課長クラスの人に電話して相談したり報告するのはよいと思う。そのうえで、改めて記者や編集者への対応を練ったほうがうまくいくものである。

言論機関だから、新聞社なら政治部から経済部へ、出版社ならある編集部から別の編集部へ、フランクに抗議や依頼ができるものと思っている人も多いが、普通の企業よりセクト主義がまかり通っているものである。『フライデー』がキャスターの森本毅郎氏と何人かの女性との〝交遊〟を暴露したことがある。マスコミ業界の知人から「森本氏の兄の森本哲郎氏は講談社から何冊か本を出したり監修もしているではないか。ある程度の貢献もあるだろうに、兄は兄、弟は弟で情容赦なしか」と聞かれた。私は「この場合は兄さんが出版部長を通して頼んでも掲載取り止めにはならなかったろう」と答えた。森本毅郎氏のスキャンダルが、その週の目玉記事であったこと、大ベストセラー作家の要請ではなかったことを理由にあげた。

他社の記者や編集者の悪口も厳禁である。

あなたの悪口に対して、記者が「そうそう奴はそういう男なんだ」などと相槌を打つのにつられて、いい気で喋ったとしよう。彼らはもともと口が軽いうえに、マスコミ界を横断した交流も多いから、その日のうちに「A社のB広報部長が、君の悪口をこんなふうにいっていたよ」と、尾鰭をつけてオーバーに伝わってゆくことになる。陰険な彼らは、すぐにあなたのところへ怒鳴りこんだりはしない。そのときは黙っていて、何かミスがあったとき、氏名を出して批判したり、トップにつげ口したりするのである。同じように、C社とD社の記者同士に違うことをいったり、一方に嘘をついても、記者同士の情報交換も多いから、必ずバレると覚悟したほうがよい。

大手出版社の編集長は、週刊誌、月刊誌を問わず、だいたい二年から四年で交代する。もっとも新潮社だけは、編集長の任期も非常に長いことがよく知られている。「一緒に酒を飲んだりしてせっかく親しくなったと思っていたら、また別の部署に移ってしまった。もったいないと思っているんです」と嘆いていたある大企業の広報部長がいた。たとえ交代しても、彼がその社に在籍しているのだから、マスコミに関するアドバイスなどがずっと得られるようであれば、親しくしておいても決して損にはならないと思う。

新聞記者は政治部や経済部に配属されると、そこを動かずだんだんベテランに育っていき、昇進していく。ただし雑誌編集者は異なる分野の雑誌、例えば総合雑誌から女性誌へ、あるいはコミック誌へとひんぱんに交代することもある。だから、ある企業の広報部長が、特定の雑誌の編集長などと親しいということが、業界や社内で評判になるとマイナスになることが多いということも承知しておいてほしい。ベテランの広報部長や広報担当の中には、有名記者や編集長と親しくなると、それを自慢して吹聴する人がいる。また記者や編集者の中にも、広報部長と仕事で会うより、ゴルフや酒でつき合うのを望むものが増えていることも事実である。

編集者と親しいことを口外してはいけない

ある大企業の広報部長は、某社の総合週刊誌の編集長と社内の彼の仲よしグループを、夏は北海道のゴルフ場へ、冬は九州のゴルフ場へと招待していた。カムフラージュに作家を一〜二名加えることもあった。こんな招待に得々と応じているのは、だいたい仕事ができないか、すでに現場から敬遠されているダラ幹編集者である。

彼らは節操もないから、招待されたことを自分から喋ったりもしているのだが、それが予想もしなかった交通事故でばれてしまった。飛行機で北海道入りしたグループに、一便遅れてある編集長が参加したのだが、ゴルフ場へ急ぐため、千歳空港からレンタカーを走らせているうちに交通事故を起こし、彼らの招待ゴルフ旅行の全貌が明るみに出てしまったのだ。編集部員は幹部と企業の癒着に一斉に反発したものである。

また別の招待旅行だが、帰りの飛行機の中で酒を飲み過ぎたある出版社社長と週刊誌の編集長が、ベロベロに酔っ払い、もつれ合ってタラップを降りてくるところを、たまたま同じ飛行機に乗り合わせた他社の幹部に目撃されてしまった。そのため、翌日には、彼らがどこの会社の招待でゴルフに行っていたかから癒着の程度まで、業界内に広く知れ渡ってしまった。

広報部長の傲慢な対応も新聞記者や編集者の反発を招くが、いい気になった癒着と見られるようなつき合いも逆効果である。ある大企業の広報部長は、自分のところの商品を編集者に格安で譲ったばかりか、銀座のバーやゴルフにひんぱんに誘ったものである。やがて、その出版社の別の雑誌の編集者が広報部長のところに取材に行くと、彼はその出版社内における自分の人脈を誇示したり、記事の採用や見送りについても、自分の力で左右できるようなことを口走ったものである。出版社内に、広報部長がいい気になっているという批判が生まれてきたちょうどそのとき、その企業で大きな事故が起こったのだ。直前、この広報部長と癒着し過ぎているといわれていた編集長が別の雑誌に移動させられていたため、編集部は企業と癒着しているという噂を払拭するためにも厳しい記事を掲載することになった。

これもある中堅作家の述懐だが、小説雑誌のある編集長と妙にうまが合ったため、彼の在任中は連載小説を書いたり座談会にも出席するなど、とても重用された。ところが彼が別の雑誌に移動したとたん、新しい編集長はその作家と前編集長の癒着を嫌い、それからというもの小説の依頼もまったくなくなり、さらに毎月送られてきた雑誌までストップされたという。このように編集者というのは、狭量なものであるということも承知しておいたほうがいい。

したがって、広報部長は絶対に口が堅くなければいけない。親しい記者やアドバイスをもらう仲の編集者ができても、彼らの社内には、絶対に二人の関係が知られないように配慮すべきである。静かで、深くて、長いつき合いが最上であると考えるべきである。新聞記者や編集者をゴルフ旅行や料亭に接待することも、必ずしもプラスにはならないということも覚えておいてほしい。ある大企業が編集長をひんぱんにゴルフに接待した場合、彼の自宅の周辺に住んでいる人によっては、またたく間にその企業と編集長との癒着が噂になるからだ。

ある大企業は、ゴルフに招待する場合でも、迎えのハイヤーを記者の自宅前にはつけず、一〇

○メートルぐらい離れた道路脇などに見えないように置くという。自宅からそこまで記者にゴルフバッグをかついで歩いてきてもらい、そこからゴルフ場までハイヤーで案内しているのである。
また記者を自宅へ送るときも、いくら一杯飲んでいい気分になっている場合でも、ハイヤーを五○メートルぐらい手前で止め、そこからは歩いて自宅まで帰ってもらうような配慮をしているほどである。

盆暮れの付け届けはどうするべきか

また、お中元やお歳暮を送るなら、必ず自宅に送るべきである。社宅だったら必ず転居していないかどうか確認しなければならない。すでに転居しているというのに社宅へ送ったために、後から入居してきた社員が「あいつはこの企業と癒着しているのか」と知り、その話がたちまち社内に広がってしまった。経済部の記者が地方へ転勤したり、編集長が雑誌と関係ない部署へ移ると、とたんにそれまで送っていた資料などはもちろんのこと、お中元やお歳暮を止めてしまう企業がある。これも杓子定規に過ぎるのではないか。せめて半年か一年ぐらいの猶予期間をもたせたほうがよいと思う。

ある宗教団体は、某出版社の総合誌の副編集長に編集長昇格の内示があった時点で、副編集長の自宅にメロンを届けさせた。社内外でも、あまり知られていない段階でのお祝いというか「お手やわらかに」は、かえって反発を招いたものである。接待で担当者が気をつけなければならないことは、記者や編集者が楽しむよりも、招いた広報部長や総務部長のほうが、先にでき上がってしまうことがままあることだ。また酒の飲めない記者が、企業側だけで酒をたくさん飲んで盛り上がった席へ同席させられたあとで、「自分がだしにされたようでとても不愉快だった」と述懐していたことがある。

記者や編集者とのつき合いは、裏表がないよう気配りをすることが必要である。松下電器産業で広報部長から取締役を務めた尾崎和三郎氏を、門真市の松下電器本社に訪問したことがある。帰りは無線タクシーを呼んでもらったが、大阪市内に向かうためには、本社の玄関を走り出ると中庭をぐるっと回って、国道へ出るようになっている。私が中庭を回ってから本社の玄関のほうを見ると、尾崎氏と広報部の女性二人がまだ直立して見送っているではないか。すぐタクシーの窓を降ろして私が頭を下げると、尾崎氏と二人の女性も深々とお辞儀を返してくれた。

また、ある会社の専務は、私が取材を終えて帰途についたとき、エレベーターの前まで送ってきた。そこで挨拶して別れたつもりになった私は、同乗してきた広報部長と話しながら一階へ降りたが、エレベーターが開くと何とそこに専務が立っているのである。二階からだったが、かなり急いで階段を降りてきたらしく、息をハアハアはずませていた。豪華な酒食での接待や値段の張る贈物よりも、実はこうした心遣いのほうが心を打つものである。

原則として「オフレコ」はないと思え

一九九五年末、当時の江藤隆美総務庁長官の「オフレコ発言」が、国内外で大きな波紋を広げた。特に、新聞や週刊誌とのつき合いが多い企業のトップや、広報部長にとっては「もし自分が長官の立場だったら」と他人事とは思えなかったに違いない。

ベテランの新聞記者や編集者とのそれまでのつき合いに加えて、巧みな誘導に乗せられ、「これはオフレコで願います」と前置きして、つい知っていることを喋ってしまった経験を持っている人は多いはずだ。しかも、彼があなたとの約束を守って記事にしないでくれたのならよいが、約束を破って記事にされたうえ、トップや社内から睨まれて苦境に陥ったこともあるだろう。

私はかねて「原則としてオフレコはあり得ない」と考えている。五〇年を超える編集者生活を通じて「オフレコ発言」や「ここだけの話」の九割は、時期に早い遅いはあっても、必ず外部に洩れる。したがって、どんなに親しくて信頼している記者であっても、いつかは公表されるという腹づもり、オーバーにいえば「覚悟」を持って「オフレコ」に臨んだほうがよい。

広報担当者なら、有能な記者や編集者と親しくなりたいと思っているはずだ。彼らはすでに「オフレコでの秘話」をたくさん持っているが、さらにあなたからも仕入れようと考えている。そんな彼らは、しばしばギリギリの線を保ちながらだが、オフレコ発言を公表する性癖もあるということを知っておいたほうがよい。

講談社の女性週刊誌『ヤングレディ』にいた頃、皇室関係の情報は、某社の宮内庁記者から密かに提供してもらっていた。その頃は、許可さえ得れば私たちでも記者クラブに入室することができた。もちろん社名を名乗るような真似はしないで、個人名を名乗ってだが。

ある日、私が部屋に入ろうとすると、中央で一〇人近い記者が「この情報を週刊誌に喋ったのは誰だ」とたいへんな剣幕でいい争っていた。問題になっている週刊誌とは『ヤングレディ』のことだと気がついていたが、知らぬふりで聞き耳を立てていると「情報を洩らすような奴は除名にしろ」と大声で怒鳴っている記者こそ、何と私の情報源になっている当人だった。週刊誌などに原稿を書いたり情報の提供ができる記者は、実は勉強家で筆も達者である。なまけ者や才能のない記者は、情報提供もできない。だから敏腕記者ほど、心してつき合えということになる。

オフレコに限らず大事な話を特定の記者に喋るときは、必ず一対一のサシですることである。複数の記者に喋ったときはオフレコの意味もなくなるし、外部に洩れるのは時間の問題と思ったほうがよい。どんな場合でもそうだが、特にオフレコと断ったときには「事実」と「あなたの意見または分析」とは、厳しく区別して喋らなければならない。「意見」が「事実」として洩れたときの影響は大きいからである。

オフレコと断った場合でも、知っていることのすべてを喋ってはいけない。八割までは許されるが、後の二割、つまり肝心な部分は、どんなに喋りたくても心の中に納めておかなければいけない。そうしておけば、いざ約束が破られて公表されても、トップや社内に「それでも肝心の部分は報道されていない」という安心感を抱かせることができる。

すぐに公表されない「オフレコ発言」や「ここだけの話」でも、五年後か一〇年後には必ず洩れるときがくるということも知っておきたい。功成り名とげた政治家や財界人などの回顧録などが読まれるゆえんだが、トップもあなたも「いつかは公表される。それでも後悔はしない」という覚悟だけは持っておきたいものである。

◆この項目のまとめ

①記者や編集者には傲慢で狭量で嫉妬深い人物が多い。記事の「お詫び」「訂正」を出しても「いつか仕返しを」と思っている。

②記者や編集者のよい特性「ねばり強さ」は、ときにアンフェアな執念深さになる。

③記者や編集者と同じ会社の人をほめるな。ライバルだったり、嫌なヤツと思っているかもしれない。あんな人間と仲がいいのかと、敬遠されることも多い。

④記者や編集者の悪口は必ずバレると思え。マスコミ界を横断した交流もあると知れ。

⑤一度親しくなった記者や編集者は、部署が変わってもつながりを断つな。だが、特定の編集長や有名記者と親しいことを自慢するな。癒着は思わぬ逆効果を生むことがある。

⑥盆暮れの贈物や酒食、ゴルフ接待は慎重にやること。

⑦緊急事態のとき、新聞、出版、テレビに電話一本で相談できたり、アドバイスを得られるブレーンをそれぞれ一名は作っておく。

4　記者の「巧妙で強引な取材」に直面したとき

記者の多くは最初から予断と偏見を持っているか

画期的な新製品の発表や順当な社長交代での取材なら楽なのだが、トップの不祥事や欠陥商品続出などの取材で追及されるときは、広報担当者はわが身の不運を嘆きたくなるものである。トップや社員の大半は「会社のことはほめられて当たり前。少しでも批判的な記事が出ようものなら、取材に応じた者が悪かったからだ」と、担当者の苦労や努力を知ろうともしないで、非難、攻撃をするのである。「なぜこんな会社を誹謗する記事に、無警戒で協力したのか」「なぜ会社のいい分を積極的に発言して、記事の中に反映させなかったのか」などなど、新聞や週刊誌の取材を受けたことのない幹部や社員から、いいたい放題のことをいわれる。

担当者にしてみれば、記者の意地悪で執拗な質問に誠意を込めて、長時間も答えたはずなのに、記事になってみると、会社のいい分は一〇行そこそこ。しかも会社について懸命に弁じた部分は見事にカットされ、会社を厳しく断罪した記述の後に、それを補完するような弱々しいコメントやいい訳が採用されている始末である。

「広報部長になって二年、しみじみ人が信じられなくなりました」――こんな述懐を洩らした大銀行の広報部長もいる。ところが嘆くのは一般企業の広報担当だけではない。

月刊『新聞経営』一九九四年六月号に、全国紙各社の広報部長の座談会が掲載されている。中で興味深いのは、週刊誌の取材にどう対応しているか、であった。週刊誌は最初にタイトルを決める。したがってコメントのうちから、都合のいい部分だけ〝つまみ食い〟されることが少なくない。社内からは「注意しよう」という声も多いが、取材に応じないまま報道されるマイナスを考えると、応じざるを得ない。こんな述懐が並べられているのだ。新聞記者の取材を受けたことのある者なら、誰でも〝つまみ食い〟された経験があろう。何も週刊誌の専売ではないのだ。新聞もテレビも程度の差こそあれ、みんなやっている。新聞社の広報部長も記者時代に〝つまみ食い〟したことがあるだろうに、反対の立場に立つとことほどさように腹を立てるものである。

私はかつて、数人の社長に、「自分のスキャンダルや会社の不祥事が新聞や雑誌に報じられたとき、どう思うのか」と聞いたことがある。たとえ報道が事実であっても「仕方ないな」と一応納得するのは最初だけだという。数日後、必ずといってよいほど、「事実ではあるが、記事をストップできなかったか。いやできたはずだ。それは担当の広報、あるいは総務が悪かったからだ」と思い込んでいくというのである。

その結果、たまたま窓口になった広報部長や総務部長が貧乏くじを引くことになる。これでは誰も広報や総務担当になりたがらないし、事件が起こって新聞記者や雑誌記者が押しかけてきたときも、誠意をもって取材に応じようという気持ちにはとうていなれない。

しかし、平成に入った頃から、会社のトップや経営幹部の総務や広報などマスコミ担当者への認識は変わってきた。また、広報部長ないし広報担当役員としてマスコミに正面から対応してきた人が累進し、トップになっていくケースも増えてきた。会社や組織の最前線で、マスコミと真っ向から斬り結んだという体験は、その後の人生に必ず生きてくるものである。

広報部長や部員が一番不満に思っていることは何だろうか。

一、マスコミの取材は、すでに出来上がっているシナリオを補完するものではないか。まず会社をこう叩こうというタイトルを決め、構成もつくり上げたうえで取材にくるのではないか。最初から予断と偏見を持っているとしか考えられない。

二、会社に取材に来ても、自分に都合のよい部分だけピックアップしてコメントを使うだけではないか。会社へ来るのは会社側のいい分も聞いた、各方面の取材もしたというアリバイ作りとしか思えない。

三、取材された件を一生懸命に説明しても、ろくにメモもとらない。記者は自分の聞きたいことだけメモして帰り、記事にもその部分だけ掲載している。取材に応じるのがむなしくなる。

四、なぜ会社を代表してコメントをしている広報部長の説明やいい分を、正確に伝えてくれないのか。なぜ事情通とか関係者とか、実名を出せない人物の無責任な目撃談や噂を採用するのか。

確かにこういう取材に基づく記事作りが増えている。私はこれを『つまみ食いのジャーナリズム』と呼んでいる。長時間にわたって取材し、資料を持って帰っても、記者にとって都合のよい箇所だけ記事の中に使用するのである。それでいて「企業側のいい分もちゃんと聞いています、バランスもとっています」という態度と手法である。

テレビのインタビューに応じるときの注意

『新聞協会報』(一九九五年一月一日号)に、農林水産省が作成した『広報体制強化基本マニュアル』が紹介されているが、たいへん示唆に富んでいる。一九九四年三月のコメ騒動への反省から生まれたというから、内容は切実で現実味がある。まず、「マスコミ対応」の章に、①記者発表のタイミング、②発表資料の作り方がある。

一、扱いが小さくなりそうな時期は避け、朝夕刊の締め切り時間に考慮すること。

二、最初にニュースの目玉、キャッチフレーズを一言で述べ、次に発表内容の要約をする。

この二項は、官庁ならずとも、企業の幹部や広報担当者に、そのまま役に立つ。しかし、約四〇年前、アメリカの新聞事情を研究して帰国したばかりの記者と会ったとき、すでにこういう「発表形式」をとっている企業があるということ、さらに、アメリカの記者の中にはこれにちょっと手を加えただけで原稿を作り、社へ送っている人も多いということを聞いた。日本の新聞記者や週刊誌の編集者の中にも、取材しないで楽をしようという人が増えているから、これからは官庁や企業の工夫次第で望む記事を掲載させることができよう。

また、テレビのワイドショーから出演依頼があったときの注意「シナリオや他の出演者をじゅうぶんに確認したうえで出演を決めること」も役に立つ。テーマが決められており、シナリオができていても、司会者の思惑でどんな方向へも誘導できるし、結論を導くこともできる。

テレビ慣れした出演者の中に、素人のあなたが一人だけ加わった場合、まず発言するチャンスはめったにやってこない。ベテランの彼らは、喋り終わらないうちに、大声で割り込み、奇矯な発言とパフォーマンスで注目を集めてから理屈を述べるのだ。しかも久米宏氏がよくやった手法だが、出演者にさんざん喋らせた後、CM直前に、「ああいっておりますが、本当かどうかあやしいものです」といった調子で番組を終える司会者も多いのだ。テーマに賛成してうっかり出演しようものなら、必ず後悔し、企業や同僚からは「なんだあのていたらくは。かえって逆宣伝になってしまったではないか」と文句をいわれるのがオチである。

もしテレビから出演交渉があったら、できれば会社の一室で、司会者と一対一になり、まとまった時間をとったインタビューを条件とすべきである。もっとも一対一で話しても、ズタズタにカットされ、テレビ局の狙いやテーマに都合のよい部分だけが放映されるということも覚悟しておいたほうがよい。だから、ワイドショーでもインタビューでも、出演を承諾する前に、必ず「条件」を出しておくことである。

一、シナリオを確認すること。

二、コメントのどの部分をどの文脈の中で使用するか確認すること。

新聞記者も週刊誌の編集者も、事件が起こると短期日のうちに、当事者、家族、目撃者、周辺の関係者のところへ、体験談、目撃した様子、周辺に流布されている噂などを取材に行く。このとき、取材対象者や関係者が興奮状態にあったり、怒りや悲しみを誰かに訴えたいという気持ちになっているときのほうが、迫力あるコメントが取れるものである。また殆どの場合に、無責任な噂を面白おかしく喋る周辺の人たちがいるものである。

突然の事故には「黒板方式」で臨め

企業が主催したイベントなどで大事故が発生し、一〇人以上の死傷者が出たとする。新聞記者、テレビのレポーター、週刊誌の記者などが駆けつける。彼らがまず知りたいのは次の六点だ。

一、事故発生の時と場所
二、死傷者の正確な数と氏名
三、イベントの内容と主催者
四、事故の規模と（とりあえず考えられる）原因
五、事故による影響と緊急対策
六、責任の所在と今後の（賠償問題を含む）対応

単純な事故であれば、五以下は省かれることもある。駆けつけてきた記者が、まず知りたいのは、一と二と三である。突発事故のためバラバラに来た記者は、窓口になっている担当者（広報や総務中心に結成される）に、口々に質問を浴びせかけるが、最も早く来た記者の関心と取材は、すでに一〜三を終えて、次の四と五に向かっている。しかし駆けつけるのが遅れた記者は、担当者を掴まえると、まず一から確認に取りかかろうとする。新しく来た記者は、すべて一から取材しようとするから、広報担当者は同じことを時間を置いて何遍も答えなければならなくなり、奔命に疲れるばかりか、四以下の調査や連絡もできなくなる。

こんな緊急事態のとき、最も効果を発揮するのが「黒板方式」である。事故が発生した日時と場所、不幸にして事故に遭った人たちの氏名と年齢、イベントの簡単な内容、これらを片端から黒板へ記入してゆくのである。

そうすれば、後から駆けつけてきた記者は、黒板に記載されたデータから、即座に一から三まで正確な情報を得ることができる。そのうえで四以降について、担当者の説明や発表を求めるようになる。四以降については、担当役員クラスが出席する記者会見で発表するようにし、予定の日時や会場を、これも黒板などに明記しておけば周知させることができる。記者会見の日時は、一度発表してから変更すると、記者から抗議される恐れがあるから、あらかじめ余裕をみて設定しておいたほうがよい。

一つないし二つの黒板で書ききれなくなったときは、日本ポラロイドなどの「早撮りカメラ」を活用する。予想される記者の数に合わせて、黒板のデータを「早撮りカメラ」で撮っておくのだ。これを後から駆けつけてきた記者に渡し、新しい追加分のみ黒板を見てもらうようにする。一段落して、時間的に余裕ができたら、パソコンでリストを作り、それを配布すればよい。

社会学者の増田米二氏（『高度情報社会』などの著者）を中心に、一九七五年頃、『現代』誌上で、氏とルポライター三～五人と編集スタッフで「共同取材→共同執筆方式による調査報道レポート」を試みたことがある。週に一回、取材報告を黒板に書き連ねてゆくと、すぐに一杯になる。それを一人が浄書し、出席者の数だけコピーすると、それを資料にして討議や報告を続け、また黒板が一杯になると、「浄書→コピー」を繰り返したものである。

このとき増田氏から、アメリカの大学や企業では、黒板のデータを「早撮りカメラ」でメンバーの数だけ撮り、それを配り終えると、黒板に次の討議を書き込んでゆき、いっぱいになるとまた「早撮りカメラ」で撮るという話を聞かされた。「黒板方式」に「早撮りカメラ方式」を併用すれば、黒板は一枚でも、たくさんのデータや情報を、次々に処理してゆくことができる。

文藝春秋社の元社長だった池島信平氏の著書『雑誌記者』の中に、新聞で事件発生を知った氏が、自宅から現場に直行し、まだ興奮状態にあった当事者に手記を依頼する話がある。私も何回か経験しているが、海外でのハイジャックなどから生還した乗客が一番よく喋るのは、帰国した直後で気分がまだ高揚しているときである。人間は時間が経つにつれて冷静になり、周囲の事情などを考慮して、言葉を選んで発言するようになるものだ。したがってマスコミ側は、当事者や関係者がまだ興奮状態にあり、気持ちが整理できていないうちにインタビューしたり、談話を取ってしまおうとするものである。

プロのカメラマンが女性タレントを上手に脱がすように、新聞記者や雑誌の編集者も、あなた方の堅い口を聞かせようと、手練手管を使うということをよく承知しておいたほうがよい。ほめたり、おだてたり、同情するふりをしながら、当事者や関係者が興奮状態にあるうちにホンネを喋らせようとするのが、マスコミの手法だということをよく認識しておいてほしい。

会社に不祥事が起きたときでも、ベテランの広報部長なら冷静で過不足なく説明もできるし、まず妥当なコメントを発表することができる。ところが社員や子会社や関係会社の社員の中にも、必ず会社の不祥事を巡る噂をオーバーに喋りたてる者がいるはずである。これらのコメントのほうが生々しかったり具体的で迫力があるため、より多く採用されて記事になってしまう。その分、広報部長のコメントが縮小される結果になる。これも一種の〝つまみ食い〟といってよい。

「単純事実」は「事実」ではないことを知れ

ではコメントの〝つまみ食い〟を防ぐ方法はあるのか。

一、必ず録音機を用意し、相手の質問とこちらの回答を完全に録音しておくこと。全体の流れの中であなたがどう答えたか、後に社内で問題になったときのアリバイ証明にもなるし、取材側にプレッシャーをかけることにもなる。電話取材には絶対に応じない。お互いに顔が見えないから、興奮して切り口上でいい合うこともある。これが〝つまみ食い〟を容易にさせる原因になる。

二、「知らないこと」「いえないこと」を、はっきりと取材記者に伝えること。広報部長といえども、社内のことをすべて知っているわけではない。知ったかぶりや憶測は絶対に口外しないことである。必要なら「後で調べてファックスで送る」と答え、前後の経緯や背景を含めて正確に記述した文書を送るべきである。録音機と同じで、ファックスもアリバイ証明になるから保存しておいたほうがいい。

三、質問に対して、要点を的確に答え、いわずもがなの形容詞などは絶対に加えないことである。長く話せば話すほど揚げ足をとられたり、〝つまみ食い〟されることが多くなる。ただ丁寧な説明が必要な場合もある。週刊誌の取材記者はもとより、新聞記者でも、業界や会社の組織・製品について知らないことが多い。面倒だが、教育のつもりでしっかり説明しなければならないときもある。

あるスキャンダルに巻き込まれた経済産業省のキャリアは、何度も訪ねてきた若い取材記者に、深夜まで自分の立場を含めて懇切丁寧に説明した。彼は感激して帰ったが、後日、申し訳なさそうな声でこう電話をかけてきたという。

「長時間お話していただいたことを、正確なデータとして提出しましたが、デスクのところであなたに厳しい方向でまとめられることになりました。私の力ではどうすることもできませんでした。本当に申し訳ないと思っています」

四、記者は「単純事実」を知りたがるが、事件の歴史や経緯を含めた「背景」、業界や会社の中など全体の中での「位置付け」を、はっきり説明することである。〝つまみ食い〟の中には「単純事実」だけ摘出されている場合が多い。例えば、会長と社長が社の玄関で仏頂面で突っ立っていたとする。目撃した記者は「だから二人は不仲に違いない」と判断したが、このシーンは「単純事実」であった。実は二人は、海外進出問題で長時間会議をしていたため疲れ切っており、口を聞くのも億劫だったというのが「事実」だったのである。「単純事実」は「事実」ではないのだ。広報部長だったら、「単純事実」が起こるまでの時間経過（原因）と、起きた意味（全体の中での位置）を、記者や編集者に正確に説明していかなければならない。繰り返しいうが「単純事実」は「事実」ではないのである。

五、女性記者に対して、愛想よく熱弁を振るってはいけない。特に彼女がちょっと可愛かったりすると歓心を買いたくなるものだが、サービスのつもりで喋っていると、かえって厳しいトーンの記事になったり、〝つまみ食い〟されることが多い。同じように記者や編集部員の〝猫なで声〟や〝お土産〟にも騙されてはいけない。「黙っているとあなたに不利なことばかり書かれますよ。いまなら私たちはあなたの味方ですから」とか「発行部数が多いから、あなたのいい分が大勢の読者に伝わります」と持ちかけられたりすると、つい乗ってしまいたくなるが、冷静に計算し考えたほうがいい。

人気シンガーだった尾崎豊が、不可解な死を遂げた後、夫人、肉親、マネージャー、親友などが「私こそ真相を知っている」とか「彼の真意はここにあった」と、いくつかの週刊誌で喋りまくったり、単行本まで出したのを覚えているだろうか。編集者の「こんなことをいわせておいていいのですか」とか、「このままでは、あなたが悪者になってしまいますよ」といった誘いに乗って、遺産争いも含めて、見苦しい暴露合戦をくりひろげたことは、世間やファンの顰蹙《ひんしゅく》を買ったものである。

六、取材側の企画の意図や方向を探り出し、〝つまみ食い〟はもとより、マイナス方向の記事を作られないように努力することである。「仮タイトルを教えてください」「どんな意図で取材に来たのですか」と単刀直入に聞いても本当のことをいうはずがない。しかし冷静に対応していけば、必ず記事の方向は見えてくるものである。悪意を持った企画やマイナス方向に流されそうだと判断した場合は、編集長と直接交渉すべきである。

私が『週刊現代』などを担当する第一編集局長時代、午前九時に出社したところ、受付から当時朝日新聞広報室長だった高津幸男氏が八時から応接室で待っていると伝えられた。高津氏は前日、記者から取材されたときの自分の感じと、同じテーマで取材された社員の報告から、どうもマイナス面が強調された記事になりそうだと予想したのだ。そこで早朝、私を訪ねてきたのである。私は高津氏の背景説明で、編集部が狙っていた記事の方向は軌道修正したほうがよいと考え、編集長に指示したことがある。高津氏の冷静な判断と朝駆けは、広報部長にとって大いに参考になることと思う。

◆この項目のまとめ

①広報担当の無力感に負けるな。広報を経て昇進するケースも増えている。
②「つまみ食いのジャーナリズム」には相手の質問とこちらの回答を完全に録音しておく。アリバイ証明や相手へのプレッシャーになる。
③電話取材には応じない。質問をファックスで送らせ、ファックスで答える文書形式がよい。
④「知らないこと」「いえないこと」を知ったかぶりや憶測で口外しない。「後で調べてファックスする」と応じて、そのファックスも保存する。
⑤質問内容に関して取材者は素人である。的確に要点を伝えるが、教育的説明が必要な場合もある。相手は「単純事実」をほしがるが、問題の「背景」「位置付け」を説明する。
⑥可愛い女性記者、編集部の「猫なで声」や「お土産」に騙されるな。
⑦企画意図が悪意ある「マイナス」方向だと感じたら、編集長と直接交渉すべきである。

5 テレビや新聞の記者会見に臨む前に

背筋を伸ばし、足は組まず、手の震えに注意する

会社の不祥事や顧客を巻き込んだ事件や事故が起こったとき、社長、担当役員、中堅幹部などが記者会見をしなければならない。最近は、それがテレビで放映されることも増えてきた。広報担当役員だったらもちろんのこと、総務部長や広報部長なら、これからは何回も記者会見に臨まなければならない。会社のスキャンダルなどが起こったとき、会社に押しかけてくるのは、ふだん顔見知りの新聞の経済部記者たちではない。まず新聞の社会部記者であり、昨日まで殺人事件や芸能人のスキャンダルを追いかけていた週刊誌の編集者や取材記者たちであり、さらにテレビのワイドショーのレポーターたちである。

広報担当役員や広報部長の記者会見での言動によって、会社のイメージがたいへんよくなることもあれば、会社のイメージを落としたり、場合によっては不祥事への疑惑を深めることもありうる。したがって、記者会見に臨むときには、じゅうぶんな準備と心構えをしておかなければならない。

まず出席者は、テレビの放映があるなしにかかわらず、立ったままで、なぜこの記者会見を開

いたのか、なぜ新聞記者や編集者に集まってもらったのか、その主旨を説明したほうがよい。最初から座ったままで説明を始めると、記者や視聴者に何かふてくされているように見られたり、傲慢な感じを与えて、イメージを損なうからである。

新聞社やテレビ局のマイクがテーブルの上に何本か必ず置かれるはずだが、その中央にまず自分の会社の録音機を二個用意することである。突発的な事故や事件のときには、忙しさに追われて意外にこれを忘れることが多い。会見での発言は、後の証拠にもなる大切なものだから、必ず社長なり広報部長など発言者の声がしっかり収録できるように正面に置くことである。そうしないと、後で新聞社やテレビ局にお願いして借りるようなぶざまなことにもなりかねない。録音機を二個用意してほしいというのは、もし片方が故障したり、データが破損した場合の予備としてである。

一回目の記者会見では、冒頭で、事故や事件の全容を把握するために全力で努力していることを強調することである。その次に、すでに迷惑をかけた人や事故による被害者が判明している場合には、誠心誠意対応していることを伝えるべきである。さらに、今後も被害者とその関係者には、誠意をもって対応することをつけ加えることである。ここまでを立ったままで述べ、自分の役職名やフルネームを名乗ったら着席してもよい。

着席したらまずお腹をテーブルにぴたりとつけ、両手をテーブルの下にいれ、背筋をピンと伸ばし正面を見つめることである。このとき絶対に足を組んではいけない。傲慢で居直っているように見られるし、また椅子に深く腰掛けると、テーブルとの間があいて猫背になってくる。そうすると前屈みになって、しぜんに卑屈な姿勢になり、最初から謝罪しているように見られてしまう。だから、この両方はぜひ避けなければならない。

次に、記者会見のテーブルには必ずクロスをかけて、会見している社長、広報担当役員、広報部長などの足元を、記者やカメラマンから見られないようにすることである。ある石油会社の社長が、記者会見で、テーブルの下で靴を脱いで足を組んだり、毛脛むき出しの片方の足でもう一方の足を掻いているところを週刊誌に撮られ、「毛ズネ丸出しの辞任会見にサラリーマン社長の開き直りを見た」というタイトルで掲載されたことがある。このため社長の人格が問われ、会社のイメージも大きくダウンした。こういったことは、テーブルの上から前面にクロスをかけていれば必ず防げることだから、秘書役や広報担当者は、記者会見の前に部屋やテーブルを必ず点検しておかなければならない。

記者会見の場合、社長や広報部長が座るテーブルの後方に空間を作ってはいけない。記者やカメラマンが自由に行き来したとき何が起こるか。後ろが通行できるから、カメラマンは社長の背後に回って、テーブルに広げた極秘の書類をのぞくことも、想定問答を書き込んだ文書を撮ることもできる。もちろん記者も立ち上がってくれば、それらを見ることができる。

テレビ局の記者やワイドショーのレポーターが駆けつけてきた記者会見の場合は、何本かのテレビのライトが煌々と照らし出す。そうすると、社長やあなたが座っているテーブルの二〜三メートルから先はほとんど闇で、座っている記者やレポーターの顔もまずわからないということを知っておいたほうがよい。

一九九二年のゼネコン談合疑惑捜査の最中、ある大手建築会社の社長と広報部長が記者会見しているのをテレビで見た。そのとき、大きな丸テーブルの中央に社長が、横に広報部長が座って談合疑惑について説明をはじめたが、丸テーブルの社長のすぐ横から前面に記者が順ぐりに座り、録音機を回したり、メモをとっているではないか。いくら大きいとはいえ、同じ丸テーブルに記者やレポーターを座らせたら、極秘の文書など簡単にのぞき見られてしまうではないか。社長の表情の変化なども簡単に察知されてしまう。私は、「この記者会見方式はまずい」と痛感した。

数日後、私が広報部長にこの点を指摘したところ、「自分の会社だったら、記者会見のためにきちんとした部屋を用意し、机を置き、社長の座るテーブルと向かい合う形で記者用の机と椅子を用意する。ところが、経団連に行ったところ、その場で記者たちに説明することになったため、適当な部屋の用意も、机や椅子の配置もできず、やむを得ずテレビで見られたような形になってしまった」と悔しそうに語ったものである。どんな緊急の場合でも、広報部長や秘書役は、可能な限り記者会見に適した机と椅子の配置、さらに白いテーブルクロス、録音機を用意して会社と社長を守るべきであると考えられた。

説明や回答はなるべく「ゆっくり」と

私が『フライデー』の担当役員だったとき、ショーケンこと萩原健一氏が編集部員へ暴力をふるった。私たちが告訴したため、週刊誌とテレビ局のレポーターを対象にした記者会見を開くことになった。その後、ビートたけし氏の『フライデー』編集部襲撃事件のときには、殴打された編集部員と弁護士の記者会見を、すぐ横でつぶさに見ていた。それらの体験を通して、テレビ局のレポーターが入った記者会見の異常な雰囲気を実感することができた。まずライトに照らし出されると、記者会見をしている出席者は、まるで大罪を犯した犯罪者みたいな心境にさせられるはずである。

自分の結婚披露宴のときのこと、部下などの結婚で仲人をしたときのことを思い出してほしい。あれ以上に眩しくて暑いライトの直撃で、数分たつと額に汗がにじみ、やがて流れ始めるのである。テレビのライトに照らされたままで記者会見が始まると、ほとんど真っ暗な前方の右や左から、さまざまな質問が次々に飛んでくる。それに対して答える側は、あなた一人かせいぜい二人である。質問する側は大勢で、彼らはあらかじめ質問を用意していることが多いし、あなたの説明ないし回答の中から、言葉尻をとらえて、何とかホンネを引き出そうと手ぐすね引いて待っている。したがって会見が長くなるにつれ、前の説明との食い違いや矛盾が出てきがちだが、彼らはそれを虎視眈々と狙っているのである。

したがって記者会見に立ち会った広報担当者や社員は、二〇分ないし三〇分経ったら、会見を「この辺で」と切り上げるタイミングを絶えず考えていなければいけない。質問があるからといって一時間でも二時間でも答えましょうというのは望ましい姿勢だが、長時間になればなるほど矛盾や食い違いが出てきて、彼らに乗ぜられる結果になるということも知っておきたい。

新聞社の経済部記者で、ふだん社に出入りして顔見知りの記者なら、いままでつき合いがあるし、今後もつき合いが続くかもしれない。さらに彼は、今後の転職や定年後のことも考えているだろうから、社長やあなたに対する質問も穏やかで、配慮したものになるだろうと思う。

しかし、会社の不祥事、スキャンダル、事故などで殺到した社会部記者、週刊誌の記者、テレビのレポーターは、そんな手加減をしない。彼らは、何とかして社長やあなたを怒らせ、焦らせ、動揺させて、新聞や雑誌の大きな見出しになるような「過激なセリフや涙交じりの懺悔の言葉」を取りたいのである。だから、わざと出席者を動揺させたり腹を立たせようとする聞き方や、意地の悪い質問を浴びせてくるものである。

したがって、記者会見での説明や回答はなるべくゆっくり、丁寧に、一言一言噛みしめながら答えたほうがよい。彼らの早口の質問や聞き方に、つい乗せられ、むきになって答えていると、前述したように矛盾や食い違いが生じ、追及されることになるので、自分で自分を宥《なだ》めながら慎重に答えていくことである。

質問を聞き逃したら必ず聞き直すこと

テレビカメラが入らない場合でも、大勢の記者が右から左から質問してくる。あなたは、答えた後、「いまの説明や回答はもう少し違う表現のほうがよかったかな、このままでは誤解されるかもしれないな」と思ったり、「さっきのあの表現は適当でなかった、もう少し練った表現で、説明がよく行き届くような言葉で補っておきたいな」などと、頭の中で反芻し、反省することがよくある。ところが、あなたがそんなことを考えているうちに、すぐ次の質問が左右から飛んでくることが多い。そうするとつい慌てて答えてしまうことになるが、そんなときこそ、矛盾や食い違いが多くなるものである。したがって難しい質問があった場合には、質問した記者のほうを向き「お尋ねの意味がよくわかりません、もう一度お願いします」と聞き返したほうがよい。そして質問した記者が、もう一度喋っているうちに、ベストの回答を用意するのである。

経験のない広報担当者や一般の人たちは、よく社長や広報部長の記者会見を見ていると、もう少しスマートに、もう少し流暢に回答したり、説明できないものかといらいらするものである。しかし、本物の緊迫した記者会見に臨んだら、そんな余裕などまったくないと覚悟したほうがよい。したがって、流暢な回答や説明をしたり、カッコいい記者会見をしようなどと絶対に思わないことである。堂々とメモをとりながら、間違ったと思ったら発言を訂正し、表現を変えたほうがよいと思ったら改めて断ったうえで遠慮なくいい変えるべきである。

政治家や有名タレントは、テレビカメラも入った記者会見をしたり、レポーターからスキャンダルなどをしつこく追及されることに慣れているはずである。それがテレビをみていると、しばしば取り乱したり、涙を流したりしている。ＮＨＫの有名キャスターだった某氏も、タクシー運転手に暴行を働いた事件で、新聞記者や民放のレポーターに追及されたとき、驚くほど慌てふためき、エレベーターの片隅で放心状態だったものである。ベテランのキャスターですらそうなのだから、記者会見や取材の記者が殺到したときに、社長や広報部長が、慌てたりとまどうのは当然である。ひるむことなく堂々と対応することを心掛けるだけでよい、決してスマートでカッコいい会見をしようなどと思わないことである。

記者会見やレポーターが殺到してインタビューに応じているとき、なにが一番腹が立つか。それはたまたま広報部長だったり、広報担当役員というだけで、自分自身が破廉恥な事件を起こしたわけでもないのに、記者たちの意地悪な質問や執拗な追及を受けなければならないことである。彼らの不作法な言動に対して、だんだん怒りがこみ上げてくる。特に記者からあなたの答弁の揚げ足を取った質問などがあると、屈辱的で思わず席を立ちたくなることすらある。そうなると悔しさで手が震えてきたり、足がガクガクしてくるものである。だから私は、テーブルの下に両手を入れること、お腹をテーブルにぴったりつけること、椅子に座ったら背筋をピンと伸ばすこと、さらにテーブルクロスで足元を隠すことなどを強調したのである。

記者会見に臨んでいるあなたの手や足が震えてきたり、背を丸めたりすると、とたんテレビカメラや週刊誌のカメラマンは、それを狙ってシャッターを押すからである。

汗を拭くな、「責任」を口にするな

一九七九年、ある大銀行で女子行員が男にそそのかされて数千万円を横領し、男と一緒に海外に逃亡したものの、数カ月後に逃亡先のフィリピンで逮捕されるという事件があった。事件は、NHKの午後七時のニュースが一番早く報じたが、当時の広報部長がインタビューに応じていた。彼は、椅子に座ったまま回答していたが、やがて膝の上に置いた手がブルブル震えてきた。すると、広報部長の顔を映していたNHKのテレビカメラが、だんだん下へ降りてゆき、彼の手が震えているさまや足がガクガクしているさまを克明に追い続けた。テレビカメラは非情で、そういう〝絵〟になるところを狙うということも知っていたほうがよい。

テレビのライトに照らされて暑くなってくると、汗がふき出してくるが、気軽にハンカチを出して額の汗を拭いたりしてもいけない。なぜなら、ハンカチがあなたの目に触れたとたん、そのシーンを狙って、カメラマンは一斉にシャッターを押し、テレビカメラはあなたの顔をアップにするからである。それは、彼らが何とかあなたが涙を流すか、涙を流したように見えるシーンを撮りたいからである。そのうえで、写真説明に「会社側は涙を流して詫びた（または陳謝した）」と書きたいからである。

私が、萩原健一暴行事件の記者会見に臨んだときである。同席した弁護士が、法廷へ出なければならないので三〇分後に退席するから、弁護士に質問がある場合はいまのうちにお願いしますと、あらかじめ伝えておいた。そのうえで時間がきたので、弁護士が私に向かって、「それではここで席をはずしますので、よろしく」と身を乗り出した。私も「今日はありがとうございました」と弁護士のほうを向き身体を乗り出させた。すると、それまでほとんどシャッターを押さなかったカメラマンが、一斉にシャッターを押したのである。翌日、あるスポーツ紙は、弁護士と私が顔を寄せて話をしているシーンを大きく掲載し、「答えに窮した伊藤は弁護士に助けを求めた」という意味のコメントを載せたのである。

私も『週刊現代』や『フライデー』の編集長時代、カメラマンを派遣するとき、正面を向いた平凡な表情ではなく、動きのある表情、例えば顔を歪めて涙を流したり、汗が吹き出ている顔などを撮るように指示してきたものである。だから記者会見に臨んだ場合には、傲慢になってはいけないが、堂々たる態度をとり続けて、マスコミ側に乗ぜられないように用心することである。

しかし、いくら暑いからといって、扇子などを取り出してあおいだりするのは禁物である。記者会見ではないが、日本航空の旅客機が御巣鷹山に墜落したとき、遺体を収容している体育館の中で、当時の日航副社長が暑さに負け、ややネクタイを緩めて扇子で涼をとっていたが、その写真が『フライデー』に掲載されて、不謹慎であると話題になったものである。この場合、ハンカチで汗を拭くだけなら遺族の反発も少なかったろうが、扇子をパタパタやるなどおおっぴらに涼をとったことが、反感を招いたのである。

「とりあえず」の一言で記者会見の急場をしのぐ

また新聞記者やレポーターたちは、第一回目の記者会見のときから、社長や広報部長の口から「当社に責任があります」という言葉を吐かせようと狙っている。だから、軽々しく『責任』という言葉を口にしてはいけない。一回目、二回目の記者会見のうちは、まだ事件の全容が判明していないのだから、社長はもちろん広報部長も、絶対に「責任を痛感しております」などといってはならない。こんなとき、一番便利な言葉は「とりあえず」である。「とりあえずいままでの調査では、ここまで判明しています。世間をお騒がせしておりますが、全容が判明した時点で……」というべきである。「当社の責任」を内外に公表するのは、全容が判明したときに、社長が改めて記者会見を開いてすればいいのである。

一九九五年六月に発生した全日空機ハイジャック事件は、企業の危機管理はどうあるべきかを考えさせる絶好の機会となった。まず全日空が、新聞、テレビなどの記者対応を羽田にしたことが賢明だった。最初、記者たちは霞が関の本社へ駆けつけたが、会社側は事件のその後の動きをより把握しやすく、かつ次の展開（例えば当該機の羽田への再飛来）にも対処できる羽田を「窓口」にした。

地方の工場や支社で事故が発生したとき、駆けつけたマスコミに対して、どこで会見を含めた記者対応をしたらよいか。本社があるというだけで、情報の集まりにくい東京か大阪でやるか、広報機能などを一時的に現地へ移してやるかに一つの回答を与えるものである。ただしこの場合、本社のベテランの広報部員が、即座に現地へ飛んで、仕切らなければならない。現地の慣れないスタッフだけだと、マスコミに翻弄されてしまうからである。

記者会見室と控え室を、別にしたこともよかった。かつて記者は会見後、社員が執務中の事務室に入り込んで電話をかけまくった。現在は携帯電話があるから、もうそんな手配はしなくてよいが、当時の全日空では控え室に何十本かの電話を架設していた。そのため、記者の本社への送稿が、そこで片付けられることになったのである。

この事件の記者会見では、ハイジャック事件などでは、全面解決まで全情報が公開できないくらいは誰でも知っているのに、ある全国紙記者がもっと教えろと居丈高な質問をして視聴者の反発をよんだ。こんな非常識な記者が増えていることも、よく承知していてほしい。もう一つの問題は、乗客名簿の公開である。アメリカではプライバシー保護のため、絶対に公開しないところもあると聞くが、航空機を利用したこと自体を秘密にしておきたい人や不倫旅行などのカップルの場合には、名簿公開が社会的生命を絶つことすらあるからだ。

◆この項目のまとめ

①事件やスキャンダルのときの記者は、ふだん出入りのなじみの記者ではない。最初は立ったままで会見の「趣旨」説明を始める。座ったまま始めると傲慢なイメージになる。

②テーブルの上に自社のマイクと録音機を二個置くこと。一つ故障したときの備えだ。

③第一回目の会見では、問題の全容の把握に誠意を持って努めていることを強調する。ついで、現時点での被害者も含めて誠心誠意ことに処しているという点を強調する。自分の役職名とフルネームをいったら着席する。

④腹をテーブルにぴたりとつけ、両手をテーブルの下に、背筋を伸ばして正面を見る。テーブルにはクロスをかけ、トップや広報担当者の震える足元などを隠す。背後の空間も作らない。記者やカメラマンが後ろに回り、メモや極秘資料をのぞく危険がある。

⑤テレビのライトなどで二〜三メートル先は暗闇のようになり、記者の顔も判別できなくなる。その暗闇の左右から質問が次々に飛んできて、回答の言葉尻から矛盾点を突いてくるので、ゆっくり丁寧に話すことである。考える間を稼ぐには、「お尋ねの意味をもう一度」と要求する。流暢を狙わず、居直らず、卑屈にならず、発言の訂正や表現変更は堂々と行ない、「この辺で」と切り上げるタイミングや時間を考えておく。

⑥ハンカチで顔の汗を拭くと「涙を流していた」、扇子を使うと「不謹慎な態度」といった写真や記事になる恐れがある。また「責任」という言葉は全容が判明してから口にすべき。

6 マスコミの心証はコントロールできる

広報担当者が注意したい「新社長」の記者会見

二〇〇三年一月一四日、高島屋で突然、経営トップの交代が発表された。新社長と新会長の記者会見が行なわれ、翌一五日の朝日新聞朝刊に、そのときの写真が掲載された。私は、それを見たとたん、新社長の門出にしてはふさわしくない写真だとびっくりした。写真は、新社長と新会長が座っているところを、真横から撮ったもので、新社長は下を向いてややうなだれ、深刻そうな表情をしているのである。この写真を見、経営不振でトップが交代した記事を読んだ人は、ほぼ全員が、新社長の華々しい船出にふさわしくないと思うだろう。何か不祥事が発覚したため、謝罪の記者会見を開いたところだと思うのではないか。

社長の記者会見に当たっては、事前に広報担当者が準備し心配りしなければならないことはたくさんある。特に新社長、新会長のお披露目でもある最初の就任会見には、細心の注意を払う必要がある。なぜなら新社長の抱負、覚悟などを社員はもちろんのこと、業界他社の幹部、マスコミなどが注目しているからである。彼らの期待に応え、会社の前向きの意欲を示すためにも、新社長の登場を演出するときには絶対にミスがあってはならない。

高島屋の経営陣一新の数日前には、カメラのミノルタとコニカの統合計画が発表された。このときには、両社の社長が記者を前に、がっちり握手している写真が新聞に掲載された。統合や合併が途中で頓挫することも多いが、少なくとも発表当日は、両社の緊密な関係を誇示したいものである。広報担当者の腕の見せどころである。

新社長の写真や経歴で必ず注意すべきこと

毎年、四月から六月にかけて、新聞の経済欄には、毎日、たくさんの企業の新社長が簡単な経歴と顔写真つきで紹介されている。注目企業の社長となると、ちょっとスペースが大きくて、実績や人柄などのエピソードも紹介されている。

新社長の初めての記者会見の用意と進行に劣らず、広報担当者が留意しなければならないことがある。

まず新社長の顔写真だが、身分証明書に貼るような無味乾燥なものは落第である。高名でなくてもいいから、プロのカメラマンに撮らせたい。素人は数枚しか撮らないが、プロは被写体＝新社長の緊張が解けるまで、何十枚も撮ったうえで、一番表情がよいベストのものを選ぶからだ。新社長のマスコミへの初登場であり、その後も何年間か使用するものだから、これくらいの配慮はしたいものだ。

話は古くなるが、『現代』編集長のとき、東京電力会長の木川田一隆氏が代表幹事をしていた経済同友会幹部をグラビアで紹介したことがある。雑誌が発行されて数日後、東電総務部から

「あの顔がたいへんよかったから、マスコミへの配布用に焼き増ししたい。ぜひカメラマンの了解を得てネガを貸してほしい」という電話があった。プロのカメラマンが、何十枚もグラビア用に撮ったもののなかから選んだ写真だから、知性派だった木川田氏の端正な顔が鮮明に撮られていた。さすが東電総務部だ、写真一枚もおろそかにしていないと感心したものである。

新社長の顔写真は、堅い表情のもの、陰気な感じを与えるもの、ピンが甘いものなどは絶対に避けなければならない。社長は会社の看板であり、広告塔だからである。

新社長の経歴についても、細心の注意を払わなければいけない。第三者なら見逃すような過去の経歴を、意外に気にする人が多いものである。社長になるまでに就いたポストの中にも、本人には削除したいものがあるかもしれない。新社長が、もし他社や省庁などからスカウトされたり転進してきた場合には、特に過去の経歴に注意すべきである。いままでの資料でサンプルを作ったら、必ず本人に点検してもらって決定稿を用意しなければならない。

二〇〇二年、九五歳で亡くなった三鬼陽之助氏からも、強く注意されたことがある。三鬼氏の新著に氏のプロフィールを書いたのだが、別の出版社からすでに刊行されていた著書のものを流用したところ、三鬼氏が財界研究所を設立する前に在籍した出版社での肩書きが間違っていたのである。既成のものを鵜呑みにしないで、事前に、必ず本人に確認してもらうことを徹底したい。

新社長に限らないが、一度、間違った経歴が発表されてしまうと、ひとり歩きしてしまうものである。出身地、出身校、過去に就いたポストなどはすべて公表しなければならないものではない。しかしマスコミにいらぬ詮索などされないように、隠し立てはせずにオープンを心掛けたほうがよい。新社長の人柄や信条を彷彿とさせる学生時代や青春時代のエピソードなども、真偽を確認したうえで、いくつか用意しておきたい。

ある中堅企業の新社長を訪問したときである。事前に経歴を確認すると、実家が造り酒屋だとあるので、インタビューの中で「○○町の造り酒屋のご出身ですね」と聞いた。すると社長は「私は造り酒屋の息子なんかじゃありませんよ。実家は小さな町で酒の小売りをやっていましてね」とサラリといってのけたのである。社長の出自にこだわらぬフランクな態度に、私はすっかりファンになってしまった。

社長は「会社の最高の宣伝マンである」といわれる。業績不振での社長交代なら当然のことだし、順当な昇格人事であっても、新社長の場合には、全メディアに登場させて〝進軍ラッパ〟を吹きまくったほうがよい。

新社長の家族構成は当然、把握しておかなければならないが、兄弟など主要な親戚も一覧表にして持っておいたほうがよい。かつてある大銀行の頭取が、実弟への過剰融資を巡りスキャンダルがらみで週刊誌に取り上げられたことがある。最近は社長の親戚の話など、社長自身の進退にはもちろん、会社にもまったく関係ないという認識が浸透している。しかし、さまざまな理由をつけて取材してくるマスコミがあるかもしれない。いざというときに慌てふためかないためにも、親戚一覧など最少の用意だけはしておきたいものである。

マスコミの中には、新社長の新しいエピソードを集めるため、郷里の中学や高校、大学の同級生などにも取材するところがある。彼らの全員に目を配ることは不可能だが、親友の名前ぐらいは聞いておいたほうがいい。ある大新聞で新社長が誕生したとき、彼の中学、高校の友達に電話取材を開始したところ、あっという間に箝口令が敷かれたことがあった。調べてみると〝郷土の星〟である彼を守る会ができていて、マイナス情報は絶対に漏らすまいと決めていたのである。

新社長が地方出身の場合、出身県の地方紙だけは押さえておくことをお奨めする。「○○県出身の有名人」とか「郷里の思い出」といったテーマでインタビューを受けることもあろう。本人と社のイメージをアップさせるチャンスは生かしたいからである。

行事・パーティ・スピーチも会社のイメージを左右する

創業者、オーナー経営者、会社に功績のあったトップなどが亡くなったとき、どんな告別式やお別れの会をするかによって、その会社に対するイメージも変わるものである。私がいままで参列したもので印象に残っているのは、ソニーの盛田昭夫氏とサントリーの佐治敬三氏の告別式だった。

盛田氏の場合は、進行を当時の社長・出井伸之氏が務め、祭壇も華美を排した簡素なものだったが、会場には追悼の思いが満ちていた。佐治氏の場合は、自分が建てたサントリーホールで行なわれたが、こちらも弔辞など数人に絞り、故人の好きだった音楽が流れていた。一般の弔問客が去ったのち、社員と関係者が宝塚の「すみれの花咲く頃」を大合唱したというが、華やかなことが大好きだった氏にふさわしいと感銘した。

あるオーナー経営者のお別れの会は、一時間二〇分も弔辞が続いた。正午から始まったが、献杯が終わって食事になったのは午後一時三〇分頃だった。すでに数十人が途中退席していた。故人の人柄や見識を示す最も印象的なエピソードを一つ二つ紹介し、遺族への思いやりを込めるのが「弔辞の常識」だと思うのだが、とにかく長過ぎるのが多くて閉口する。依頼する人数を絞ること、五分以内にと念を押すことである。

ある政治家の大臣就任を祝う会では、壇上の十数人は椅子に座っているのに、会場内にはほとんど椅子の用意がなかった。そのため、三〇分を過ぎた頃から高齢者で卒倒する人が何人も出て、騒然となった。当の政治家とＶＩＰなどは座っているのに、参会者を立たせたままで、何人ものつまらないスピーチを聞かせたのは主催者側の驕りと怠慢である。怒りを通り越して情けなくなってしまった。

こうした会社の記念パーティやイベントは、総務担当者や秘書役の専任のように思っている広報担当者もいるようだが、結果によっては企業やトップのイメージに大きく影響するものである。決して他人に任せておいていいはずがない。二〇年以上前になるが、三洋電機の創業者だった井植歳男氏が亡くなり盛大な葬儀が終わった後、当時の広報部長が「松下電器の総務と広報担当者が早くから来てじっと見ていました。幸之助氏のXデーに備えてだと思います」と語っていた。経営者の告別式、お別れの会、記念パーティなどに、総務・広報担当者はつとめて出席し、式次第や参列者の誘導の仕方などを観察しておきたい。

企業の記念パーティでも、ソニーとサントリーの場合が印象に残っている。

ソニーの五〇周年記念行事はサントリーホールで開催されたが、当時の会長・大賀典雄氏のユーモラスなスピーチが光っていた。創業者の井深大・盛田昭夫両氏が病気のため出席できないことを詫びた後、「巨人対西武の日本シリーズ第一戦の経過が気になる人も多いでしょう。ゲームの経過をロビーに張り出しておきますから、ウィンナワルツを存分に堪能した後、お帰りのとき見ていってください」と締め括ったのだ。スピーチは、大賀氏のそれだけだった。

そのサントリーホールのオープンも洒落たものだった。オーケストラのフルメンバーが揃ったところで、佐治敬三氏が二階正面にある巨大なパイプオルガンの前に歩み寄った。聴衆は佐治氏のスピーチが始まると思ったが、氏は後ろに手を伸ばしてオルガンの鍵盤を軽く押すとニヤリと笑い、そのまま歩み去ったのである。ホールを建設した意図や音楽に賭けた思いを一言も発しなかったが、参会者は氏の心情をじゅうぶんに汲みとったのだった。

まずいスピーチが元で「会長がボケた」との噂が

業界のリーダーである某社の会長が、業界内の某社長の葬儀で弔辞を述べることになった。秘書などが、原稿を用意して持たせたのだが、会長はすべて記憶したからと原稿はポケットに入れたまま喋り出した。ところが二分ほど喋ったところで後が続かなくなり絶句してしまった。慌てた会長が、ポケットから草稿を出す音がマイクに入り、会場内がザワザワしてきた。数分後に弔辞は再開されたが「○○会長もボケた」という噂が業界に広がった。

この教訓は、トップのスピーチが予定されている場合は必ず草稿を用意し、完全に記憶したからと言い張っても、最初から読むように説得することである。

またある銀行の元頭取は、役員の子弟の結婚披露宴で主賓として真っ先に祝辞を依頼された。彼は三分ほど喋ったところでしばらく沈黙し、やがて口を開いたが、話は冒頭に戻って同じ話の繰り返しになった。それが、先に絶句したところまできてまた一休みすると三たび同じ話を始めたのである。それまで我慢してきた参列者も一斉にざわめき出した。

新郎の上司と司会者が相談し、話が一区切りしたとき拍手して参会者の拍手を誘った。やがて会場が大拍手に包まれ、元頭取をやっと着席させた。しかし、この日から業界に「元頭取がボケた」という話が一斉に広まった。会社のパーティやイベントだからといって決して軽視してはいけない。またトップのスピーチにも事前に万全の配慮をしておきたい。参加者が「よかった」と感想を洩らすようなパーティやスピーチは、イメージを格段にアップさせるのである。

大正製薬を躍進させた上原小枝氏の告別式は、新宿区下落合の自宅で行なわれた。強い日差しを浴びた大勢の参列者が玄関に近づいてゆくと、社員が手分けして冷えたドリンクを配布しているではないか。〝干天の慈雨〟のような心配りに、参列者の心も体もなごんだものである。

社長や新製品を売り込むとき必ず「注意」すべきこと

数年前、地方のある大メーカーの役員を対象に「企業幹部の危機管理」について講演することになった。約二時間喋った後、質問の時間になった。真っ先に挙手したのはたった一人いるアメリカ人の常務だった。

彼は「ミスター・イトウは、講演の前に工場を見学したそうだが、中央のマスコミで取り上げたいような新しい発見はあったか。もしあったらどういう形で記事にするつもりか」というのである。「危機管理」がテーマだったから、それに関する質問を予想していたのだが、のっけから前向きの質問だったのでびっくりした。しかし、経営者にとって最も大切なのは、こんな積極的なセールス精神である。

週刊誌や月刊誌の編集長をしていると、毎日、一〇通以上の手紙やパンフレットが送られてくる。企業の現況報告や新製品の宣伝から自治体や各種団体のPR誌などだが、編集長名が記入してあるのは約半分、あとは「〇〇編集部御中」となっている。送付先は編集長でも経済関係担当の副編集長でもいい、必ず名前を記入すべきで、編集部宛ての場合はアルバイト嬢の机の上で放置された後に捨てられることが多い。また、新聞記者や編集者は磊落にみえて実は神経質である。名前を間違えたり、肩書きが古いままだと、それだけで目を通さないこともある。

雑誌に企業の新製品やイベントを取り上げさせたいと思ったら、編集長に案内やパンフレットを送るぐらいでは甘い。編集長か実力のある副編集長に直接会って、説明し記事掲載を依頼するのである。よく出版社OBや広告代理店に仲介を依頼する人がいるが、やめておいたほうがいい。OBの中には影響力を誇示する人もいるが、現場はまったく認めていないことが多い。編集長はかつての先輩の話だからと慇懃に聞き流すだけである。広告代理店やPR会社も熱は入れず、電話で「よろしく」という程度である。

新聞記者や編集者は「一斉発表」を極端に嫌う性癖がある。独占発表を自分のスクープにしたいのである。だから話題となりそうなテーマの場合は、トップや役員とよく相談して、一社だけ選んで独占発表させるか、各社への一斉発表でいくか決めなければならない。もし一社の独占発表にさせると、他社の反感や嫉妬を招くことを覚悟しなければならない。後々《あとあと》まで根に持たれ、会社や社長のミスや不祥事を大きく取り上げられるなど、報復記事を書かれることがあるからだ。広報を経験したＯＢに聞けば、そんな経験を必ず持っているはずである。

新聞記者や編集者は、広報担当者のあなたと一番親しくかつ信頼されているのは自分だと思い込んでいる。当然、会社やトップのスクープ情報は、自分が一番早く知ることができると思っている。親しい新聞記者や編集者とは、情報提供などで会う場合でも、必ずサシで、しかも人目のつかない場所を選びたい。もちろん広報の部下にも彼らの名前を口外してはいけない。優秀な新聞記者や編集者も、口は堅い。特に重要な情報源になっている経営者や幹部のことを、簡単に口にするようでは、誰からも信頼されなくなることを承知しているからである。

広報担当者の力量は、こういう本当に信頼できる記者や編集者を何人持っているかでわかる。しかし、場合によっては、こういう親交のある記者でも心ならずも裏切らざるを得ないときがある。最近、一部上場の企業があるプロジェクトで外資と提携することになった。それが発表されれば、株価上昇は確実とみられていたから、世間やメディアにインサイダー情報として漏れることは絶対に避けねばならない。

新聞社、通信社、週刊誌編集部などへ、社長も出席する記者会見の通知を出したとたん、「何の発表か」と広報担当者のところへ問い合わせが殺到したのだ。「ふだんお世話になっている記者からの電話が一番つらかった。私にもいえないことか、と責められたときはつい喋ってしまおうかという誘惑にかられた」と述懐していたが、記者会見が終わった後、その記者から「喋らなかった君が正しい」といわれたときは本当に嬉しかったとつけ加えていた。メディアと広報の「本当の信頼」を物語るエピソードである。

◆この項目のまとめ

①新社長・新会長の就任や企業統合など、会社の節目をふさわしいイメージで演出するのは、総務・広報担当者の重大な責務である。写真の選定は慎重にするべきだ。

②社長の経歴など、一度でも間違った情報を出してしまうと、それが独り歩きしかねない。退部に出す情報の取り扱いには万全を期すこと。

③社葬をはじめとする会社主催のイベントは、漫然と行なうのではなく、参列者へ心配りをしながらも、トップのイメージをこわさないよう、演出を熟考する必要がある。

④高齢のトップがスピーチでミスをしないよう、周囲はきめ細かいサポートをすること。大勢の前でうっかりミスをしてしまうと、「ボケた」などあらぬ噂が流れる可能性がある。

⑤記者や編集者は情報の「一斉発表」を嫌う。だが、新製品の発表などがある場合、他社の嫉妬を買うのを承知で一社に独占させるか、親しい記者に詰め寄られても情報をもらさず一斉発表で進めるか、会社の方針としてしっかり決めておく必要がある。

7 トップや編集長との交渉はどう進めるか

政治家や財界人からは強引な要請もあるが

総合週刊誌や総合月刊誌を編集発行している出版社の会長や社長のところには、あらゆるつて、をたどって、さまざまな人から「自分や会社にとって不利な記事を掲載しないでくれ」「取材するのを止めてくれ」「記事が出るのは仕方がないが、せめてタイトルを変えてくれ」といった依頼がある。私が『週刊現代』や『フライデー』の担当役員をしていた頃には、毎週一度は会長や社長から呼び出しがあったものだ。

例えば社長（会長）から、ある特定の人物ないし事件を、どういう意図で取材しているかを聞かれる。私は取材がどのくらい進展しているか、情報の出所はどこで、本当らしいとか、どうやら事実無根のようだなどと報告をする。怪文書などを入手して始めた取材の場合は、事実無根ないしオーバーな話だけで空振りになるケースが多かった。

社長は心の中で、依頼者と自分との親疎や依頼を拒否した場合の今後の関係などを考えているに違いない。また依頼者の会社やバックの組織と、自分の会社との力関係や過去または将来を考慮したうえで、担当役員や編集長と話を進めるに違いない。

しかし、依頼者がどんなに大切な人物であっても、取材対象としている人物への疑惑や不祥事が「事実」だった場合には、即座に取材を中止させたり、企画を没にしてしまうと、編集部がやる気をなくすし、雑誌の活力も失われてしまう。そこで依頼者に、担当役員である私が直接会って、取材の進行具合や記事の方向を伝えることにしていた。続いて依頼者のいいたいことを存分に聞いたうえで、この際、疑惑や事件を正確に伝えたほうがむしろプラスになるなどと、ねばり強く交渉したものである。そうすると、最終的には「こちらのいい分も必ず掲載してくれ」とか「家族のことだけは勘弁してほしい」といった注文がつくものの、大筋は変えないで記事掲載が決まることが多かった。相手に全面的に非があろうと、事件が完全にクロであっても、私は相手のいい分は必ず聞くべきであると考えている。

社長に直接、有力政治家や有力財界人が依頼しても、記事のテーマや経緯によっては、不掲載にすることができないということもある。

一、記事が事実に即している。
二、言論機関として報道する価値がある。
三、その週あるいはその月の売行きを左右する強い目玉記事である。

これらの条件を満たしている場合は、まず掲載に踏み切るものと思ってよい。しかし、次のような場合、社長なら即座に不掲載を決めることもできる。

四、事実があいまいであるか確証が掴めない。あるいは情報の出所もあやしい。
五、報道する価値がない。例えば、一私人の完全なプライバシーである。または事実無根で企業の業務を妨害したり、個人の人権を侵害する恐れがある。
六、掲載してもしなくても、雑誌の売行きに関係ない弱い記事である。
こんな場合、編集担当役員やいわゆる〝社内の実力者〟などといわれている人物に依頼しても、なかなか決着はつかない。社長とサシで交渉することが望ましい。

有力な政治家などが、社長に直接交渉した一例をあげてみる。

私が父の法事で郷里へ帰っていたときだった。深夜に妻から電話があり、社長が私を捜しているという。早速社長邸へ電話すると、新閣僚の愛人の件で、ある財界人から「記事の掲載を止めてくれないか」という電話があったという。社長とその財界人とは、食事をよく一緒にするなど懇意にしている。さらに夜になって自民党のTという政治家からも「記事の件をよろしく頼む」という電話があったため、社長はかなり困惑している様子だった。

その数カ月前『週刊現代』が、Tという政治家とある宗教団体の癒着を取り上げたとき、T氏から強い抗議と訂正要求があった。結局、社長と編集長だった私の二人がT氏と懇談し、私が宗教団体幹部に経緯を説明することで一件落着したものである。ところがT氏は、この件で講談社と社長に怨みを抱いたようで、約一カ月後、衆議院の事務局員と名乗る男が秘書室に「○月○日の○○委員会に、社長においで願うことがあるかもしれない。その日のスケジュールを空けておいていただきたい」と電話してきたことがあった。

私は、秘書室からそれを聞いて、T氏が何カ所かで「社長を国会へ呼んでつるし上げる」と息まいていたという話を思い出した。すぐに電話の主を調べたが、事務局員の名前を特定することはできなかった。しかし指定された日に、そういう委員会が開かれる予定であることを確認した。私は実力を誇示したがるT氏による社長への嫌がらせと睨んだが、案の定、その後、社長を参考人として呼び出すような電話はかかってこなかった。

T氏は、子分の閣僚から『週刊現代』が取材していることを聞くと、社長に「貸し」があるとでも思い、直接、電話してきたに違いない。翌朝、私が出社すると記事の初校ゲラができていた。九州出身の閣僚が郷里に籍を入れた正妻を置いたまま、愛人の東京妻と都内で同居しているという記事だった。閣僚就任直後から都内の住居の前に立哨所が作られ、常時、警官が護衛している。私はこれは単なるスキャンダル記事ではなく、閣僚という公人の非常識な言動として報道する価値があると思った。

私は社長室へゲラ刷りを届けさせる一方で、政治家を事務所に訪ねた。早朝のため政治家はいなかったが、ちょうど旧知の第一秘書がいてすぐに話が通じた。彼は「先生にもう記事ができているといっておきます。事実なら報道されても仕方ないですよ」という。私はその足で財界人の会社へ行った。昨夜、社長に電話をしてきた有力財界人と問題の新閣僚は同じ県の出身で、有力財界人がどうやらスポンサーになっているらしいということもわかってきた。

私は「社長秘書に会いたい」と申し込んだが、受付で警戒されて、つないでもらえない。弱ったなと思っていたところへ、旧知の広報部員が通りかかり「今日は何ですか」という。そこで広報部長に会って用件を伝えたところ、「それなら渉外担当の副社長にまずお話しください」ということだった。私が副社長に用件を述べると、彼は「それならいまちょうど社長がいますから、直接話してください」というではないか。

私は社長室に入り、これまでの経過を伝え、記事はこのまま掲載するということを伝えた。すると有力財界人は、「大臣とは子供の頃からのつき合いで、現在の都内の住まいも私の持ち家を貸したものである。そんな友人が御社と、もう一つ別の週刊誌の取材でたいへん苦しんでいるのを見てかわいそうに思い、旧知である御社の社長に頼んだのだ」という。私が、いまなら閣僚のいい分も掲載できるからというと、財界人は私の目の前で閣僚に電話し、「いまなら君の釈明も聞いてもらえるけれども、どうか?」と話し出した。私の目の前で財界人と閣僚は数分間やりとりをしていたが、結局、記事の最後に財界人のコメントを載せることにしたのである。財界人のコメントは「○○君（閣僚）は、郷里の夫人と間もなく離婚する予定だ。本来、真面目に努力する政治家である。こんなことで将来ある政治家をくさらせたくない」といった意味のことを述べたので、私はそれを整理して印刷所にいる編集長のところに送ったものだ。この記事の場合は、

一、公人である大臣の非常識な言動（愛人宅を警備させている）は、報道する価値も理由もあると思っている。読者＝納税者にとっては知る権利がある情報である。本人と周辺からも綿密な取材をしている。

二、周辺のうるさ型（有力政治家と有力財界人）にも、最終的には了解を求めることができた。

三、新内閣誕生直後でニュース価値もあり、読者の関心も高いと判断される。掲載すれば販売にも貢献すると考えられる。

社長にも、以上のような理由から掲載したいと伝え了解を得た。

有力政治家、有名財界人、キャリア官僚などからは、会長や社長のところへ、このように直接間接、取材中止や記事の掲載を止めてほしいという要請があるのだ。

『フライデー』が、自民党の実力者と〝東京妻〟が同居している事実を掴み、それを写真に撮ったことがある。このときも、会長を含む二つのルートから「掲載を止めてほしい」という依頼があった。調べてみると、その実力者を含め、選挙区の冠婚葬祭には郷里の正妻と出席し、東京でのそれには〝東京妻〟を同伴する政治家が少なくないことがわかってきた。担当役員の私と編集長が掲載するという意志を示したところ、医学界の大物の子息と結婚している令嬢のことにだけは触れないでくれ、という条件を出してきた。記事の狙いからいって家族に触れる必要はないので、令嬢の結婚相手のことには触れないで記事にしたものである。

監督省庁や国税局からも取材への干渉がある

ある有力官庁で、ナンバー2を巡る怪文書が大量に配られたことがあった。私は当時、役員をしていたが、出張先の大阪から東京へ戻る新幹線の中で、その官庁の旧知の部長から呼び出され、東京駅のどこかで会いたいといわれた。「昨日、御社のある幹部を通じて事情を聞いてもらったが、すでに怪文書に沿って精力的に取材を続けているので、これからストップさせるのは難しいと断られてしまった。何とかならないか」という。私は、東京駅から官庁に向い幹部と会った。

幹部の手元にあった怪文書を読んだうえで、真相を聞いてみた。彼らは怪文書の中に出てくるナンバー2の夫人の行動の一部は事実だが、他の部分は絶対に事実無根だと断言し、この内容が世間に出てしまうと官庁の社会的信用が失墜してしまう、と困惑した表情だった。

「今週掲載しないで、一週間延ばして取材してもらえば、ほとんどの嘘が判明するから待てないか」ともいわれた。彼らは、言外にこの怪文書の裏付けを取らないでそのまま報道した場合には、刑事告訴する意志もあるということを匂わせていた。

私は、その場から電話で社長に経緯を説明した。同時にその官庁幹部に、社長が私淑している人物（官僚ＯＢ）の名前を教え、その人物に幹部から事情を説明しておくことを勧めた。政治家や官庁がらみの問題が起こったときなど、社長がよくその人物に相談していることを知っていたからである。社長に官庁幹部が説明している間、私は編集長に怪文書の信憑性を尋ねた。編集長も精力的に取材は進めたものの裏付けがじゅうぶんに取れないため、まだ自信がなさそうだった。結局、社長の決断で記事掲載は一週間遅らせることになり、さらに一週間かけた取材の後、見送ることにした。この場合は、
一、怪文書に書かれていた事柄がほとんど事実無根であった。ナンバー２の夫人のスキャンダルも一私人のプライバシーであると判断された。
二、官庁幹部は総力をあげ、誠意を持って社長、編集長などに事実無根であることを説明し、証明した。
三、官庁幹部は社長の決断を有利に導くため、ブレーンにしている大物官僚ＯＢなどにも根回しをした。
こうしたことが記事を不掲載にした理由である。

会社や社長に不利な記事の掲載を止めるためには、社長か編集長に直接会ってサシで交渉することがもっとも望ましい。間に人を立てれば立てるほど、依頼の内容や工作が外部に漏れやすくなり、せっかく記事の掲載を中止させたり、タイトルを変えさせても、逆効果になることすらある。編集長の中には、外部に漏れたことによってメンツを潰されたと思い込み、別の機会に報復的な記事を掲載する場合もある。それは、編集部に出入りしている取材記者などから話が漏れて、「某企業が圧力をかけた」とか「有力政治家が記事を潰した」などと、オーバーに業界紙・誌などに書き立てられるからである。

もう一つ、社長や編集長とサシで会ったら、事実をありのまま率直に話し、そのうえで依頼事実を伝えたほうがいいということである。最初から圧力をかけたり、時機をみて広告を出すからなどということはいわないほうがいい。仮に事実を隠して依頼すると、後にそれが露見したとき、また事実は必ず露見するものだが、報復的な記事を掲載されるからである。

社長や編集長に依頼するためには、万が一に備えてふだんから社長や編集長への直接のルートを調査、開拓しておくことが望ましい。また、新聞社、出版社、テレビ局などマスコミが、必ずつき合わなければならない官庁や企業がある。文化庁、大蔵省、税務署、取引銀行、製紙会社などだ。これらの官庁や企業のトップを通じても、さまざまな働きかけがあることも事実である。

私が役員をしているとき、税務署員の汚職が発覚して『週刊現代』や『フライデー』が取材を始めると、必ず文京税務署や東京国税局の広報担当が社に顔を見せたものである。「どんな方向で取材をしているのでしょうか」などと経理担当役員を訪ねてくることもあった。経理担当役員は

「編集の責任者は伊藤ですから」といって、私を同席させたうえで、「私はちょっと用事がありますので」と席をはずすのが常だった。大蔵省（当時）のキャリアのカネや女にまつわるスキャンダルとなると、取材を始めた時点で文京税務署、東京国税局、さらに本省の秘書課長といった順で面会を求めてくることもあった。私は、すべての人に会って話を聞くことにしていたが、殆どの場合、編集現場には彼らが来訪したということは伝えなかった。

しかし税務署は、講談社と資本を同じくする光文社の経理担当役員にまで手を回したこともあった。光文社の旧知の役員が電話で「これから会ってもらえないか。ちょっと頼みにくいことなんだが」と切り出したとき、私は「税務署員の汚職取材の件だな」と察知し、「おいでにならなくて結構です。伊藤に厳しくいって置きましたと伝えて下さい」と答えた。それでも社の玄関まで来た光文社役員は「関係会社だから知らないわけがないだろう。行って話をしてきてくれといわれて……」と困惑していた。私は役人の非常識と職権を笠にきたやり方に、怒りがこみ上げてきたものである。

講談社の場合は株式を上場していなかったため、大蔵省（当時）、国税庁、文京税務署などからの取材や報道を巡る「要請」を、この程度で押し返すことができた。経営も順調だったためメーンバンクの「要請」もほとんどなかったといってよい。

しかし、学習研究社（以下、学研）と組んで創刊した『週刊テーミス』の場合は、学研が上場企業だったため、大蔵省（当時）、国税庁、メーンバンク、信託銀行などの「要請」というより「介入」が講談社の比ではなかった。

連載で「大蔵省の内幕」を始めて、税務署の実態や汚職署員を取り上げたときは、国税庁が学研へしつこく抗議した。すると、経理担当が敏感に反応し、「国税庁に叱られました」と注進してくるのである。業を煮やした私が国税庁へ乗り込み、「間違いがあるなら私に直接いってくれ」と談じ込んだこともあった。

『週刊テーミス』が廃刊になった最大の理由は部数が低迷していたことだったが、きっかけは当時の国税庁幹部が記事にクレームをつけてきたことだった。学研は、大蔵省(当時)や国税庁の意向や動向には、想像以上に神経質になっていたものだ。

私は、この一件から、新聞社や出版社は絶対に株式を上場してはいけないと痛感した。テレビ局は上場している会社が多いが、もし「言論機関」を標榜《ひょうぼう》するのであれば、株式の上場は即刻、やめるべきである。経営が順調であっても、財務省、金融庁、国税庁、メーンバンクなどの制約や介入は必ずある。自由で闊達な言論を展開するためには、どんなに苦しくても株式を上場してはならない。これはトップの見識であり、責任である。

また、新聞社や出版社にとって面倒な存在の中に、社に貢献してくれるベストセラー作家、コミック作家、有名画家などがいる。現在の作家の中には、「人気」を盾に人事に介入したり、取材や記事掲載をストップさせる人は少なくなったが、それでも何人かはいる。私が出版部長をしているとき、故松本清張氏は「あんな作家に耶馬台国のことを書かせてはいけないよ」と直接電話をしてきたこともあった。確かに松本氏は、新聞社や出版社の社長人事や幹部の人事にたいへん関心をもっていて、訪問したときなどよく話題にしたものだった。しかし、週刊誌や月刊誌の編集部に取材中止を要請するようなことはなかった。

その後、ある女流作家が何冊かベストセラーを出しているという自信に加えて、自分の力を誇示したいらしく、新聞社や出版社にいろいろ注文を出したり、トップ同士を会わせたりしているという評判があった。『フライデー』が、恰好つけるうえに女ぐせの悪いことで知られる有名キャスターの新しい女性スキャンダルを取材し始めたときだった。この女性作家が講談社の編集担当専務にヒステリックに「取材を中止してほしい」と申し入れ、それを受けた専務が慌てて、私に「編集長に取材を中止させろ」と電話してきたことがあった。私は「事実を確かめてから決めます」と答えた後、編集長に経緯を説明した。私たちは、いま取材を中止させたら圧力に屈したことになり、編集部員の士気が落ちるから、取材は精力的に継続しようと確認し合った。

◆この項目のまとめ

①新聞社や出版社は株式を上場してはならない。財務省、金融庁、国税庁、メーンバンクなどが取材や報道に対して必ず介入し、圧力をかけてくるからである。
②政治家、財界人、ベストセラー作家などが取材中止を求めてくることもあるが、編集現場はかえって反発して精力的な取材や報道をすることが多い。事実無根だったり潔白だったら堂々と取材に応じたほうがよい。
③有力政治家や財界人がトップに取材中止の圧力をかけても、編集部はねばり強く交渉を続けて記事にするものである。

第5章

企業を守る情報マネジメントの心得

――企業を内側から防衛する「内部告発」への対処

1

「内部情報」は社員やライバルが提供する

秘書や部下を無慈悲に斬らないこと

企業の秘密事項や不祥事が、内部告発という形でマスコミや捜査当局に大量に流出している。その背後には、社員の企業への帰属心や忠誠心が薄れてきたことがある。そうした情報流出を容易にしたのが、複写機、録音機、ファックス、カメラ、携帯電話、インターネットなど、いまや私たちの生活に欠かせなくなった情報機器群の大衆化である。情報社会を担う最新機器が、使い方次第で人権やプライバシーを侵害する〝凶器〟と化し、企業や組織を内部から崩壊させようとしているということができる。

具体的に、どんな人たちの、どんなときに注意しなければならないのか。会社関係では、次のような人物があげられる。

一、直属の部下、直接・間接のライバル（ライバル派閥に属する社員）、社長や役員の秘書、同じ社宅に住む社員とその家族。

二、業界関係では、出入りの業界紙・誌の記者、下請け業者とその家族。

三、女性関係では、社長や役職者の夫人や愛人、社内のＯＬ、役職者がよく利用するバー・クラブ・料亭の女性や従業員。

四、会社や工場周辺に住む人たち、社長や役職者の自宅周辺の人たち、会社出入りのハイヤー運転手たち。

会社や組織にまったく欠陥がなく、社長から役員まで、身辺が清潔で、世間から非難攻撃されるようなことがまったくないと断言できるようであれば、心配も注意も必要ない。

しかし何が起こるかわからないのが、企業や組織というものである。あなたも組織内や会社内で、はっきりライバルと目している相手には、ふだんから注意を怠らないだろう。ところが、社内で一番怖いのは、ふだんは忠実な部下や秘書である。もし彼らが造反したら、あなたのプライバシーや秘密を熟知しているだけに、強力な内部告発者になる。

宮沢喜一内閣時代、ある大臣が数年間にわたって大学への裏口入学の斡旋料を取っていたことが、週刊誌によって明るみに出たことがある。大臣は、予算委員会などでのらりくらりいい逃れをしていたが、証拠になる書類などがすべて整っていたため、追いつめられ陳謝する以外になかった。すべては事実だったのだ。事実を熟知していて、証拠の書類まで持ち出せるのは、その仕事に携わっていた秘書だけである。国会議員の秘書は政治献金、官庁と業界の仲介、選挙区内の子弟の入学や入社の斡旋など、ありとあらゆるダーティな仕事を引き受けている。

私が『週刊現代』編集長時代、一人のフリーライターが、大臣を歴任した自民党の実力者が、ベッドで愛人と上半身裸で肩を組んでいる写真と、自分の下半身をむき出しにしている写真を持ち込んできた。実力者に取材するとびっくりし「どうしてこんな写真を撮ることができたのか」

という。どんなに優秀で強引なカメラマンといえども、二人のいる部屋へ無断で入っていって写真を撮れるわけがない。そんなことをしたら不法侵入で訴えられてしまう。二人がセルフタイマーで撮ったものに違いないが、彼は「熟年の恋」の記念のつもりかどうか、写真を議員会館の金庫の中に入れておいたのだ。そんな秘密の写真が金庫にあるのを知っているのは、秘書などごく身近な人間しかいない。聞いてみると、数カ月前にクビになった秘書が腹いせに持ち出し、まわりまわってフリーライターの手に渡ったということがわかった。

実力者の乱れた女性関係を批判した記事を作ろうかとも思ったが、写真は下品だし、改めて報道する価値もないと考えて見送ることにした。このフリーライターは、この他にも当時の宮内庁首脳の息子が全裸になった写真なども持っていた。彼の手元には、有名政財界人の公開されたら失脚間違いないような秘密の写真や文書が、あちこちから持ち込まれているということだった。マスコミには、こういう裏ルートも存在するのである。

政治家や経営者の中には、ごく気軽に愛人とのツーショットの写真を撮っている人が意外に多いものである。そうした写真が、ごく身近にいる人間の手によって持ち出され、前述したように週刊誌の編集部などに持ち込まれるのである。秘書や忠実な部下は、何か不始末があったからといって、無慈悲な処分はしないほうがいい。必ずそれなりの処遇をすべきである。例えば、子会社へ転出させるなら役員等に昇格させるべきだし、金銭面でも当分の間の不安を取り除いてやることである。ワンマン社長や、恣意的に権力を振り回す御曹司社長などが、秘書や部下を斬り捨てようとしたときこそ、ブレーンや周辺の人たちが、砂ぼこりを立たないように〝軟着陸〟させるよう努力しなければいけない。

社宅の社員とその家族も、良くも悪くも〝情報発信源〟と心得ていたほうがよい。社歴や役職に比して、お中元やお歳暮の品が多過ぎることから年賀状の嵩まで、すべて知られていると思ったほうがよい。役員や部課長クラスの出入り業者などとの癒着や汚職がばれるのは、ほとんど社宅の隣人や近所の人たちからの「業者とのゴルフや盆暮れのお届け物が多過ぎる」というやっかみ半分の通報や告発からである。

トップだった人の告発も増えてきた

私の手元にある会社内部からの告発文書を紹介しよう。

NHKの報道番組の人気キャスターだったM氏が、タクシー運転手に暴行して処分された直後に、編集部にパソコンで打った葉書が届いた。差し出し人は「NHKをうれうる（原文のまま）OBアナ」となっている。告発文書の最後は、だいたい「憂志一同」とか「会社の前途を心配する社員一同」となっていることが多い。「告発は個人の不満や嫉妬からではなく、大勢の社員が同じ思いをしている、それを代表してである」といいたいのである。

告発内容は、M氏の暴行事件の前にもっと要職にあったA氏（実名だった）が泥酔して、同じような暴行事件を起こしたのに処分が甘く、不公平であったというものである。①A氏への当時の制裁が甘い。②A氏は事件後も厚顔無恥でいる。③改めてA氏の責任を問う。この三つが骨子だが、告発者はA氏のその後の昇進が許せない、A氏を現在の地位から追放したいと願い、M氏の暴行事件を機に通報してきたのである。文章が簡潔で要領を得ていたこと、A氏のNHK内の直通電話が記入されていたことなどから、NHK内部の人間か事情に詳しい人間であるということは明らかである。

もう一つの告発文書は、ワンマンだった創業社長に続く御曹司社長が、番頭役員のB氏によって急遽更迭させられたことで話題になった一流会社のものである。新しい実力者のB氏が、会社を壟断《ろうだん》していると告発したものだが、それによれば、B氏はこんな〝悪人〟だと決めつけられている。

①人事などが狭量で不純である。
②「憲兵」というあだ名でわかるように、社内の評判が悪い。
③よいことは自分の手柄にし、悪いことは部下に責任を転嫁する。
④自分へのイエスマンを重用し、役立たずになるとポイ捨てにする。
⑤自宅の新築用に下請け会社から材木を横流しさせるなど公私混同が目立つ。
⑥自己中心主義で会社再建のガンになっている。

この告発文書には、告発者が相手を誹謗するときに使う語句が、ほとんど網羅されている。〝大悪人〟に仕立て上げて、マスコミの関心を引きつけようとする意図も込められている。会社の幹部と下請けなどを実名で告発していることからも、明らかに社の内部事情に詳しい人間からの通報であることがわかる。これらの内部告発を受け取っても、きちんとしたマスコミなら、すぐ記事にしたりテレビで放映したりすることはない。取り上げようと思ったら、まず周辺から取材を始めて、必ず当事者にも取材するものである。しかし一部の新聞や雑誌の中には、取材や確認もしないで、これらの文書の一部をちらつかせることで、会社や本人を追いつめたり、金品に結びつけようとするところがあるから、用心しなければならない。

よく会社や組織を心ならずも途中で辞めた人が、自分だけが知っている（と思い込んでいる）内部事情を暴露・告発することがある。そのまま墓場まで持って行くのが、〝美学〟ともいえるが、気持ちもわからぬではない。ただ喋ったり書いたりしたものが、個人的体験や感懐であっても「興味本位の暴露」を乗り越えて、せめて業界や後輩の参考になるものか、オーバーでなく歴史への新証言となるものであってほしい。

役員や部課長どころか、社長ですら燃焼しきれないで会社を辞めた場合には思いが残るものである。NHK会長だった島桂次氏も、退任して数年後、『シマゲジ風雲録』を書いた。私は、専務理事時代の島氏と、数回、会ったことがあるが、少し酒が入ってからの政界裏話は、政治家の生々しいエピソードばかりで、とても面白かった。

島氏の話の中で印象に残ったのは、大平正芳首相が急死後、急遽後継に推された鈴木善幸氏が狼狽した話である。会うなり「俺は衆議院議長になりたかったたし、なっていれば名議長になっていたと思う。しかし、まさか総理に推されるとは！　どうしたらよいと思うか」とこぼしたという。

そんな鈴木氏も、首相になって数カ月後、島氏がふだんの調子で話しかけたところ、「島君、言葉に気をつけたまえ。いまや僕は一国の総理だよ」と気色ばんだというのだ。また、鈴木首相が退陣表明後、党員の投票を待たずに中曽根康弘氏が後継総理として有力になったとき、島氏のところへ電話してきた中曽根氏が、盛んに「鈴木クン」を連発したという。島氏が「誰のことだ」と聞き返すと「前首相さ」とすでに鈴木氏など眼中にない感じだったという。島氏は「三角大福の次は中だと思っていたのに、一回はずされてしまったからね。『対米関係もこじらせた暗愚な奴に政治を任せておけない。いよいよ俺の出番だ』という中曽根氏の意気込みがビンビン伝わってきた」と語っていた。

「いずれ書き残しておくつもりだ」といっていたが、そういう島氏が書くものなら、戦後の政治史に一石を投ずるものになるだろうと楽しみにしていたものだ。ところが、一読してちょっとがっかりしてしまった。同じマスコミに働いている者として、共感させられるところも、教えられる部分も多かった。しかし、自分が務めたNHKへの怨みと自慢話が目立ち過ぎているように思った。島氏は政治記者としても優秀で剛腕だったし、放送人としての見識も群を抜いていた。私は、島氏の著書だから、今後のマスコミ界や後輩にとって、もっと教訓と刺激に満ちているものであってほしかったと残念でならなかった。一九九六年、失意のうちに亡くなったが、すでに体力も気力も衰えていたのだろう。

朝日新聞社の元社長だった広岡知男氏も、退任後に総合誌で古巣の朝日を厳しく攻撃した。私は「あの広岡氏が」と一瞬、寂しい思いがしたが、内容は、村山家と新聞社との対立のあおりを受けて退職金も受け取っていない事情と、両者の広岡氏への対応を批判したものだった。止むに止まれぬものがあったのだろうが、社長まで務めた会社と後輩をマスコミを通して攻撃することはないだろうにと残念に思った。また、社の後輩の中に、広岡氏を〝軟着陸〟させるため奔走する人はいなかったのかと寂しくなった。

会社へ出入りする業界紙・誌の記者には、ふだんから一定の距離を置いてつき合ったほうがいい。自分を売り込んだり、ライバルを蹴落とそうと考えて、一部の業界紙・誌と親しくなり過ぎると、かえって弱みを握られることにもなりかねない。あなたが後に昇進して幹部になったときに、大きな代償を支払うことになるからである。彼らは、ふだん広告などでつき合いがあるから、会社のマイナス情報を入手しても、すぐ書き立てたりはしない。しかし彼らを警戒しなければならないのは、得た情報の一部を週刊誌や月刊誌にオーバーに売り込んで、取り上げさせようとすることがあるからだ。

記者の恫喝やハッタリに騙されるな

ある流通大手トップの不祥事と業績の悪化を『週刊現代』が取り上げようとし、予備取材を始めたことがある。経済紙の記者や業界誌の記者に当たって数字などの確認を始めたところ、その会社の広報部長が、当時、編集局長だった私に会いたいといってきた。聞いてみると、『週刊現代』の記者から取材を受けた業界誌などの記者が、『週刊現代』の記者に有ること無いことをオーバーに喋った後、すぐに流通大手の幹部にご注進と駆け込んでいることがわかった。「週刊誌が私のところに取材に来た。どうやら大きく取り上げるようだ」と、さらにオーバーに伝えていたのである。何のことはない、一種のマッチポンプだが、週刊誌や月刊誌を利用して煽る手口は、彼らの常套手段だと思ったほうがよい。

また「編集長をよく知っているから記事を差し止めようか」とか「編集長と親しいから会わせましょう」などと、あなたの会社を訪ねてくるフリーの記者や業界紙・誌の記者がいるかもしれない。編集長の弱み、例えば女性関係を握っていて注文をつけられるフリーの記者がいないわけではないが、ほとんどはハッタリだと思って敬遠しておいたほうがいい。全国紙、月刊誌、週刊誌の取材方法やテーマに不審があったら、間に人を立てないで、直接、担当デスクや編集長に当たることをおすすめする。

あなたは会社や省庁の中堅幹部として、会社の下請け業者や出入りの商店や作業員にむやみに威張ったり、金品を無心したことはないだろうか。会社の製品の下請けをしたり、商品を納めて生計を立てている彼らは、まずたいていのことは我慢するし、便宜を図るものである。しかしあまりに理不尽な仕打ちを受けたり、取引停止などで糧道《りょうどう》を絶たれたときなど、いままでは見ない振りをしていた担当者の不正やスキャンダルの告発に走るものである。

大手電機メーカーの宣伝部長が家を新築したとき、広告代理店の社員が競って引っ越しを手伝ったり、家具などを贈呈したらしかった。その直後、中クラスの広告代理店の幹部と名乗った告発文書が『週刊テーミス』に送られてきた。「ある広告代理店が応接セット、別の代理店が絵画と食卓を贈り、私たちはゴルフセットを要求された」というものだった。宣伝部長は、『週刊テーミス』の記者が取材にいくと、事実か否かも説明しないで、いきなり「話なんかする必要はない。電通にいって止めさせてやるぞ」と怒鳴ったのである。編集部も記者もこうした頭ごなしの対応には、一番ファイトを燃やすものである。

大手電機メーカーの宣伝部長が、すぐ電話したに違いない、翌日、電通の部長が私のところにやってきた。私が彼に直接会って確認してみると、昨日の記者に対する取材対応とはがらり変わって、たいへん紳士的な対応であった。家具をねだったり贈呈をしてもらったこともほぼないこともわかってきた。それだけに若い記者に向かって「お前の会社の社長を知っている。記事は止めてやるぞ」とか「電通にいって抑えてやるぞ」などと、口が腐ってもいってほしくなかったと思う。

広告業界では、やっかみを含めてだが、宣伝担当者と広告代理店の癒着は常に話題となっている。家族揃っての海外旅行をプレゼントしたとか、若い女性タレントに金を握らせて一泊旅行につき合わせたとかいう話はいっぱいある。ある広告代理店の役員が大企業の専務と食事の後、銀座に繰り出した。ハイヤーを降りて歩き出したが、ふと気がつくと、専務は深夜まで開いているスポーツ用具店の前で突っ立ったままでいる。とって返すと、専務はショーウィンドーを見つめたまま「○○君、あのゴルフウェアーはなかなかいいね」といったのである。「専務、ふだんお世話になっているお礼のしるしまでに近いうちに届けさせます」――思わずこう返事した役員は、後になって、私に「いい気なものだよ」と打ち明けたものである。「ここだけの話ですよ」とつけ加えながらいったものだが、大企業の幹部などが広告代理店や下請け業者などに傲慢な態度をとっていると、いつ内部告発されるかわからない。

会社や省庁へ事務用品を納めている小企業の従業員や清掃会社派遣の中年女性といえども、バカにしてはいけない。彼らは社内不倫の実態から、誰と誰が実は同性愛者であるかまで、実によく知っているものだ。内部告発予備軍は、社内、会社の周辺、あなたの周辺にゴロゴロしていると思ったほうがよい。

「内部告発」を減らすため敗者復活制度を徹底せよ

大企業や省庁で、違法行為や不祥事が、内部告発によって続々と暴露されている。それに対して、「無署名の内部告発は卑怯である。取り上げるべきではない」とか「社内に内部告発を奨励するような制度など設けるべきではない」といった意見がある。一方、内部告発者に企業が報復的人事を実施したケースも明るみに出た。そのため内部告発者を保護する「公益通報者保護法」が二〇〇六年制定された。

私は、出版の仕事に五〇年以上携わってきて、たくさんの内部告発や情報提供を受けたり、それに基づいて取材や報道をしてきた。その体験を通して、内部告発は、報復や奨励の有無にかかわらず、さらに保護法ができようとできまいと、増えこそすれ、絶対になくならないと断言する。「署名のない内部告発は取り上げるな」という意見についてだが、体験上、告発者不明の情報でも、約半分は事実かそれに近いということができる。もちろんそのなかには単なる個人への中傷やプライバシーに触れるスキャンダルの暴露もある。しかし、組織の違法行為や不正を止むに止まれぬ思いで告発してきたものも少なくない。

告発者が自分の名前と立場を明記した告発も、最近は増えてきた。しかし、取材で彼らに接触すると、自分のことは組織内はもちろん世間に絶対に知られないようにしてほしいと懇願されるのがほとんどである。まだまだ組織内で陰湿な報復が行なわれているからである。

ある省庁のOBが、トップとナンバー2に天下りしている特殊法人がある。友人が生え抜きの幹部を連れてきたが、彼がOBらの不正と尊大な言動をぜひ報道してくれという。具体的なケースをあげてほしいといったところ、数日後、彼が「彼らの痛いところを何とかやんわり突くことはできないか」といってきた。最初の勢いはどこへやら、すっかりトーンダウンしてしまっている。このように内部告発者の大半は、署名無署名にかかわらず、迷い悩んでいるのである。卑怯者と断定するのは早計に過ぎるのだ。

事実を述べられる環境が内部告発を防ぐ

広報担当者は、組織のトップやしかるべき部署に内部告発があった場合、決して握り潰してはいけないと進言することである。彼はまだ善意の告発者である。不祥事などを、組織がすぐ検証し事実を公表すること、そのうえで責任を明確にし再発防止策を発表することを願っているからだ。ところが、告発者が誰か探索したり無視する場合が圧倒的に多いのである。

それで不祥事が隠蔽できたと思うところが浅知恵である。組織に裏切られたと思った告発者は、情報をマスコミに通報することになる。マスコミが取材を開始し、記者が確認に訪れて大慌てするが、そのときはもう後の祭りである。

外務省の公金詐欺事件も、きっかけは某国大使館で働いていたコックがマスコミに情報を提供したことで発覚し、大問題に発展していった。コックは実はマスコミに通報する前に、大使の公金不正流用を省幹部に告発していたのだが無視されたため、業を煮やして通報したのである。

内部告発を問題にするとき、このように違法行為や不祥事を隠蔽しようとする組織の体質への考察が忘れられている。必ず発覚し、ダメージも大きくなるのに、なぜ隠蔽工作をするのか。

企業や団体で、違法行為や不祥事に関わった社員や職員は責任を取らされ、左遷や降格、場合によっては馘首される。当事者ばかりか上役にも責任は及ぶ。それを避けるために、何とか表面化しないように隠蔽工作に腐心するのである。彼らとて、その場はごまかせても後で発覚した場合には、組織内でもマスコミでも大問題になるとわかっている。それでも、永久に隠蔽できると錯覚するところが人間の弱いところである。

内部告発者をカネで籠絡するようなこともしないほうがいい。これも私の体験だが、マスコミに内部告発する人の大半は、謝礼目当てではない。とにかく記事にしてほしい、そして組織の不正を社会へ広く知らせたい、ライバルや憎い上司にダメージを与えたいという動機が主となっている。

もちろんカネ目当てで告発したり、情報を提供しようとする人はいる。最近も銀座の高級クラブのママから電話があった。店のホステスがかつて関係した政治家との仲を週刊誌に売り込むといっている。週刊誌はどのくらいの謝礼を払うだろうかという質問である。単なるスキャンダルなら一〇〜二〇万円だろうと答えたところ、ママは「それなら倍出して口を封じるわ」といって電話を切った。ホステスのスキャンダルならカネの話が出てきても仕方ないが、企業の違法行為や不祥事が内部告発で発覚した場合には、下手な裏工作や隠蔽工作は絶対にしないことである。一日も早く全容を掴むこと、トップにプラスもマイナスも含め報告すること、不祥事の性質によっては弁護士に相談すること——最後にモノをいうのは正攻法である。

◆この項目のまとめ

①ライバルより怖いのは、忠実な部下や秘書の造反である。不始末があっても無慈悲な処分は禁物で〝軟着陸〟を心掛けよ。
②社宅の社員や家族も通報・告発の発信源になる。彼らのやっかみから出入り業者などとの癒着や収賄がバレる。
③出入りの業界紙・誌記者には距離を置け。親しくなり過ぎたり頼みごとをすると、弱身を握られ後が怖い。
④下請け業者、出入り業者は告発予備軍である。彼らに威張ったり、ねだってはいけない。
⑤会社への怨念は社長や役員で辞めた幹部でも持ち続けることが多い。退社時の理由や退職金でのトラブルが原因である。

2
社内の不祥事は正確に把握し公表する

社内調査では正確な事実は絶対に掴めない

一九九三年に発生した甲府信用金庫のOLA子さんが誘拐され殺害された事件後に、会社のとった姿勢や処理の仕方が世間からたいへん反発、非難されたことを覚えているだろうか。

A子さんの遺体が発見され、誘拐事件が公開された直後に、支店長の記者会見があった。支店長は、最後のほうで「私服で行ったので……」といった意味の発言をしたが、私は、この時期に、なぜこんなことをいうのかといぶかしく思ったものである。「業務上ではない」ということを、上司からいえと指示されたのだろうか。それとも弔慰金などの額を減らそうとしているのだろうか、とまで邪推した。これに輪をかけたのが、理事長ら幹部の「会社の指示によるものではない」といったニュアンスの発言であった。いくらマスコミとの対応に慣れていなかったとはいえ、本店や支店の幹部が「さんにち、の者ですが」という電話に、何の疑問も持たずに、また相手の確認もしないで、迎えのタクシーに社員一人だけ乗せて送り出したことは、大きなミスであり、責任である。

甲府信用金庫のこういう姿勢や処理の仕方に、世間からの非難が集中したのも当然である。イメージは落ち、顧客の中には預金を引き出した者も出てきたという。甲府信用金庫は、なぜこんなぶざまな対応をしたのであろうか。私は犯人から「A子さんを撮影したい」という電話があったときから以後の経緯について、正確な情報が、トップに報告されていなかったからではないかと思う。

A子さんが姿を消した翌日、犯人からの「金を持って来い」という電話で誘拐と判明して以来、甲府信用金庫の幹部は、最初に電話を受けた支店の行員や幹部らから、犯人とのやりとりやA子さんがタクシーに乗って支店を出るまでの経緯を、詳細に聴取したはずである。そうして得た情報を総合した結果、「A子さんは個人の判断で撮影に応じた」と推測し、さらに「業務上ではなかった」という判断を下したと思う。それが、支店長の記者会見での発言になり、さらに理事長らの誠意のない対応の根拠となったものと思う。

以上は、私の推理である。しかし、単なる当て推量ではない。実は、事件の当事者や関係者は、なかなか本当のことを語らないものであるという痛切な体験と反省のケースを、私はいくつか持っているからである。

その後も、一九九五年一二月の動力炉・核燃料開発事業団（動燃、当時。現核燃料サイクル開発機構）の高速増殖原型炉「もんじゅ」のナトリウム漏れ事故が組織や企業の社会的責任、幹部の危機管理と責任体制、広報のあり方などについて、多くの反省と教訓を与えてくれた。

まずトップから中堅幹部まで、将来の日本に重要な意味を持つ最先端技術に携わっているという使命感が欠如している。もし常日頃から使命と責任を痛感していたら、万が一事故が発生していたときの対応、つまり危機管理について、謙虚な心構えと細心の用意をしていたに違いないからである。

「一般に説明しても、どうせわからないだろう」という驕りが、トップから末端まで浸透していたと思う。それが、最初に「事故」を「事象」といい換えたところに表れている。「私どもでは『事象』と考えております」——テレビで幹部がぬけぬけと答えていたが、世間に対して高を括っているとしか思えない態度である。さらに事故を隠蔽するため、全てを撮影していたビデオを改竄《かいざん》したり、元のフィルムを隠したりしていたのである。

私は、この時点で、動燃は、これまで動燃に対して理解を示し、応援してきた地元の人々、中央の政財界、マスコミ関係者などの支持を失い、また地元に在住して、反対運動の大きい声の中でも動燃を必死に支持してきた人たちを、冷たく裏切ってしまったと思った。

現に動燃の場合は、嘘や隠蔽が次から次へとばれ、地元はもとより国民から信頼を失った。その結果、もう何を発表しても「まだ隠していないか」と追及される結果を招いてしまったのである。

メディアが、事件や不祥事の渦中にいる人物にインタビューを申し込む。最初は拒否している彼らも、新聞やテレビの断片情報に対して、「自分のほうがよく知っている」と、やがて進んで喋り出すようになるものだ。もちろん「社会正義のため」とか「一般株主のため」といった理由づけはするけれども……。特に、企業犯罪などの場合、その企業や上司に反感を持っている社員は、このときとばかり過去の事件まで含めて情報を提供するものである。私は体験を通して、人間は、よほど自制心のきいた人は別として、見聞きしたことを他人に話したくなる衝動を押さえることができないと思う。

不祥事や事件は顧問弁護士を通じて事実掌握へ

会社内で、社員の誘拐、幹部の横領、欠陥商品による死傷事件などが発生したとする。社会的影響が大きい事件であればあるほど、マスコミなどで大きく取り上げられれば上げられるほど、当事者や関係者は、まずびっくり仰天し、ついで責任を痛感し、一種の興奮、パニック状態に陥るものである。

警察など捜査当局の事情聴取もあろうが、会社としても、事件の全容と真相を把握しなければならない。そのために、総務や広報担当者は、社員から事情や経緯を正確に厳しく聞く必要がある。上司であっても、ふだん親しい同僚であっても、嫌な質問や聞きにくいことを聞かなければならない場合がある。動燃の場合は、広報担当の中堅幹部にこの役目を押しつけたため、自殺に追い込んでしまった。

そんなときに、まず心得ておかなければならないことは、ほぼ全員が、本当のことを喋らないということである。責任逃れをする者もいる。また自分の保身だけを考えている者もいる。人間は最終的には自分の身が可愛いから、無意識のうちに自分をかばった発言をする。また、興奮状態の中で、自分に都合の悪い部分などをすっぽり忘れてしまう者もいる。だから、関係した数人の話を聞いていくと、必ず矛盾が出てくるものである。刑事や検事なら、その矛盾を突いて、真実に迫ることもできるが、社員が同じ会社の同僚やときには先輩をそこまで追いつめることは、情において忍びないし不可能でもある。

私が勧めるベストの方法は、会社の顧問弁護士を活用しろということである。事件の被疑者として、あるいは参考人として、検事や警察官の取り調べや事情聴取を受けたことのある人なら身に覚えがあろう。よほどの覚悟をしていかない限り、知っていることはほとんど全部喋らされてしまうものである。

また法廷では、検事や弁護士があらゆるテクニックを駆使して、当事者や相手側の証人の矛盾を突いて、自分の陣営を有利にしようと必死に攻防を繰り返している。こうした捜査や調査のベテランにして、初めて真実に迫ることができるのである。「市民団体からの告発とその後の裁判に備えて」とでもいって、顧問弁護士と一対一にさせ、事件との関わり、そのときの言動などを克明に調査すべきである。事件の全体像と事実を少しでも早く把握することが、次の対応への「最大の武器」であることを認識してほしい。

このように見てくると、事件直後の混乱の中で、トップや幹部に正確な報告をするということがいかに困難なことかわかるであろう。しかし「正確な報告」が、トップの決断のもとになり、会社に対する責任を明確にし、企業の今後の盛衰をも左右することになるのだから、事実の正確な把握はゆるがせにできないものである。

部下は無意識に自分の言動をかばいがちになる

一九八二年、三洋電機の欠陥ファンヒーターによって、死者が出た事件があった。このときも、事件が続発するまで、当時の井植薫社長のもとへ、正確な情報が上がらなかったといわれる。やっと上がった報告の中に「使用法にも問題があった」といったニュアンスの箇所があった。そのため、真面目な人格者で知られる井植社長が激怒し「私が実際に使ってみる」とまでいい出したが、社員が「そんな危険なことはさせられません」と答えたため、さらに激怒させたという話すら伝わっている。引責退任した井植氏は、その後しばらくして亡くなったが、事件が死を早めたともいわれている。

一九九三年には、大阪に本社があった医薬品の製造から卸しまでやっていたN企業の「S」という薬で、副作用などにより一〇名を超える死者を出す薬害事件が起こった。このとき他の薬との併用による副作用ですでに被害が報告されていたのに、その情報がトップに伝わるのが遅れ、対策も後手となり、被害が拡大したのである。さらに、この事件に連鎖して、翌年には社員や関係者による証券取引法違反事件まで起きてしまったのだ。マイナス情報が早い段階でトップに伝わらなかったこと、一つの事件が次の事件を惹起した典型的なケースである。

これら二つの事件からの教訓はいくつかある。

一つは、トップに悪い情報が届いていなかったこと、二つ目は、最初の事件発生のときに、トップに正確な情報を上げると同時に公表し、マスコミなどで消費者に警告すべきであった、ということである。そうすれば、事件の続発は防げていたに違いないからである。

私は、ビートたけし氏による講談社のフライデー編集部襲撃事件が起こったとき、取締役第一編集局長だった。フライデー編集部の契約記者が、たけし氏とその愛人、またその家族に、昼から夜にかけて強引な取材をしたということで、たけし氏が怒り、部下を引き連れて編集部に、殴り込んだ事件である。

私は、事件直後、記者、担当編集者、担当デスク、編集長の順で報告を聞き、事件が発生するまでの経過、指示の内容などを把握しようとしたが、四人の報告に少しずつ食い違いがあることに気付いた。編集長やデスクに責任を回避する意識はまったくないのだが、無意識のうちに自分の言動をかばってしまう様子が見てとれたのである。もちろん、記者以外の担当編集者、担当デスク、編集長は現場にいなかったのだから、事実を目撃しているわけではない。どんな指示をしたか、どんな報告を受けたかが中心になるのだが「そこまではいっていない、そうした報告は受けていない」となり、あいまいになっていくのである。

私は、講談社の顧問弁護士が事実を把握するため取材記者と一対一で会う席に、あえて同席させてもらった。私は、自分で直接聞いて事件を正確に把握し、そこで自分自身の責任をどう取るべきか決めようと思っていたからである。

事件がマスコミで大きく報道されればされるほど、スキャンダラスであればあるほど、当事者や関係者の証言は揺れ動くし、事実から遠ざかっていくものである。

「マスコミに通報するぞ」などに慌てるな

一九八九年、朝日新聞のサンゴ事件が一段落したとき、当時の一柳東一郎朝日新聞社社長にインタビューした。これは、カメラマンが自分でサンゴに傷をつけておいてから撮影し、それを心ない観光客の行為のように告発する記事を掲載した事件である。

私が一柳社長に事件の真相をいつ、どのようにして把握したかと聞いたとき、一柳氏は、たいへん残念そうな表情をした後、「ある週刊誌がこの事件を取材しているし、さらに、現地の青年の一部も、どうやら『事件の様子がおかしい』と調査を始めたということを聞いた。そこで大阪本社の写真部の幹部を現地に派遣した。ところが、彼らは自分の部下である仲間をかばってか、正確な情報を上げてこない。『前からあった傷をやや強くなぞっただけである』などといってい た。私が業を煮やして東京の編集幹部を現地に派遣して、はじめて現地の人たちの声を聞くこともでき、同時にカメラマンの自作自演であることが判明した」と語ったものである。

新聞社や出版社のような、正確な情報を提供する新聞や雑誌を刊行している企業でも、いったん会社を巻き込んだ事件が発生すると、誤った情報が入り乱れ、正確な報告がトップに達しないものである。いわんや一般の企業や組織では、当事者や関係者の自己保身、責任逃れを含めて、正確な情報がなかなか得られないということをまず承知しておくべきである。

それに誰でも、自分や会社に不利な情報は本心では聞きたくないものである。したがって部下からの報告、マスコミの取材、噂、怪文書などで第一報がもたらされても、すぐ信じようとしないものである。また根拠もなしに、「大きな事件やスキャンダルにはならないだろう」と思いがちである。また現に、噂や怪文書の中にはタメにするものがほとんどで、日が経てば忘れられてしまうものがほとんどである。しかしトップに報告する必要がなくても、広報部長や広報担当は、怪文書などについても絶えずフォローしておく必要があろう。

マスコミの取材を受けて、はじめて事実を掴むというのは、対策がすべて後手に回ることになるから、絶対に避けたい。そのために新聞社、出版社、テレビ局などにブレーンを作っておきたいのだが、仮に彼らから事件を知らされてもすぐに狼狽する必要はまったくない。

自作自演でスクープを作る記者、ライターにも注意せよ

一九九四年一〇月、広島でアジア競技大会が開かれた。このとき、金メダルと銀メダルを獲得した某国の選手が、そのメダルをコイン店に売りに行ったというニュースが、朝日新聞に報じられた。飽食した日本と貧しいアジアとを対比させ、華やかな競技大会の「影」の部分をクローズアップしたスクープ記事のようにみえた。ところがこれが記者の自作自演だったことが判明した。選手はコインを売って金を手にしたかったかもしれないが、わざわざコイン店に案内して、それを記事にする姿勢は批判されて当然である。

最近、こうした一種のやらせ事件がたいへん増えてきた。『週刊テーミス』が、アジア某国の若い女性を一〇ページにわたってグラフで紹介したことがあった。女子大生からショーのダンサーまでいた。数日後「某国政府の高官が名門女子大生を水商売の女性と一緒に扱っていると怒っている」という現地ニュースが入ってきた。さらに「某国政府が日本政府に厳重な抗議をするらしい」と拡大され、新聞記者が取材を始めたとも伝えられた。ところが、調べてみると、一人のフリーライターが某国まで雑誌を持参したうえ、現地の役人や名門女子大の学長などに見せ、本

人が先頭に立って煽りたて、日本のある新聞社に売り込んだらしいということがわかってきた。日本のマイナスになるような情報に、すぐ飛びつくメディアもあるということだけは知っておいたほうがよい。メダル事件を自作自演した朝日新聞の記者だけでなく、フリーライターの中にも、マッチポンプで「スクープ記事」をものにしたくて、いろいろ画策する者がいるのだ。

企業の不祥事を察知したとき、彼らの手口としては、まず広報部長から取材しようとしないで、直接、早朝や深夜に社長を自宅に訪問したり、電話することである。そして事件の全体像も判明しないうちに、社長の「そういう事態は困ったものだ」とか「申し訳ない」などという権威づけのコメントをとろうとするものである。彼らのこうした手口がこれから増えてくるということも知ったうえで、トップにも動揺しないよう注意を促しておいたほうがよい。

当事者が本当のことを喋らないのに加えて、責任を負わなくてすむ間接的な関係者や目撃者はたいへん気楽なものだから、あることないことを喋りまくる。しかも話はだんだんオーバーになってゆくうえ、過去の事件などと無理にこじつけて変形させられていくものである。甲府信用金庫のA子さんのご両親も、事件直後に「心ない噂」に打ちひしがれたようである。私はそんな噂は全部聞き流し、気にしないほうがいいと強くいいたい。現代は「人の噂も七五日」どころか、一カ月も経たないうちにあらかた忘れられてしまう。

会社を巻き込んだ大事件の場合も、当分の間は無責任な噂などが社内外をかけめぐるものであり、社内もそれに動揺するものだが、トップや役員、総務や広報担当者は、それらに絶対に一喜一憂してはならない。まず前述したように正確な情報を集めることに専念するべきである。次に全体像を把握したところで、トップとあなたが、どこまで公表するか、大事件に対する社の姿勢をどう説明するかを決めることである。

私は三人以上が関係したり目撃した事件は、どんなに秘密にしようと隠蔽しても、必ず世間に漏れていくと思っている。無責任な関係者や目撃者は見たり聞いたりしたことをオーバーに喋りたくてうずうずしているからである。トップや役員の中には、社員というものは、箝口令さえ敷いておけば、簡単に秘密が保てるものと考えている人が多い。しかし、すでに述べたように若い社員の会社への忠誠心は薄れているし、人事などで不満を持つ古参社員も匿名を条件にすれば、新聞記者やテレビのレポーターなどに気軽に話すものである。

最近は会社の対応が気に入らなかったり、製品にケチをつけようとするとき、すぐ会社に電話する消費者も増えてきた。彼らは窓口の対応が気に入らないと、必ず次に口にするのが、「社長を出せ」と「マスコミに通報するぞ」である。「社長を出せ」にどう対応したらいいかは、すでにマニュアルもあろうから私がいうことはない。「マスコミに通報するぞ」については、頭からバカにしてはいけないが、まず聞き流しておいていいだろう。もちろん抗議や苦情の内容によることはいうまでもない。社長や会社を揺るがすような大事件に発展しそうなものは、すぐ対応しなければならないが、単なる苦情や嫌がらせなら、きちんとしたマスコミならまず相手にしないからである。しかし前述したように、一方で「内部告発」や「怪文書」に簡単に乗ってしまうメディアも増えているということにも、注意や配慮をしておくべきである。

◆この項目のまとめ

①「社員の誘拐」「幹部の汚職」「死傷事件」など大事件で社内パニックが起きたとき、総務や広報担当者は社員から事情や経緯を正確に把握すべきである。

②情報不足のままで、トップ、役員、広報部長が記者会見に臨むと「恥の上塗り」に陥る。

③最善の情報収集は「訴訟に備えて」という名目で、会社の顧問弁護士に依頼し上司・同僚・部下すべてから一対一で事情を聞いてもらう。その正確な情報をもとに、対応を決め、記者会見に臨む。

④事件のときには怪文書の横行やマスコミの「やらせニュース」も画策される。統一見解を持ち、動揺しないで冷静に対応したい。

3 社長に「広報の仕事」を理解させるには

広報部長は〝汚物処理係〟ではない

広報の仕事をきちんと理解できるトップも多くなってきた。しかし依然として広報担当役員や広報部長を〝汚物処理係〟とみているトップも少なくない。

企業や組織のトップの中には、自分自身のカネや女にからむスキャンダルや経営上の失点（公私混同、恣意的な人事、業績低下）などが表面化することを覆い隠させることや、新聞や週刊誌が取材し始めた場合は、それが記事にならないように潰させることを、当たり前のように広報部長に指示して恥じない人も多い。ふだんかなり立派なことをいっている社長でも、いざとなると周章狼狽して、理不尽なことをいい出すのである。

まずトップにいっておきたいことは、新聞記者、週刊誌の編集者や記者、テレビの記者などが取材を始めたら、それが事実である限り、まず取材活動を止めさせたり、記事の掲載を止めさせることはほとんど不可能であるということである。トップに共通しているのは、自分の行状を改めようとしないで、「新聞や週刊誌の取材や記事は簡単に潰せる」「広報部長ならそれくらいのことができるはずである」と思い込んでいることである。

サラリーマンである広報担当者が、トップに直接、意見具申をするのは、口でいうのは簡単だが実際には不可能に近い。この本を、トップにきちんと読ませることをお薦めする。

現役を引退した経済記者に会うと、一様に「昔はトップの女性関係など、内輪の集まりで喋ることはあっても、新聞や雑誌には書かなかったものだ」と述懐する。彼らの場合には、トップや企業のスキャンダルなどを公表しないことで、現役中にさまざまな情報の恩恵を受けたり、定年後の職場を紹介してもらうことができた。しかし戦後、トップや企業の社会的責任が増大してくるにつれ、経営の失敗、不祥事、スキャンダルなどが、新聞や週刊誌でも報道されるようになってきた。さらに企業や経済団体のトップは、有名人として注目され、彼らの政治との関わりも、新聞や週刊誌によって、報道されるようになってきた。

大企業のトップは、取締役から常務、専務、副社長、さらに社長へと累進するにしたがって、まず大新聞の経済部記者と顔見知りになり、つき合い、交際を深めていく。大新聞の経済部記者は、先に指摘したように、今後のことを考えて、トップにも幹部にも、一応礼儀正しい対応をするものである。トップにも企業にも記者の利用価値がある間は、それなりの配慮をするから友好関係が築かれることが多い。ところが、大新聞の社会部記者、総合週刊誌の編集者、テレビのワイドショー番組のレポーターなどは、企業や広報担当者のところに、事件、不祥事、スキャンダルが発生したとき、初めて押しかけてきて、経済部記者とはまったく違う不作法な取材を開始するものである。

広報部長は、毎日、こうした不作法な一見《いちげん》のメディアとつき合いをしてきているが、大新聞の論説委員や経済部記者とだけつき合ってきたトップには、雑誌編集者やレポーターとのつき合い方はわからない。ある大企業のトップは「私のところは電通を通して、テレビや新聞に製品の広告をたくさん出している。製品の宣伝、企業PRはもちろん、もし社に不祥事が起こったときの対応まで、すべて電通にお願いしているから安心です」と平然と語っていた。これでは事件や不祥事が起こったときの対応がまったくなおざりになり、広報部長がさぞ苦労するだろうと、思わず同情してしまった。

ある薬品メーカーの役員が、女性のマンションで急死したことがあった。新聞に事件として報じられたので、記者たちが女性のマンションに押しかけたところ、明らかに広告代理店の社員と思われる人たちが玄関に立ちふさがって記者の侵入を阻んだものである。しかし、そうした広告代理店のパワーは、年を追って減少していった。また、広告代理店の中間管理職や幹部の中に、週刊誌や月刊誌、テレビなどの報道に対して、体を張ってでもスポンサーのために働こう、あるいは交渉の窓口になろうという気概や意欲のある人も減ってきた。

ある宗教団体も派手なカラー写真を、よく総合週刊誌などに掲載していることで知られている。この団体のうさんくささを取材しようとしたとき、その宗教団体の広報担当は、電通のしかるべき担当部長の名前をあげ、彼にすべて任せてあるから、そこへ取材にいってほしいという。そこで電通の部長に話を聞こうとしたが、彼は『やれるものならやってみろ。他の広告を出させないようにしてやるぞ』と編集部員と記者にいい放ったのである。

私たちは、その宗教団体にたいして、特別の感情をもっていなかった。ただ、彼らが勢力を拡大していく過程で、うさんくさい教養やパフォーマンスをくりひろげたり、不当な金額のお布施を集めていることを知ったから取材を始めただけである。電通など広告代理店が記事の差し止めに動くことは、どんどん減ってきているし、また力もなくなってきている。ところが、トップの中には、いまだに広告代理店に任せておいたり、広告代理店に強引に指示すれば、マスコミも従うだろうと思い込んでいる人がいるのである。

事実無根の疑惑は広報に伝えて対処を、心配があるなら先頭に立って交渉を

まず自分自身のカネや女にからむ、スキャンダルや経営上の失点などが表面化して、それを取材されると判明した場合には、トップは広報担当役員や広報部長に、それが事実無根であるかどうかを知らせる必要がある。もし事実無根であれば、堂々と正面からじゅうぶんに取材をさせて、なおかつ事実無根でありながら、それを記事にするということであれば、当然のことながら刑事告訴などの手段で応じるべきである。

次に事実ではあるが、報道されると、企業や本人のイメージが損なわれるという不安があった場合には、広報部長などを走らせてさまざまなルートを探り、自分自身が先頭に立って交渉に当たらなければならない。その次には、記事の差し止め請求を裁判所に要請する（一四一ページ）のも可能である。また、弁護士にすべての事態を説明し、双方の弁護士同士の話し合いで、差し止めに至らなくても、こちらのいい分を記事に取り上げてもらうことも可能である。

いずれにしても、マスコミが取材を始めた「疑惑」が、まず事実無根であるか、事実誤認であ

るか、さらに事実ではあるが社のイメージを維持するために記事になることを止めさせなければならないか、そのところを自分自身できちんと決断しなければならない。そのうえで広報担当役員や広報部長を呼び、明確な指示をしなければならない。トップに「広報の仕事」をいくら説明したところで、頭で理解することはできても微妙なところになると理解できないと思う。したがって企業は、社長候補生には、なるべく若いうちに必ず広報部長か広報担当役員を体験させておいたほうがよい。

ある大企業では、幹部候補生は、まず営業現場を経験させ、数年後に広報部へ、それも一年目は新聞担当、二年目は週刊誌を含む雑誌担当を経験させる。さらに、海外の支店勤務、帰国させたところで労組委員長などを務めさせて、だんだん昇進させていくという周到な配慮をしているところもある。私は、「広報の仕事」をまったく知らないまま、社長、会長に昇進した人たちが、自分のスキャンダルや会社の不祥事は簡単に潰せるものだと思い込んでいる例をたくさん見てきた。

特にトップが、週刊誌を出している出版社の社長や週刊誌の編集長を直接知っている場合などに陥りやすい大きな誤りがある。それは、自分のスキャンダル取材に対して、自ら「あそこの社長はよく知っているから俺が直接話をつける」などと、広報部長をさしおいて乗り出すことである。

三越元社長の岡田茂氏は、カネ、女、経営上の失点などが重なったスキャンダルを、週刊誌に追及されて四面楚歌状態になったことがあった。しかし強気の姿勢をくずさず、週刊誌の記者を怒鳴りつけたり、広報部長を取材を開始したメディアに差し向け、土下座までさせて記事の掲載を取り止めさせようとするなど強引な人物だった。岡田氏は慶應義塾大学出身だったが、同窓生がある出版社社長になったことから、毎月定期的に会合をもち、親しいことを誇っていた時期があった。そのため、その出版社の週刊誌が、岡田氏のスキャンダルや三越の不祥事を取材し始めると、トップダウンで「取材を控えるように」という指示があり、編集部の士気も低下しがちだった。ところが慶應出身の社長が、在任数年で急死してしまった。そのため、後継社長の下、その週刊誌は岡田氏への取材を我慢していた反動から、一気に「岡田氏を巡るスキャンダル報道」を加速させることになった。このように強引なトップダウンは、えてして現場の反発を受けることがあるので慎重にすべきである。

「広報の仕事」はトップの姿勢の反映である

また、業界紙の記者や出版社の事情に詳しい元取材記者などの中には、社長クラスに特定の出版社の社長や編集長と親しいといって自分を売り込み、ポイントを稼ごうとする者もいる。そんなとき、トップが広報部長や広報担当役員をさしおき、彼らを介して交渉に乗り出すようなことも決してプラスにならないということも指摘しておきたい。

ある財界大物が、長い間、連れ添った夫人を湘南地方の某都市に置いたまま東京のマンションで別の女性と同居しているという情報が入ってきた。経済紙や全国紙の古い経済部記者の中にはすでに知っていた者もいたようだが、週刊誌の編集部にとっては、初めて聞く情報だった。

私は担当デスクと二人で、その財界大物に会いに行った。氏は、挨拶が終わると、同席していた広報担当役員と広報部長を「これは私のプライバシーの問題だから、自分一人で説明する」といって部屋から出すと、私たちに対した。それから約一時間、氏は夫人が健康のこともあって東京暮らしを嫌っていること、そのために都内で一人住まいをしていること、そのため身の回りの面倒を見てもらっているお手伝いさん的な女性がいることなどを率直に語った。しかし、特別な関係にある女性はいないときっぱり否定したのである。

私たちはその財界大物が、自身で率直に語った迫力に脱帽し、結局そのことを記事にはしなかった。しかし私の胸には、ずっとこだわるものがあった。それから約五年後、ある財界人から、その財界大物が、やはり長い間連れ添った夫人と別居していて、東京のマンションで女性と同居していることを教えられた。しかし何故か、記事にする気になれなかった。

このように、企業の不祥事であれば広報担当役員や広報部長を通じて堂々と、もし自分のスキャンダルであれば、自分自身で堂々と釈明なり説明することが、これからのトップには望まれることである。いわんや、広報担当役員や広報部長の対応がまずかったからだと、彼らを左遷したり叱責することが間違っていることは、いうまでもない。

しかし、この常識もワンマン社長の場合は通用しない。鉄道、ゴルフ場、ホテルなど幅広く事業を展開しているオーナー社長は、地方の事業所へ行くときヘリコプターを利用していたが、あるとき〝女性秘書〟と目的地へ向かう途中で不時着してしまった。『週刊テーミス』がこの事実を記事にすると、社長が激怒しているという話が伝わってきた上、間もなく広報部長が更迭されたのである。業界には広報部長が責任を取らされたという話が一斉に広がった。社員を張り倒したり、政財界に影響力を誇った社長だったが、それから五年、大規模な脱税が発覚して、社長は逮捕されてしまった。その途端、内部から女性問題を含むたくさんの情報が司法当局やマスコミに寄せられることになった。

伝統ある大企業や厳しく統制を敷いた組織であっても、「内部告発」がたいへん増えていることを認識しておかなければならない。トップは、自分のスキャンダルが発覚したときはもとより、企業の不祥事が表面化したときなどに、すぐ広報部長を呼びつけて「誰が漏らしたのだ」、「どうして外部へこうした情報が流出したのか」などと怒鳴ったり、叱責する場合も多いようだ。しかし、広報部や総務部などがどんなに管理を強め、口を酸っぱくして社内に箝口令を徹底させても、内部情報はいつか必ず漏れるものであるということを改めて認識させておくべきである。

またトップの姿勢や言動がそのまま、企業の姿勢に反映されるということも承知しておかなければならない。したがって、企業における「広報の仕事」とは、結局、会長や社長というトップの姿勢を反映したものであるということだ。

広報担当者の「情報」がトップの判断を助ける

二〇〇二年、雪印食品が解散に追い込まれた。牛海綿状脳症（BSE）対策として、牛肉産地偽装に走ったことが発覚し批判を浴びた。しかし、この事件で違法行為に関わったトップも幹部も、会社が解散になることは予想していなかったのではないか。「会社のためにあえて実行（加担)したのだ」と自分にいい聞かせていた幹部の中には、一時は会社を辞めても、「犠牲者」として再び本社に帰るか子会社などに行けると思っていたのではないだろうか。

ところが、そんな「企業の論理」は通用しなくなっているのだ。雪印食品に続いて、食肉卸大手のスターゼンの佐賀パックセンターによる牛肉・鶏肉の表示違反が明るみに出た。加えて安い肉を高級肉に混ぜ、利ザヤを稼いでいた不正まで発覚した。さらに丸紅畜産でも輸入鶏肉を国産と偽って販売していたことが判明した。

企業の不祥事は、一つ露見すると、必ず連鎖するものである。それは、罪を告白することで胸中の後ろめたさを解消したり、免責を得ようとする心理が働くからである。その心理は個人でも、同じ業界内の会社でも、同じである。他社の不祥事がさんざん世間の指弾を浴びた後、自社の隠蔽が露見したら、批判は倍加する恐れがある。そのため、まだ他社への批判の余韻が残っているうちに、自己申告することで風当たりを弱めようとする意志が働くからである。

トップの指示にしろ、現場責任者の暴走にしろ、こんな反社会的行為が発覚した以上、全面的に謝罪し、責任をとり、再発防止を確約する以外にない。広報担当者は、そのための記者会見を設定し、公表する謝罪や処置の表現を含めた内容を作らなければならない。そのとき他社の前例を用意しておきたい。

二〇〇二年二月、外務省の不祥事は、幹部の公金流用事件から鈴木宗男代議士を巡る疑獄事件に進展する気配を見せていた。当時の川口順子外相は調査委員会を設置したが、そのキャップに判事出身を充てた。前述のスターゼンでも、社内に設けた調査委員会のキャップは弁護士である。

これまで企業の不祥事は、社内の総務や広報担当者が調査にあたることが多かった。これでは、かつての上司や年長者の疑惑を、厳しく追及することはできない。調査も中途半端になるし、板挟みになった調査担当者が自殺することさえあった。それらの反省をふまえ、外部から起用するようになったのは進歩である。

企業の不祥事で、捜査当局が本格的な捜査を始めた場合、広報担当者は、当局が標的としている幹部、家宅捜索の有無などを可能な限り正確に掴んでトップに上げるよう務めたい。もちろんトップは、元検察・警察幹部の顧問弁護士などを通じて情報を得ている。しかし、元検察・警察幹部などの情報は現場の狙いや意欲に疎いのが欠点である。また不祥事の拡大を恐れるトップの意向に迎合して、甘い観測情報を上げがちである。

合併前の第一勧業銀行の利益供与事件では、立ち入り捜査に続き、トップが続々と逮捕、起訴されたものである。このとき、トップたちは自分の周辺に捜査の手は伸びるわけがない、社内への立ち入り捜査はない、と高を括っていた。しかし、現場の警察や検察情報に強い社会部記者と接触していた広報担当者は、トップへの事情聴取や家宅捜索もあることを早くから告げられていた。トップや幹部は、初めは広報担当者の「情報」を信用していなかったが、次から次へと事実に裏付けられるのに慌て、やがて彼らの「情報」にすがりつくようになっていったのだ。

◆この項目のまとめ

①トップは広報担当を「汚物処理係」と見て理不尽な要求をしたり、新聞や週刊誌の記事を潰

すことは簡単で、それをするのが広報担当だと思い込んでいる。

②企業の違法行為や不祥事が発覚すると、出入りする経済部記者でなく、一見の社会部記者や週刊誌記者が押しかける。

③広告などをたくさん扱わせている広告代理店のスタッフに、マスコミとの対応を期待してはいけない。

④トップは自分のスキャンダルなどを取材されるとわかったときは、広報担当者に事実無根か否かを教えるべきである。また事実ならば、自分が陣頭に立つべきである。

⑤大企業の幹部候補生は広報を一度は体験させるのが望ましい。トップになったときの理解度が違う。内部告発や情報漏れは必ずあることを知るべきである。

4　トップのスキャンダルは必ずバレるものである

社長は誰も知らないと思っているが

一九九五年、当時のミッテラン・フランス大統領に、二〇年来の愛人との間に隠し子がいたことが、週刊誌で報道された。愛人の存在は、国内でも「公然の秘密」だったが、隠し子が写真つきで明らかにされたのは初めてだった。これに対し、政治家の間からは「プライバシーの侵害だ」と批判の声が上がったが、マスコミからは「大統領と親しい黒幕実業家が愛人の背後にいたから暴露した」という反論が出された。しかしその後も、政治家とマスコミの間で、政治家のプライバシーを巡る論争が続いたものである。日本でもプライバシー問題やスキャンダル報道のあり方は、真剣に考え論じられるようになってきた。しかし、この問題は、どこまでなら許されるが、どこからはいけないというように、完全に線引きできるようなものではない。結局、政治家や経営者側とマスコミ側双方の「良識」の問題になる。

一九六〇年代まで、政治家や経営者の「愛人の存在」が新聞や雑誌で暴露されることはほとんどなかった。一九七〇年代に入り、週刊誌、月刊誌、テレビなどマスコミが多様化すると共に、政治家や経営者の「公の部分」だけでなく「私の部分」にも、読者や視聴者の関心が高まってきた。特に経営者の地位の高まりと共に、人間性を含む私生活が報道の対象となってきた。

私は、次期社長を選任するときは、経営能力、実績、人格、金銭面での清潔度などの比較検討に加えて、過去・現在の女性関係についてもじゅうぶんに検証する必要があると思う。

社長に選ばれるくらいの人物なら、世襲による二代目ないし三代目のひ弱な御曹司や娘婿とは違って必ず男性的魅力があるものだ。たとえ彼が人並みはずれた権力志向の持ち主や出世欲のかたまりであったとしても、である。彼のそんなところに、プロの女性はもとより素人の女性でも必ず惹かれていくものである。その延長上で、男と女の関係になる場合も少なくないだろう。しかし、社長就任が決まった時点できっぱり交際を断つなり、仮に世間にばれた場合は、自分自身で堂々と申し開きができるようにしておくべきである。

殆どの社長は、二人の関係は世間に絶対に知られないと自信を持っている。しかし実際には、愛人と二人だけでいるところを目撃されていたり、二人の仲を物語る証拠写真やテープが出回っているものである。それが内部告発などでマスコミに漏れたり広がっていくのは、時間の問題であることを社長によく認識させておく必要がある。

ところが、かなりものわかりのいい人物でも、社長という権力の椅子に座ったときから、社員はもとより誰でも自分の命令や指示に従うものだと思い込んでしまうものだ。だから忠言や説得は、社内外にいる社長が心酔しているブレーン的な人物を通してしてもらうのが一番よい。そんな人物がいなかったり、社長が女性関係を自粛したり清算する意志がないときは、折りに触れてスキャンダルがばれたために失脚した他社の社長のケース、例えば二〇〇七年に部下との不倫が発覚して退任したベネッセコーポレーション社長のケースを教えてやればよい。

私は三人以上の人間が関与したり目撃した事件は、即座か多少時間がかかるかの違いこそあるものの、必ず露見するし、他人の知るところとなると思っている。一人で起こした犯罪や不祥事なら罪の意識にさいなまれこそすれ、その気になれば生涯隠すことができるかもしれない。

二人の場合、例えば社長と女性秘書が不倫していたとする。社長には社会的体面や家庭があって、秘密にしておかなければならない。女性秘書は不倫は不倫で割り切り、いずれ若い男性と結婚したいと考えているから、これも世間に知られたくない。この場合、二人の利害が一致するから、生涯、隠し通すこともできるかもしれない。しかしそれとて、女性秘書がやがて退社し幸せな結婚生活を続けることができればこそ可能であって、その後、離婚などで経済的に苦しくなってきたりすると、女性秘書の側から社長にもらった恋文や二人で撮った写真などが流出するのである。

愛人宅での死亡が最小限の報道ですんだケース

一九八五年、中川一郎氏の自殺から約二カ月後、政治評論家のT氏がホテルニューオータニの一室で急死した。私は一週間前に会ったばかりだったが、朝のニュースの画像をみながらやや肥った体躯を思い出し、「心臓麻痺かな」と思ったものである。しかし、次の瞬間「もしや」とある死因を思い浮かべた。その日の昼頃、友人から「T氏の身内から聞いたが女性と一緒にいて亡くなったようだよ」という電話があった。夕方、神奈川県下にあるT氏宅の通夜に行ったところ、ざわめきの中にも何か明るさがあった。友人たちと「男の死に方としては本望だったな」と話し合ったものである。

T氏は党人派の田中角栄氏や中曽根康弘氏らに近いとみられていたため、一部で政治的に殺されたのではないかという見方も飛んだほどである。一緒だった女性の素性についても面白おかしく噂する者もいた。しかし、実弟で作家のK氏が直後に発売された週刊誌で、兄のT氏の死因を認めたため、中川氏の場合のように心ない噂が飛びかうことはなかった。その週刊誌の中で、T氏夫人が「凧は糸を緩めないと、天高く舞い上がらない」というコメントを出していた。これに対しても友人たちは「さすが賢夫人だな」と話題にしたものである。

最愛の夫や父親に急死されたのだから、残された奥さんやお嬢さんには辛くて悲しい出来事だったに違いない。できれば死因も隠したかっただろうと思う。T氏が変死した直後に、解剖が当然なされているわけで、そこには大勢の人たちが立ち会っていたはずである。中川氏が救急車で運ばれたときと同じように、複数の人たちの目に触れた以上は、必ず死因が漏れるものである。それを奥さんや実弟の賢明な判断が、興味本位の事件となるところを未然に防いでしまった。

ある大企業の御曹司社長は生来の気の弱さから酒を飲み過ぎ、不摂生もたたって糖尿病になり会社もしばしば休んでいた。そんな最中、気の合った仲間たちとウイークデイにゴルフに出かけ、そこで倒れてしまった。極秘のうちに病院にかつぎこまれた社長は数日後に亡くなってしまったが、平日のゴルフ場で倒れたことが広く知られたら、関係会社や社員からどう思われるかわからない、そう考えた一部の幹部によって自宅で倒れたと報道されたものである。

いかにも小心翼々たる幹部たちらしい判断と処理だが、これとてゴルフ場関係者の口を閉ざすことはできない。やがて少しずつ真相が漏れ始めたのである。真相を知った関係先や社員は「あの御曹司社長なら」と改めて、社長への評価を下げると同時に、それを隠し通せると思って隠蔽工作をした幹部に対して不信を募らせたものである。

テレビのワイドショー番組の中などで、殺人事件が発生した家の近所に住む人々が、マイクを向けられると、被害者や加害者の家庭環境や人柄などをあれこれ喋りまくっているのを見ることがある。人間は自分が見たこと、自分が知っていることを、他人にあれこれ話したくて仕方がないのである。「ここだけの話だが」とか「あなたにだけいうのですよ」と前置きしながらも、無責任な噂や憶測を交えて喋りまくる人が、あなたの周辺にもたくさんいるはずである。

すでに指摘したことだが、事件に直接関係して責任を問われる立場にあるような人は、かえって口が重たくなるものである。また発言しても自分の責任を回避しようと考えているから、とつ弁になりがちである。ところが責任のない目撃者や責任が及ばない関係者は、喋っているうちにどんどん話を誇大化させていくところがある。あるいはテレビのレポーターや新聞記者の興味を引こうとして、さらに話を面白おかしく作りだしていくところがある。だからある時点で事実を率直に公開したほうが、その後の無用な憶測や、スキャンダラスな噂をシャットアウトすることができるのである。

会社のトップや広報部長の中には「わが社の社員が社の秘密、あるいは社の不利になることを喋るわけがない」などと呑気なことをいったり、信じ込んでいる人もたくさんいる。しかしすでに指摘したように、極秘書類や極秘テープが、忠誠心の薄い若い社員や、人事に不満を持つ中堅幹部によって「告発」の形をとって、マスコミにどんどん流されているというのが実情である。だから会社のスキャンダルはもちろんのこと、トップの極秘のプライバシーについても、幹部の一部しか知らないはずだと思い込んでいたら大きな間違いである。「絶対に知っているわけがない」とか「そんな事実はまったくない」などといい切ったりしないことである。

これもすでに述べたことだが、新聞、週刊誌、テレビの中には、そういったトップのスキャンダルなどの全容を完全に入手しているのに、とぼけて取材にかかる場合もある。そんな情報を提供するのは、何も社員だけではない。自分の新聞に書けない全国紙の記者が週刊誌に売り込む場合がある。また広告やその他の面で世話になっている業界紙の記者が、自分のところでは発表できないため、週刊誌やテレビに売り込み、そのうえでマッチポンプで止めにかかったりすることもある。彼らは、ふだんからあなたの会社やトップの周辺に出入りして、極秘の情報を提供してくれる情報源も持っていることが多いのである。

愛人を誇示したがる幹部もいる

京都に本社を置いて急成長を遂げた大企業がある。そこの社長が、女性秘書と男と女の関係になっていることが、ある週刊誌にスクープされたことがある。その会社は、多くの雑誌に自社製品の広告を出していたために、噂として一部には流れていたが、週刊誌が取り上げるところとはならなかった。また、社長本人も社の業績が良いこと、たくさんの広告を出していることなどに驕って、自分と女性秘書との関係は絶対に社外に漏れない、また社内でも気付いている者はいないという妙な自信を持っていた。

しかし、トップと女性秘書の関係は社員の目に触れ、社員の間では口にこそ出さないものの、広く深く浸透しているものである。従って何かきっかけがあれば、例えば人事や給与への不満があったときなどに、トップのスキャンダルといえども、どんなに箝口令を敷いておいても漏れるものだということを承知しておいたほうがいい。

私が、若い愛人を持っているある中堅企業のオーナー社長に聞いたところでは、男というものは、若かったりきれいな愛人ができると、奥さんや周囲に知られてスキャンダルになることだけは避けなければいけないと思う反面、誰かに「俺にはこんな可愛い愛人がいるんだ。どうだモテるだろう」と自慢したくなるというのである。彼はさらに続けて「だから『フライデー』などに愛人と一緒のところを撮られた有名人の中には『弱ったな』と困惑しながらも、心のどこかでは『よかった』とホッとしている人も多いと思う」と語ったものである。

一九六一年頃に担当した今東光氏は、六〇歳を過ぎていたものの作家としては脂が乗り切っており、その頃、上京する度に、若い女性から清楚な中年女性まで同伴していたものだが、明らかに私たちに見せつけようとするところがあった。山梨への講演旅行にお伴をしたときは、私の目の前で、一流会社の女性秘書とふざけ続けていたものである。

ある大企業の社長は、副社長時代、自社製品のモニターを志願してきた四〇代後半の女性と仲よくなった。彼は社長昇進確実とみられていただけに、将来を考えて秘密にしておかなければならなかったのに、有頂天になって、労組幹部も出入りするクラブへ同伴したり、地方出張のときも連れていったりした。諫言《かんげん》する人もいたが、彼は太っ腹を気取り、見せつけるようにデートを繰り返していた。労組幹部は「いつか役に立つだろう」と思って、そんなところを写真に撮っていた。やがて社長昇進が近づいた頃から、労組は経営側の先頭に立った副社長を攻撃するため、「社業をかえりみないで女にうつつを抜かしている」と、二人がデートしている写真つきの攻撃文書をばら撒いたのである。

ある週刊誌がそれらを基に取材を開始したが、大企業側が、労組の情報提供は交渉を有利にするための「不法行為」だと出版社に働きかけ、記事の掲載は中止されてしまった。しかし、この取材には、数人の社員編集者と取材記者が加わっていたため、経緯が暴露専門の業界誌に流出して記事になってしまい、かえって傷口を広げる結果になってしまった。

広報担当者が苦労したトップの女性スキャンダル

トップの女性スキャンダルを隠したために、その社の広報担当役員や広報部長がたいへん苦労したケースがある。立派な経営哲学に基づいて一代で大事業を成し遂げた創業者がいた。この創業者の生き方、考え方は、多くの経営者やビジネスマンを啓発をし、マスコミなども「経営の神様」だと賞賛したものである。

この創業者の友人の自伝を読むと、戦前、花街で芸者を交えてどんちゃん騒ぎをしたことなどが書いてある。中企業から大企業に発展していく過程で、ときにはストレス解消のために、創業者といえども気を許した相手と遊ぶこともあったろう。その過程で、創業者にも愛人ができ子供まで儲けてしまった。ところが戦後、この創業者のイメージが聖人君子的な大経営者として定着してしまったため、本人も周辺も、いまさら実は愛人や子供がいたのです、といえなくなってしまった。そこにつけ込んだのが総会屋や情報紙・誌だった。この会社の広報部長からしみじみ話を聞いたことがある。

「毎年、株主総会が近くなってくると情報紙のA氏とB氏が『愛人について話をお聞きしたい』とやってくる。苦心して折衝し、いろいろな面での便宜を図ることを約束して、お引取りを願う。翌年の株主総会が近づいてくると、今度は別の情報紙のC氏とD氏が現れ、同じことを聞いてくる。やはり丁寧に応対してお引取りを願う。翌々年になると、さらに別の情報紙のE氏とF氏が、やはり愛人について話を聞かせてくれとやってくる。三年から四年で一回りすると、またA氏とB氏がやってきたものでした」

広報部長でこの程度だから、総務担当のところにはもっといろいろな人たちが押しかけていったのではないだろうか。創業者のスキャンダルは隠し通せるものではないとわかった以上、ある時点でその事実を公表しておけば、会社も広報部長も総務担当も、まったく苦労しないですんだのである。創業者のスキャンダルを隠そうとしたために、一部の社員を汚物処理要員にさせてしまったのである。創業者の若気の過ちが公表されても、氏の人格、業績、アイデアなどを賞賛し認めている世間は驚くこともなかったろう。それを最初に隠してしまったために、その綻びを繕おうとして、さらに綻びが広がってしまったケースである。

日本でも、大きく変わったなと思うことは、成年男女の自由な恋愛であれば、公私混同などの事実がなければ、それが仮に「不倫」であっても、すぐに報道されなくなったことである。読者のほうも成熟してきたし、日常生活のほうがドラマチックになったということもある。しかし、アメリカでは、学界もマスコミも「政治家に聖域はない。公共性とプライバシーの境界は不鮮明になりつつある」という意見が強い。日本でも、政治家はもとより経営者に対しても「公」に関わるプライバシーへの関心は高まっている。

特に経営者の「女性スキャンダル」の場合、①愛人が秘書など社内の女性である、②愛人を巡って公私混同した経営をしている、この二つのケースの場合は、糾弾されても仕方ない。三越元社長の岡田茂氏のケースのように、中小企業だけでなく、大会社や一流企業の経営者でも、「愛人」を直接間接、経営にタッチさせているところは多い。こんな場合に、取材を始めたマスコミと交渉させられる秘書や広報部長は、いくら宮仕えとはいえ辛いものである。無責任な評論家なら、「トップに直言してこそ」などとご託を並べるが、実際にはなかなかできないことである。

しかし、次のことはできるし、必ずしておかなければならない。

一、まず、そんな経営者は失格でありいずれ失脚する。そう腹を決めたうえで、自分だけは見苦しい言動はしないと決心する。

二、経営者に、取材も報道もすべて無視するか、何か世間の共感を得られる釈明があるなら（本妻と一〇年以上別居しているなど）それをするか、本心を確認しておくことである（絶対に独断専行してはいけない。後でトカゲの尻尾切りをされる恐れがあるから）。

三、公私混同という批判に対抗できるデータがあるなら、それを中心にマスコミに丁寧に説明する。

四、一誌だけで記事になっても、業界紙・誌を含めて他紙・誌で連続して取り上げないように可能な限り手を打っておく。

◆この項目のまとめ

①社長になるほどの人物には女性も惹かれる。不倫がばれたときの自身の申し開きができるようにしておくべきである。

②諫言や説得はブレーン的人物を通してしてもらう。また、失脚した他社の社長の例を話すことである。

③ある時点で事実を率直に公開したほうが、その後の無用な憶測やスキャンダラスな噂をシャットアウトすることができる。

④情報提供者は社内の不満分子だけではない。自分の新聞や雑誌に書けない新聞記者や業界紙の記者が週刊誌やテレビに売り込む。

5

奥さんや愛人が「情報提供」するとき

社長を退陣に追い込んだ不倫事件

あなたの奥さん、愛人、周辺の人たちも、ときと場合によっては「恐ろしい内部告発者」になる。有名なスポーツ選手やタレントの婚約が発表されると、週刊誌や月刊誌の編集部へ必ずといってよいほど「実は私とも結婚の約束をしていたのに」とか「私と熱愛していた」といった電話や手紙が舞い込んでくる。

『フライデー』編集長をしていたとき、当時大相撲の人気力士だった若嶋津が歌手の高田みづえとの婚約を発表した。すると、大阪に住む若い女性から「彼と私は婚約していた。証拠の写真もある」という電話があった。編集部員を派遣すると、ちょっと水商売ふうの女性だったが、ぽっちゃりとした顔の可愛い女の子が、若嶋津とパジャマ姿で抱き合ったり、じゃれ合っている写真を何枚か出してきて、「私にも『結婚しよう』と何べんもいっていたのに」と泣き出したという。

この写真は若嶋津のいい分も入れて掲載したが、さして話題にはならなかった。大相撲の世界では、こんなことは珍しいことでも何でもなかったらしい。

タレントや相撲取りの場合、愛人が出現してもまだ〝浮き名儲け〟的なところがある。芸能人やスポーツ選手の離婚や婚約不履行で、億を超す金が支払われたこともあるようだが、最近はそのためにイメージが大きくダウンしたとか、その後の仕事が特に減ったということは聞かない。しかし相手が企業のトップとなると、マスコミに取り上げられて、企業の大きなイメージダウンになるし、本人の受けるダメージも大きい。

俳優上原謙の奥さんだった大林雅子さんのケースを覚えているだろうか。彼女の告発によって、シキボウ社長・山内信氏と雅子さんの不倫とその後の騒動が、週刊誌やテレビに大きく報道され、一種の社会的事件ともなった。その結果、シキボウは大ダメージを受け、山内氏はついに社長退任にまで追い込まれてしまった。一方雅子さんは有名人になって著書まで出し、それがベストセラーにもなった。山内氏は、交際中、雅子さんに誘われるまま旅行に出かけ、旅館の浴衣姿でツーショットの写真を撮ってしまっていた。この写真が、二人の不倫を証明する証拠となったのである。

『フライデー』編集部に、人気が出だした頃の明石家さんま氏と東京のホステスA子さんのじゃれ合っている写真を、当のA子さんが売り込んできたことがあった。何度かの交渉の後に、しかるべき掲載料で写真は編集部に渡されたが、当時のA子さんには、経済的に苦しい事情と背後に新しい男の存在が感じとられた。しかし、接触した編集者には、A子さんが世慣れたホステスとはとうてい思えなかったという。交渉中に、何回か写真を渡すことを逡巡したらしいが、それはさんま氏とのことが明るみに出ることに悩んでいるふうにみえたという。ところが、これは編集部を焦らせて、掲載料を少しでもつり上げようとする作戦だったらしい。

それから数年後、そのA子さんが、大阪に本社がある電機メーカーの、かつて関係のあった御曹司から、二人の関係をマスコミにばらすと脅して大金を受け取っていたことが明るみに出たのである。事件がマスコミでも報道されたため、会社のイメージをダウンしたとして、御曹司は子会社へ飛ばされてしまった。

A子さんの告発は、企業のトップとタレントを巧みに使い分けている。さんま氏に写真があると迫っても有名税の一種ぐらいに扱われ、相手にされなかったろうし、一文にもならない可能性が大きかった。そこで週刊誌へ一方的に売り込んで、掲載料をものにしたのである。一方、電機メーカーの御曹司との関係を週刊誌に話したところで、謝礼の額は知れている。こちらは、二人の仲をマスコミにばらすと脅したほうが効果的である。この作戦で、御曹司側から密かに大金を受け取ることに成功したのである。

その後、A子さんはあるプロ野球選手を恐喝していたことも明るみに出て、ついに逮捕されてしまった。こんな具合に、マスコミにこそ報じられていないものの、クラブのホステスなどに手を出した挙げ句、多額の慰謝料を払わされている企業の幹部は大勢いるはずである。

企業幹部は、愛人には会社の不祥事、人事の経過、新製品のことなどもついつい喋ってしまうものらしい。二〇〇二年に九五歳で亡くなった経営評論家の三鬼陽之助氏から聞いた話だが「株の売買は社長の愛人に聞け」という〝名言〟があるという。愛人宅でくつろいだ幹部は、極秘の画期的な新製品のことや増資の計画を、寝物語につい漏らしてしまうことが多いというのだ。だから、愛人から耳うちされた一番ホットで正確な情報をもとに株を売り買いすれば、絶対に損はしないというわけである。

パフォーマンスで不倫の仲の御曹司を告発

また、社長と愛人が別れた後、彼女が経済的に安定した生活を送っていれば、二人の秘密はそのまま誰にも知られずに終わることになる。ところが、慰謝料や手切れ金が思っていたより少なかったり、別れた後に彼女の生活が苦しくなってくると、二人の不倫関係や彼女が知り得た会社の秘密が、マスコミに流れ出てゆくのである。

銀座の高級クラブのホステスが子供を連れ、ある大企業のビルの入り口で、数個の大きな紙袋に「御曹司の○○専務、子供を認知せよ」と書いた紙を貼りつけ、座り込んだことがある。彼女は大きなサングラスで顔を隠していたが、三歳ぐらいの子供は何も知らずに周りを走り回っていたものだ。昼休みで外出した社員はびっくりして遠巻きに見守っていたが、このパフォーマンスはたちまち社内外の話題になり、近隣のビルからもサラリーマンやOLが見物に押しかけたりした。御曹司から思っていたような慰謝料と養育費が取れなかったホステスが、新しい恋人となっていた雑誌記者の入れ知恵もあって、社前でのパフォーマンスを展開したものだった。

このスキャンダルが、写真入りで週刊誌に掲載されたため御曹司は降格され、雑誌への掲載を阻止できなかった広報部長も左遷されてしまった。このホステスは、御曹司を狙って男と女の関係になると、「奥さんにばらす」といっては多額の手切れ金を取る常習犯だった。

また『フライデー』に、ある演歌歌手の元愛人が、二人のセックスシーンを撮ったビデオを持ち込んできたことがあった。歌手に取材したところ、自分たちだということを認めたという。そこで写真と原稿を印刷所へ送ったが、当日、昼頃になって演歌歌手がマネージャーと一緒に、私を訪ねて来た。「こんな恥ずかしい写真が世に出るなら、もう歌手をやめる」という。私は、もう時間的に掲載中止はできないと伝えたあと、歌手のキャラクターからユーモラスな扱いにしたほうがいいのではと考えた。そこで、文章を遊びの多いものにし「歌手自身も間違うほどの〝そっくりさん〟が愛人とのセックスシーンをビデオに撮っていた」と変えてみることにした。

「テレビのレポーターが来たら、あれは双子の弟じゃないかと思いますよ、とでも話しましょうか」――演歌歌手も、テレビのレポーターが押しかけることを予想して、こう笑っていた。私が別れ際に「ビデオの出所はわかっているでしょう。いまとなっては高い買い物になるかも知れませんが、思い切って買い取っておいたほうがいいと思いますが」というと、彼は大きくうなずいていた。

別れた奥さんや愛人が、その後安定した生活を送っているうちはいいが、このように、経済的に困窮したり、新しい男ができたりすると、二人しか知らないはずの秘密も流出すると考えたほうがよい。愛人からのものに限らないが、内部告発や情報提供を受けたマスコミは、当然のことながら裏付けの取材を開始する。

読売ジャイアンツの有名投手の愛人と名乗るB子さんが、彼との交際の経緯や金銭面でのケチなことなどを聞いてほしいと、『フライデー』に売り込んできたことがあった。投手の周辺から話すなと脅迫されて家にいられないと怯えるふうだったので、ホテルに一室とって話を聞くことにした。

編集部員が数十分間話を聞いただけで、細部になると矛盾が出てきたり、明らかに嘘の話が混じるようになったという。部員がそれらを衝いていくと、ロビーや廊下に人がいるようだからと下手な演技をしたり、話がさらにシドロモドロになったという。部員は、B子さんと有名投手との交際はまったく嘘ではないだろうが、記事にするほどのことではないと判断し、彼女から話を聞くことを中止した。すると数日後、次号の『週刊現代』の企画案の中に「B子さんの告発手記」があるではないか。私が『週刊現代』編集長に、B子さんの話は取り上げるに価しないと伝え中止させた。

間もなく『週刊現代』と部数を競う他社の週刊誌が、B子さんをホテルに泊めて話を聞いているという情報が入ってきた。B子さんが次々に売り込んでいるのである。しかし、その週刊誌も、結局記事にはしなかった。やはり、B子さんの話に信憑性がないことに気付いたのである。ところが、一カ月後、実話やスキャンダルが売り物で、部数も少ない別の週刊誌に、B子さんの告発手記と銘打った「私と〇〇投手の仲」というタイトルの中身のない記事が掲載されたのである。

最近は、このように「情報提供」や「内部告発」も、最初は評価も高くて部数も多いメディアを狙うものの、そこで不採用になると、次のランクのメディアに流れ、そこでも採用されないとなると、さらにスキャンダルや噂だけを羅列するランクの低いメディアへ、と流れていく傾向にある。雑誌のランクが下がるにつれ、当然、裏付け取材や当事者への確認も甘くなり、杜撰になっていくのである。だから、広報も企業や社長の誤れる情報やスキャンダルを、一流の新聞や雑誌にきちんと説明してわかってもらったからとか不掲載になったからといって、安心していてはいけない。内部告発する人たちは、カネを得るために、あるいは狙った相手にダメージを与えるために、なんとしてでもマスコミに取り上げてもらおう、記事にして発表させようと必死になっているのである。だから、いわゆる実話雑誌やスキャンダルを売り物にする夕刊紙などにも、注意を怠ってはいけない。

夫の不倫を妻が文書で告発したとき

社長の秘密を、誰よりもよく知っているのは社長夫人である。どんな優秀な秘書や若くて可愛い愛人でも、情報量においては奥さんにはとうていかなわない。何十年も連れ添った奥さんが、夫の弱点や不祥事を暴露することなんかあり得ないと考えている人も多いだろうが、現実にはあるのだ。社長である夫が、会社内の労使関係や贈収賄事件などで窮地に立ったときには、奥さんは夫と共に体を張ってでも頑張るものである。しかし、夫に愛人ができたときだけは違うようだ。嫉妬から憎悪に高じてゆき、夫の人格や会社での業績まで含めて、暴露・告発することになる。それも家庭裁判所の調停などで内々にすませようとしないで、マスコミを利用することも珍しくない。

ある放送局の社長が、若い女性秘書と男と女の関係になった。それを知った奥さんが、「糟糠の妻を捨てて若い女性に走った夫の冷酷な仕打ち」とガリ版刷りの文書にした。しかも奥さんは、その文書を、自分自身で、早朝、社の玄関前で、出勤してくる夫の会社の社員たちに配ったのである。「社長の不倫」と「奥さんの告発」は、たちまち社内外で大きな話題となり、新聞記者時代に、スクープを連発するなど敏腕でならした社長も抗するすべもなく、ついに退陣せざるを得なくなった。

有名な経営者や政治家の中には、長い間、性格の不一致などで奥さんと別居しているものの、意地になった夫人が「離婚」の判を押さないため、ひっそりと愛人と生活しているケースも多い。それらは、マスコミや業界の一部ではよく知られていても、個人のプライバシーとして公表されることはまずない。しかし、次のような場合には、それが漏れて出てくることもあるから用心しなければならない。

ある企業が新製品を大々的に発表をしたが、欠陥があることが判明し、新聞などでも叩かれたため間もなく回収された。このとき、欠陥商品を生んだ原因は社内の杜撰なシステムにあるという指摘が多かった。ところが、間もなく「実は社長が若い愛人にうつつを抜かしていることが、会社を弛緩させている大きな原因である。それも欠陥商品を生んだ理由の一つだ」という「内部告発」が、ライバル企業から雑誌の編集部へ送られてきた。

『フライデー』に、さんまとA子さんの写真が掲載されたときも、すぐ後に、別のある大電機メーカー幹部から「まだ表面化していませんが、あのA子さんは○○電機の御曹司を脅かして金をとったという噂ですよ」と打ち明けられたことがある。マスコミなどより、同業者間のほうが情報が早いという一例である。

ある一流会社の役員は、奥さんと別居して愛人のところへ入り浸っていた。奥さんの夫への愛情はとうに冷めていたが、夫と愛人が憎くなった奥さんは、嫌がらせのために二人の関係を、いくつかの週刊誌に売り込んだ。しかし、一流会社の役員というだけで、特に話題性があるわけではない。まったく反応がないのに怒った奥さんは、調査事務所に頼んで、愛人のマンションから出てくる二人の写真を撮ってもらうと、男名前で会社の夫の許へ送りつけたのである。

写真には「二人の不倫関係を週刊誌にばらすぞ。間もなく会社にはいられないだろう」という手紙がついていた。驚いた役員が弁護士を通じて週刊誌の編集長に会ったところ、すでに女の声で売り込みがあったことがわかった。役員は自分の妻が告発者だったことに初めて気付き、慌てて善後策を講じたのである。よく告発者は「週刊誌に売り込むぞ」とか「すでに週刊誌が取材を始めたぞ」などというが、実際には、そういうケースはあまりない。慌てふためいたりしないで、弁護士や警察に率直に相談することである。

ある新聞社の社会部記者から、月曜と木曜に会議を開くが、新しい情報は圧倒的に月曜が多いと聞いたことがある。週末に会社を休んだ記者が、小学生や中学生の子供と食事したときに、思いがけない情報に接するというのだ。「○○君のパパの会社で、こんな事件があったそうだ」とか「○○さんのお父さんの会社でもの凄い新製品が発売されるらしい」といったものである。

最近の新聞記者の中には、記者クラブ制に安住して、自分の領域だけをルーチンワークでカバーしている者が多い。そんな彼らにとって、子供の何気ない話の中には、新鮮で刺激的な情報がたくさんある。「これはいける」というわけで、月曜日の会議が活気づくという次第である。

約四〇年前、ある新聞に、都下の小学校で、音楽の教師が、当時流行していたマヒナスターズの「お座敷小唄」を児童に歌わせたため、父母の間で大問題になっているという記事が掲載されたことがある。都内版だけだったが、記事の波紋は数日間も続いた。この記事の端緒は、「お座敷小唄」を歌わせられた児童の親の中に新聞記者がいたからだった。

新聞記者や雑誌の編集者の子供が、何気なしに話したことが、あなたや企業の不祥事をあばくきっかけになることはじゅうぶん考えられる。ということは、公務員から会社員まで、家庭で、特に子供の前で、気軽に自分の組織内で起こったことを喋ってはいけないということである。子供は、親の話を小耳にはさんだまま友達にちょっと自慢気に話すだけだが、波紋は意外に大きく広がるものである。

最近は、政治家、経営者から、スポーツ選手、タレントまで、愛人がいようが、不倫しようが、それが「個人のプライバシー」の範囲内であるなら、「大人の恋愛」として世間の理解も深まってきている。マスコミも、自重した報道をする傾向にある。しかし企業の不祥事や社長のスキャンダルを、マスコミを通して「告発」しようという人は急増している。それは、企業の社員、中間管理職、役員から社長夫人、愛人に至るまで、ますます広がっている。

◆この項目のまとめ

①タレントやスポーツ選手には「浮き名儲け」的な愛人の告発も、政治家や経営者の場合は「イメージダウン」となりダメージが大きい。退陣に追い込まれることもある。

②不倫相手とのツーショット写真やビデオの保存や処理には慎重でありたい。相手がマスコミ

に売り込むときの証拠になる。
③過去の不倫などが明るみに出るのは、別れた後の相手の生活困窮やその後の男性関係が原因である。慰謝料・手切れ金をケチってはいけない。
④スキャンダルは一流誌から二流誌へ、さらに三流誌へとランクの低いメディアへ売られ流されていくから用心したほうがよい。
⑤「個人的プライバシー」保護は進んだといっても、企業トップのスキャンダル告発は増加している。

第6章

緊急事態での危機管理&広報戦略

――広報マンを襲う「不測の事態」に備えろ

1 突発事件を乗り切るために

雪印食品事件にみる広報マンにできること

二〇〇二年、雪印食品で、輸入牛肉を国産牛肉と偽って国に買い取らせていた詐欺事件が発覚した。これだけでも違法だが、続いて他の食肉も日付や生産地を偽ったラベルを貼るなど数々の不正が明るみに出た。

雪印食品の違法行為は、企業の危機管理のあり方と対処の仕方を考えさせる多くの「教訓」を含んでいた。従って〝他山の石〟として検証する必要があると思う。

まず指摘したいことは、二人以上が関わった不祥事や違法行為は必ずバレるということである。偽ラベルの張り替えなどは、数年前から歴代の責任者の黙認のもとで実行されてきたという。数人どころか、何十人が関与していたり知っていたのだから、告発や漏洩は時間の問題だったのだ。いわば確信犯である。ところが手口ときたら、社員や下請け会社にも簡単に見抜かれる稚拙なものだった。それでも長年にわたって続けてきたのは、バレることはないと高を括っていたか、世間に露見しても、そのときはそのときだと開き直っていたとしか考えられない。

雪印食品の場合も、最初の不祥事が発覚するや、それに触発されるように次々に不祥事が連鎖して明るみに出た。これは企業犯罪発覚の典型的なパターンである。親会社である雪印乳業の場合も、前年の二〇〇一年、食中毒事件の発覚から次々に不祥事が明るみに出てしまった。

これは、組織がいったん崩壊し始めると、まず社員の忠誠心が低下すること、権力を握っていた主流派に反発する勢力が内部から告発を始めること、自己防衛本能が働いて上司への申告や捜査当局への告発が増加すること、この三つの理由による。幹部から社員まで、責任追及から逃れようという欲求が強く働くからである。

雪印食品の不祥事は、完全に組織ぐるみの様相を濃くしていた。なぜ安定しているはずの大企業のトップや幹部が、こんな不祥事をしでかすのか。彼らとて、個人としては真っ当な倫理感を持ち、消費者や国を欺くような行為が「不正」であることは先刻承知している。

そうした常識や倫理感を麻痺させる〝魔力〟が、組織には潜んでいるのである。それはより昇進したいという欲求である。ポストが上がれば、より大きい権限と部下を有して、より大きい仕事ができる。さらに成功すれば達成感や征服感を得られる。

もう一つは、消費者のことを忘れ、国を欺いてまで企業に尽くそうという行為の底には、個人で他人の物を盗むときなどに自らを責める「罪を犯す意識」がないか、あってもごく薄いものでしかない。つまり、自分は組織のために働いているのである、企業のため社員のために、犠牲的精神を発揮しているのだという高揚感や使命感に捉われているのである。だから、常識で考えればすぐバレるようなことや、社会的指弾を浴びるようなこともしでかしてしまうのである。

こういう企業という組織の持つ〝病理〟は、トップが率先して排除する努力をするとともに、自ら実践して範を示さなければならない。特に企業の社会的責任は高まる一方である。組織のためという偽りの美名や業績主義とは決別しなければならない。

ところが、雪印食品事件や前雪印乳業の不祥事でも、当時の社長には食品会社のトップとしての見識もリーダーシップもなかった。指揮も発言も場当たり的だった。世間の指弾を浴びると、広報の対応が拙劣だったと、すぐ広報責任者を交代させたりしたが、トップや会社の方針がぐらついたままで、広報の対応だけをしっかりさせることは不可能である。こんな小手先の弥縫策が通用すると思っていただけで、トップも企業も失格だ。

雪印食品のトップと幹部は、親会社のこんなていたらくを身近で見ていながら、その教訓を学ぶことがなかったのが残念である。彼らは自分たちの会社を守ることにのみ汲々とし、反社会的行為に走ったのである。

まずトップに責任がある。親会社からの出向だろうが、食肉業界独特のしきたりもあろうが、トップになった以上、企業の社会的責任を痛感し不正は排除しなければならない。では、そのとき、広報担当者はどう行動すべきかである。まず、会社に不正があることを知った時点で、他社の過去のケースをあげ、それが発覚して社会的批判を浴びたことを、トップに進言することである。それをどう判断するかは、トップの見識と決断である。

そのとき、必ずつけ加えなければならないことは、二人以上の人間が関与したことは必ずバレるということである。

次に、調査は内部の人間ではなく、外部の、例えば顧問弁護士などに依頼することである。雪印食品の場合は、詐取に関わった部長に調査させ「不正はなかった」と報告させている。

三番目に、下手な隠蔽工作や小手先のマスコミ対策は絶対にしないことである。トップの中にはそれが可能だと思い込んでいる人がたくさんいる。

雪印食品の不祥事発覚の最中に、富山市に本社のあるトナミ運輸の社員が、会社に対し損害賠償の裁判を起こしたことが報道された。業界の談合を捜査当局や国会議員に告発したため、地方の研修所に、給料据え置き、仕事もないまま放置されたというのだ。社の幹部たちはこの間、何をしてきたのだろうか。一時の感情は押さえて冷静な処遇をしてこそ、組織で働く人間ではないのか。この事件で、広報担当者の出番はなかったのか。よく考えてほしいものである。

花火大会の大惨事から企業が学ぶべき危機管理

二〇〇一年七月二一日夜の「明石市民夏まつり」の花火大会で大惨事が発生し、幼い子供と無力な老人たちが死傷した。捜査当局は、大惨事は単なる事故ではなく人為的なものと認定し、当日の警備を依頼された警備会社、さらに明石市警察にまで家宅捜索を実施し、原因と責任の究明に当たった。

捜査の対象には、夏まつりの主催者である明石市も入った。私は、この事故を知ったときから、もしこれに類したイベントを民間会社が主催し、そこでこんな大惨事が起きていたら、世間から責任を厳しく問われたうえに、死傷者への補償問題が続発し、倒産に追い込まれていたと思う。

花火大会開催までの手続きと準備のあり方、さらに事故発生後の対応を検証することは、「危機管理」を考える最適のテキストになると思う。
一、まず明石市役所の担当者の行動が落第である。警察への準備依頼や相談に手抜かりがあった。報道によれば、二〇〇〇年大晦日のミレニアム花火大会での人出と混乱を予測していたというが、大きな誤りである。人出が、夏と真冬で、夕暮れと深夜で、まったく違うのは常識ではないか。大晦日の深夜なら若い人が中心だが、夏の夕暮れなら子供、老人、家族連れが圧倒的に多いことが当然予想される。警察や警備会社には、過去のケースから、イベントの種類、開催日時、開催場所と周辺の交通事情などで、人出と混乱予想のデータを持っているはずである。なぜそれを確認しなかったのだろうか。
二、警備会社の選定に誤りがあったと思う。過去に何回か依頼したことがあると、癒着が生じて警備計画の提出や見積もりに甘さが生まれる。幹部は部下から上がってきた計画を、公平公正に検証する義務があるが、この時は怠っていたとしか思えない。地元に支社など拠点のある警備会社を想定したというが、捜査当局によれば市内のマンションの一室で、正社員も常駐していなかったという。私は、市の担当者と警備会社の間に癒着があったと思う。複数の会社に警備計画を提出させるなど競争させるべきであった。
三、事故後に警備会社の現場責任者が、責任を転嫁しようとして虚偽の発言を繰り返したことは、人々の怒りと不信感を増幅させた。まず茶髪の青年たちが騒いだため混乱が増して惨事が拡大したという発言である。これは現場にいた人々によってすぐ嘘と判明した。さらに現場責任者は、警備員の人数についても水増し数を口にしたが、これもすぐに見破られた。

四、警察にも同様の驕りがあった。彼らは明らかにミレニアム花火大会での体験から人出や混乱を見くびっていた。そのため歩道橋のうえで大混乱が起こりつつあるという情報にも、迅速な対応をとらなかった。しかも、人々の批判を受けるや、主催者である市当局や警備会社から事前の綿密な相談や打合せがなかったと、責任を逃れるような発言を繰り返した。

警察と市当局または担当者との間で何らかのトラブルがあったかもしれない。市当局から正式の警備要請がなかったからとか、民間の警備会社重視が不満で、お手並み拝見を決め込んでいたかもしれない。それでも市民の生命と財産を守る義務がある警察は、常に万が一の事態を予測して行動すべきだった。

五、大惨事最大の責任は、やはり主催者である市当局の怠慢と無責任体制にある。第一、警察や警備会社と真剣に計画を練った形跡がない。人出と混雑予測をみても大甘だった。だから警備会社が提出した警備計画がミレニアム花火大会と同じものだったことも見抜けなかったのだ。

無責任なマスコミは無視するべきだ

その一方で、花火大会のPRだけは熱心だったようだ。各地の花火大会では人出による事故だけでなく、花火が観客の中に落ちて死傷者が出たことも、予備の花火に引火して花火師が死傷する事故もあった。さんざん煽り立てておきながら、警備ばかりか、さまざまな事故が発生することも想定できなかった市当局に、イベントを開催する資格はない。

企業が顧客を招いて主催したお礼の会や旅行で、もしこんな大惨事が起こっていたらどうなるか。くどいようだが、市役所という組織はあんな大惨事を引き起こしても潰れることはない。市長が責任をとって辞めたり、担当者が左遷されることはあっても、役所の行政機能は市民にとって必要不可欠なものだから存続が許される。ところが企業なら、世間から責任を問われ、製品は不買運動の標的にされ、賠償も請求されて、倒産する可能性はどんどん大きくなる。だから、イベントを開催する場合には、あらゆる危機＝事故を想定して、管理＝対応策を立てなければならないのである。

一、警備や規制は、過剰と思われるくらいでよい。無責任なマスコミや世間は「警官やガードマンが目立った」などと批判するが、事故が起これば「手緩い」と糾弾するのも彼らである。二〇〇四年の青森ねぶた祭りでも、これに類したことがあった。ここ数年、他所者の通称「からす」が乱入して祭りを壊していた。それを防ぐため、この年は警官を増やしたところ、マスコミから過剰警備だという批判が出たのだ。しかし彼らは、惨事が起きていたら「過去に学ばない」と非難する無責任な人たちである。無視してよろしいのである。

二、警察や経験豊富な警備会社と相談し、あらゆるハプニングを予測することである。群集心理は、ときに想像を超えた大惨事を惹起する。参集者が、流言や噂に左右されやすい子供や中高年の女性が多いときは、最初から細心の注意をしておくべきである。

三、航空会社や鉄道会社には大事故のときのマニュアルがある。それを取り寄せて検討し、自社の業務やイベントの規模・内容に合わせ、独自のマニュアルを作っておくのは、総務・広報担当者の義務である。これをいざというとき実効を上げさせるためには、事前に総務・広報を中心に事故を想定した訓練をしてみることである。

四、総務・広報部門に長く所属して、過去の事件・事故を処理した経験者を定年後も二〜三年は顧問の形で残すのも一つの方法である。彼らの知識と経験は緊急のとき必ず役立つはずである。

トップの素早い決断が批判や不満を払拭する

二〇〇三年八月、石原プロのテレビドラマ『西部警察２００３』の撮影中に、タレントが運転するスポーツカーが暴走し、見物中の観客にケガを負わせた事件があった。幸い死者は出なかったが、ケガをした数人は入院しなければならなかった。スポーツ紙ばかりか、一般紙でも報じられたこの事故に対して、世間は、石原プロがどんな対応を見せるか固唾を呑んで見守っていたが、石原プロの反応は素早かった。

社長の渡哲也氏が、負傷者を見舞ったのち、記者会見を開いて全面的に謝罪し、ドラマの制作中止まで発表したのだ。もちろん負傷者の治療費は負担する。渡氏は数日後、車を運転していたタレントも同道させて負傷者を見舞った。こうした素早い対応と処理に対し、世間とメディアの反応は好意的だった。特に渡氏が病室で土下座までして謝罪したことと、テレビドラマの制作を中止したことが高く評価された。

ここ数年、企業や組織で不祥事や事故が明るみに出たとき、このように素早い対応をみせたケースは殆どない。姑息な隠蔽工作を図ったり、現場幹部に対応させてトップ自身は逃げ回るなど、責任回避としか思えない言動が目立ったものだ。それが世間の反発を招き、メディアからは批判されて、イメージダウンは拡大していった。

この事故を報じた翌日のメディアの中には、石原プロ現場スタッフの言動を批判するものがあった。事故直後、現場を撮影しようとしたカメラマンに「撮るな」と命じたこと、さらに集まってきた観客を「寄るな」と制止したことなどである。さらに、運転の難しいスポーツカーに乗ったタレントはあまり練習もしないまま操縦していたことが判明した。しかも観客の前で恰好よく見せようとして急発進させていた。現場に慣れからくる驕りがあったとしか思えない。

こんな報道に「石原プロもいい気になっている」という感想が広がりつつあった。そんな批判や反発を、たった一日で払拭してしまったのが、渡氏の素早い行動だった。「誠実な姿勢に感動した」とか「ドラマの制作中止まで決めたのは早過ぎる」といった同情の声まで上がったのである。もちろんこの後も石原プロへの批判は続いた。渡氏の「亡き石原裕次郎の名前を汚してはいけないと思った」という言葉をとらえて、ある評論家は「いつまでも裕次郎を売り物にしている。一七回忌を派手にやったのもそうだったが、もう裕次郎離れをしてもいいだろうに」と批判した。

テレビ番組の制作を中止したことで、石原プロは何十億円かの損害を負ったというが、信用やダメージの失墜にくらべれば、いつかは取り戻せるものである。得たもののほうが大きい。

また、石原裕次郎という〝遺産〟を一般企業に置き換えれば「創業者精神」とも、築き上げてきた「伝統」ともいうことができる。事業の継承者が、創業の原点に返って不祥事の処理を決断したことは決して恥じることではない。

石原プロの事故を巡っては、さまざまな雑音こそあったものの、企業や組織の危機管理に大きな教訓を残したと思う。
一、事故または不祥事の全容が明白な場合は、トップはいち早く記者会見を開き、被害者への手当て、再発防止策などを速やかに発表すれば、批判や不満の噴出を防ぐことができる。
二、そんな場合でも、前述したように、噂や中傷を含めた非難の声が上がるものである。しかし、憶測などは真実の前には無力だから、やがて泡のように消えてゆく。したがってトップがこうと決断したら、必ず断行することである。
三、広報・総務担当者は、このケースを整理しレポートにまとめておくことである。企業や組織で事件や不祥事が発生したとき、もしトップが決断しかねていたら、ぜひ読ませることである。

◆この項目のまとめ

①三人以上がかかわった違法行為や不祥事は必ずバレる。
②不祥事の連鎖は企業犯罪発覚の典型的なパターン。組織が崩壊し始めるとき、社員の忠誠心の低下、主流派に反発する勢力の内部からの告発、自己防衛本能が働くことにより上司への申告や捜査当局への告発が増加するという、三つの理由による。社員のすべてに責任追及から逃れようという欲求が働くことによる。

③「昇進したい」欲求、「組織のために働いている」という高揚感&使命感は、ときに社会的指弾を浴びるようなことにまで社員を駆り立てることがある。

④警備や規制は過剰と思われるくらいでちょうどよい。マスコミや世間が「警官やガードマンが目立った」と批判しても、事故が起これば「手緩い」と糾弾されるのがオチだからだ。

2 国家に学ぶ広報戦略のノウハウ

テロが起きる前に考えておくこと

二〇〇一年九月一一日、米国を襲った同時多発テロは、世界中に衝撃を与えた。「想像を絶する惨事」とか「思いもかけぬ事件で言葉を失う」といった論評が目立ったが、歴史上の大事件は、すべて前例なく発生しているのである。この事件も「危機管理のあり方」に、多くの教訓と示唆を与えたと思う。

テロ実行者が自分の生命の安全をかえりみなかったこと、多数の善良な市民を巻き添えにしたこと、政治と経済の中枢に打撃を与えたことなど、確かに想像を超える大事件だった。しかし事件前には、いくつかの前兆もあったというから大惨事を防ぐ手段もあったのだ。

世界最強の情報力を誇るＦＢＩが、いくつかの前兆を見逃したのは「まさか」という油断があったからだと思う。

数日前から、日本や韓国の米軍基地を狙ったテロ情報があった。それが、テロ側の陽動作戦だったとしても、ＦＢＩは幅広く不穏な動きを警戒すべきだった。「米本土で、複数の民間機をハイジャックし、超高層ビルに突入する」ことを、ＦＢＩに予測し万全の対策を講じろというのは、確かに不可能であろう。しかし、あのテロと同じ性質の惨事が、もし企業を直撃していたら、総務・広報担当者はＦＢＩ以上に、各方面から厳しく批判されていたに違いない。何事も起こらなくて当たり前、何か事件が発生すれば責任を問われる部署が、トップ、役員、総務、広報部門だということは日頃から覚悟しておいたほうがいい。

今後は、まず会長・社長らトップを、生命を捨てて襲う人間が出てくると考えるべきだ。総会屋や暴力団なら、自分の生命が惜しいし、実はカネが目当てということも多いだろう。しかし、株式投資に失敗して多額の借金を負ったり、工場からの廃棄物で生活を破壊された人たちの憎悪は、どこまでエスカレートするかわからないからだ。

また企業に怨みを抱いた人たちの対象はトップだけでなく、幹部や一般社員にも向けられると予想すべきだ。大阪府下池田小学校の児童殺傷事件は、そうした事態が絵空事でないことを明白に示している。

広報マンが、まず着手しなければならないことは、表のメディアである全国紙、工場や支社のある県の地方紙、週刊誌、テレビ局に情報ルートを整備することである。

その次に大事なのは、怪文書やミニコミによって流布されるアングラ情報を入手するルートを作ることである。表情報を分析することで、相手の本当の狙いに迫ることができるが、アングラで得た裏情報はゲリラの狙いや手法を教えてくれることも多い。新聞の社会部記者や週刊誌の編集者は、アングラ情報の秘密ルートに精通していることが多い。距離を置いてつき合いながらも、絶えず〝水〟だけは注いでおきたい。

三番目は、地元警察と絶えず情報を交換しておくことである。最近は、レベルが落ちたという批判もあるが、何といっても公権力である。最新かつトップ級の情報が集まっている。署長とのつき合いは役員に任せ、現場の警察官、さらに彼らを通じて警視庁や県警本部に情報ルートを作っておくべきだ。

広報担当者は、集めた〝前兆情報〟を分析し、過去のケースを検討したうえで、自分の判断も加え、トップに上げることである。よく自分だけの判断で「これは事件にならない」と、広報段階で情報を止めてしまう人も多いが、これだけは絶対にしてはならない。トップが自分のルートで得ている情報とつき合わせた場合、パズルが解けるように重大情報が浮かび上がることがあるからである。

また、業界他社の情報にも絶えず配慮する必要がある。例えば、業界に共通する環境問題で、どこかの民族団体が動いていないか、市民団体に情報公開を狙った動きはないかなど、業界の根底を流れるアングラ情報を集めておかなければならない。この場合、業界他社の総務・広報部門との日頃のつき合い、業界紙とのコネがモノをいうのはいうまでもない。

組織、団体の動きから、暴走しがちな一匹狼の潜行活動まで、総務・広報担当者がカバーしなければならない範囲は広大なものである。したがって、あらゆる事件、事故、不祥事、抗議行動などに対して万全の対応を取ろうと思ったら、ノイローゼになるのがオチである。

可能な限りの情報網をつくり上げたら、トップ、役員と連絡を密にして、いざというとき迅速かつ誠実に対処することだけ確認しておけばよい。

イラク戦争が教える危機のときの広報戦略

二〇〇三年三月に開始されたイラク戦争は、バグダッドが約三週間で陥落し、とりあえず終結とされた。しかし、その後も米軍などを狙ったテロは絶えず、世界中の耳目を集めたこの戦争を、企業の危機管理の面から検証するのも意味があると思う。

まず、イラク戦争がいままでの戦争とまったく異なっていた点は「情報戦争」だったということである。

米英を中心とする多国籍軍が、開戦に踏み切る前から、多国籍軍側の戦略や戦術について、欧米のマスコミは予想を交えて詳しく報道していた。イラク戦争では、多国籍軍は約六〇〇〇人の記者の従軍を認めた。全情報を公開するのが、西側のマスコミ戦略とはいえ、大胆な決断だった。作戦の秘密や市民への誤爆などマイナス面も報道される〝両刃の剣〟になる恐れもあったからだ。

一方、イラク当局も、情報相などが連日、マスコミに登場して、市街地への誤爆を非難したり、国民の士気を鼓舞していた。両陣営が発信する情報には「宣伝」の要素も多分にあるから、マスコミはそれを割引するか注釈をつけて報道する必要があった。

ところが開戦直前、多国籍軍は一～二週間でイラクを制圧するという報道が広まり、それが既成事実のようになっていった。これは軍隊を派遣した各国には大きな誤算で、マスコミは案の定、開戦直後に進撃がやや停滞したとき、戦略が失敗だったと強く批判したのだ。実質的には約三週間でバグダッドを制圧したのだから大成功だったのだが、「短期決着説」があまりに流布されてしまったため、連合軍は一時、世界世論の反発を買う寸前までいったのだった。

これを企業に置き換えると、違法行為や不祥事が発生したとき、全容を掴む前に、早々と楽観的な見通しを発表してはいけないということである。悪い情報を隠し、甘い情報を発表した後に、より悪い事実が判明した場合には、世間からもマスコミからも、より厳しい批判に晒されるということである。

国家のトップには「説明責任」がある

当時の小泉純一郎首相は、開戦前から米英両国の決定を支持してきた。この姿勢を批判する世論もマスコミもあったが、首相の決断は揺るがなかった。ただ、首相の決断を批判する側はもちろん、支持する側からも、首相から「決断に至るまでの説明」がないという不満が噴出した。

アメリカのブッシュ大統領(当時)は、開戦前も後も、マスコミの前にひんぱんに登場し、国民に「今度の戦争の大義」を強調した。また、英国のブレア首相(当時)も、国内に根強い反対意見があったことに配慮して、議会などで何回も参戦の理由を説明した。

この両首脳の「説明責任」の果たし方は見事なものだった。それだけに、小泉首相の説明の少なさが目立つことになった。

首相にしてみれば、北朝鮮の動向が懸念されるが、それが理由の一つだということをはっきりいえないもどかしさがあったと思う。北朝鮮は核保有を着々と進めているし、テポドンを太平洋に着弾させたこともある。これら大量破壊兵器や生物・化学兵器が日本に向けて使用されても、現在の日本には防御する力はない。

小泉首相は、「そのとき同盟国である米国だけが、日本のために戦ってくれる。だから、早くから米国支持を声明したのだ」といいたかったのだ。このホンネをいえないもどかしさが、「説明責任」回避の大きな理由だったと思う。

これを企業の違法行為や不祥事に当てはめて考えれば、社長を、いつ登場させて、どう全容を説明させ、責任問題追及などにどう対処するか、ということになる。

広報担当者としては、社長の出番はいつが最適か、そのとき何を発表させるか、熟慮する必要がある。メディアには社長を早く引っ張り出して、責任を追及する狙いがある。だから意を尽くして説明する必要はあるが、揚げ足をとられるようなことだけは発言させないことである。

イラク戦争のもう一つの特徴は、連合軍特殊部隊の活躍だった。イラク国内に潜入させた情報源と緊密な連絡を取り合いながら、戦況に応じて、敵の中枢に深く入り込み、集めた情報を素早く分析して攻撃や次の展開に貢献したのである。

企業でいえば、秘書や社長室長が表のブレーンなら、広報担当者が特殊部隊ということになろう。世論やメディアの動向を的確に見極め、錯綜する情報の中から、緊急にして確実な情報をトップに上げる責務がある。

小泉首相が北朝鮮の脅威を配慮して決断したことを公言すれば、「日朝宣言」もあって問題化する恐れがあった。それを外部の評論家などにアナウンスさせることで、国民の理解を得ることができる。危機管理問題の第一人者である佐々淳行氏は、「首相はいえないから」と前置きして、首相の決断の背後に北朝鮮がいることを力説していた。

企業の違法行為、不祥事、社内人事などの背景について、トップや幹部が発言した場合には、無用の摩擦や誤解を招くことがある。そんなときこそ、シンパの評論家や新聞記者を動かしてホンネを代弁してもらう工作もしなければならないときもある。

そのためには、広報担当者は、評論家、新聞記者、雑誌編集者の中に、企業やトップの応援団＝シンパを作っておかなければならない。「百年兵を養う」という言葉があるが、ふだんから〝水をやる〟努力を続けなければならない。トップや役員には、こうした「戦略と人脈作り」についてよく説明して理解を得ておきたい。そのうえで、ときにトップに記者らを交えて食事をする機会などを作ったり、業界の情報を提供するなどして顔を合わせることも心掛けておきたい。

計算し尽くされていた米国のフセイン逮捕発表に学ぶ

二〇〇三年一二月、イラクのフセイン前大統領は、米軍によって逮捕・拘束されたが、このニュースが世界中に発信されるまでには数十時間が経っていたといわれる。かねてからフセインには影武者が一〇人以上いるといわれていた。したがって、血液検査や元側近による首実検などで、本物かどうか鑑定する時間が必要だったのだ。しかし、逮捕、拘束から公表まで時間がかかったのには、もう一つの大きな理由があった。

米国は、仇敵フセインを、生きたまま拘束したとき、戦闘で殺害したとき、自殺などで遺体で発見したとき——この三つのケースを想定し、それぞれに応じた最も効果的な発表の仕方を準備していたのだ。

米国の周到な広報戦略は、①吟味して選んだフセインの映像を効果的に発表すること、②イラク人記者も同席した記者会見で粛々と発表すること、この二つだった。

まず映像は、アラブの英雄だったフセインの威厳を失墜させるものでなければならない。残存する信奉者に独裁者の復権などあり得ないと信じ込ませるようなみじめなものが一番望ましい。

そこで選ばれたのが、軍医によって大きく口を開けさせられ歯列などの検査をしている写真だった。敵の軍医の手で、真贋の鑑定を含めて口をこじ開けられている姿ほど屈辱的なものはない。

さらに、インターネットを通じて、逮捕直後のフセインが、米兵士によって大地に押さえつけられている映像が流された。米国が公式に発表すれば反発を買っていたかもしれない映像を、アングラで流すことまで戦略のうちに入っていたとしたら、これほど計算し尽くされた戦略に恐ろしささえ感ずるほどである。

フセイン拘束発表の記者会見は、現地の軍司令官らによって、イラク人記者を含む世界の全メディアを集めて行なわれた。これは米軍の発表を信じたがらないイラクやアラブのマスコミや国民向けだったのだ。イラク人記者が立ち上がり興奮して叫んだシーンは、独裁者の末路を世界にアピールするパフォーマンスだった。

なぜ米国は、こんな用意周到な広報戦略を何カ月も前から練っていたのか。それは二つの失敗に学んだからである。

まず、イラク戦開始直後の米軍女性兵士救出劇の報道で失敗したことがある。イラク軍の捕虜になって病院に収容された女性兵士を救出するため米軍が深夜に侵入し、みごと成功したもので、彼女は一躍ヒロインになると同時に、イラク戦緒戦の明るいニュースとして世界中を感動させたのだった。

ところが帰国した彼女は発表した手記の中で、救出劇が米軍の情報操作によるものだったことを暴露したのだ。つまり救出劇は特殊部隊の決死の作戦でもなく、ごく平穏裡に実行されたというのである。

さらにもう一つ、決定的な失敗があった。フセインの二人の息子の隠れた家を、米軍が急襲して戦闘となり、殺害したときの発表が拙劣で、イラクやアラブ住民の疑念と反発を買ってしまっていたことである。戦死した二人が、まぎれもなくウダイとクサイというフセインの息子であると確認される前に、情報が洩れてしまった。血液検査や歯科のカルテによる鑑定が後手に回ったため信憑性が疑われたのである。この二つの失敗が、フセイン拘束時の広報戦略を慎重に練らせることにつながったのだ。

戦争でも一枚の写真や記事が、人々に与える影響は計りしれない。

かつて湾岸戦争のとき、石油まみれで真っ黒になった水鳥の写真が発表された。イラクのクウェート侵攻時に破壊された石油タンクから流れ出した石油によって、真っ黒な水鳥は動けなくなっていた。この写真は、百万言に優ってイラクの横暴と環境破壊を世界中に訴えたのだった。

後になって、この写真も実は情報操作するために偽造されたものだという告発があった。真相は不明だが、多国籍軍によるイラク攻撃を正当化するうえで、これほど力を発揮した〝情報〟はない。

米軍のフセイン拘束に向けた広報戦略は、企業の総務・広報担当者にとっても参考になることが多い。特に数カ月前から計画が立てられる大事業――例えば画期的な新製品の発表、外資との提携発表、社業に影響を与える特許裁判の判決などに対しては、世論を見方に引きつけ、効果を十二分に発揮する〝戦略〟を立てる必要があるのだ。

まず新製品の発表である。湾岸戦争時の水鳥のように、斬新な写真を使ったカタログを作らなければならない。製品によってはパフォーマンスも必要だろう。製品の特長をアピールするビデオなども用意しておかなければならない。

外資との提携では、外国の新聞社や通信社に強いＰＲ会社をまず選択しなければならない。次にインサイダー取引などを排除するため、情報が漏洩しないよう万全の対策をとる必要もある。双方の企業の信用にかかわるからである。

地裁や高裁での裁判を継続中の企業では判決日が近づいてきたら、有利な判決か不利な判決かによって異なる会社見解を用意しておかなければならない。また記者会見を開く場合には広報担当役員と広報部長だけの出席ですますか、それよりもっと上席の役員を出席させるかなども決めておきたい。当然想定問答も準備しておいたほうがよい。

米国はフセイン拘束時の広報戦略ではブッシュ大統領にまで計画を上げて、大統領の了解を得ていたという。企業の場合も、この米国の例をあげてトップの理解を得ておきたい。

「SARS情報」の操作が中国をも崩壊させる

旧ソ連を崩壊させたきっかけは、チェルノブイリ原発事故だったというレポートがある。原発事故後の情報公開の不手際が、国民の体制への不満と批判を高め、それがゴルバチョフの改革を引き出し、やがて連邦制の壊滅へと突っ走ることになったというのである。

事故の重大さと放射能の拡散による住民への汚染、死者の増大は、当局がどんなに箝口令を敷いても、口コミなどで広まっていった。いくら一党独裁に綻びがみえてきていたとはいえ、旧ソ連のような当局による情報操作が可能な国であっても、真実を隠蔽することはできなかったのだ。もちろん米ソ二大国による冷戦対立が続く中で、軍拡競争に敗北し、経済的に破綻したことが最大の原因である。しかし、内部から体制を崩壊させたものは、自分たちの生命と生活に直接影響する事故で、正確な情報を知らされなかったこと、したがって適切な対応をすることができなかったことへの怒りが爆発したことである。

二〇〇三年、旧ソ連と同じ経過をたどろうとしていたのが中国だったという指摘がある。そのとき、チェルノブイリ原発事故に比せられたのが、世界中で猛威をふるっている新型肺炎の「SARS」である。

〝中国型肺炎〟といわれるように、SARSは中国本土の内陸部で発症し、あっという間に香港、台湾、シンガポール、ベトナム、カナダなどに広がり、感染者と死者を増やしていった。強力な伝染力を持つSARS情報を、最初、中国当局は必死になって隠蔽しようとした。それが香港などで大量の患者と死者が発生したため、WHOの調査と発表もあって徐々に公表せざるを得なくなり、中国に対する世界の批判が高まった。

二〇〇三年七月、中国のSARSは下火になったと発表したが、日本も世界各国もまったく信用せず、警戒を解かなかった。広大な中国には、旧ソ連と同じように、地域によって宗教、伝統、生活様式、意識など、まったく異なる〝民族〟がたくさんいる。彼らが、自分たち民族の存亡を左右する疾病情報を、中央政府が故意に隠蔽し、拡大させたと判明したとき、どのような行動に出るか。旧ソ連と同様に、各地で独立の動きが加速することが予想されたが、その予想はみごとに裏切られてしまった。

危機管理を誤った場合には、一企業や団体だけでなく、大国ですら崩壊するという教訓である。特にチェルノブイリ原発事故やSARS拡大から学ぶことは、どんな圧力や操作をもってしても、「真実」を隠し通すことは不可能ということである。さらに、ワンマン経営が続いたり、組織が制度疲労を起こして、内部の緊張が緩んだときに、「危機」が露見し、内部告発も続出するということである。

◆この項目のまとめ

①今後、生命を捨ててトップを襲う人間が出てくると考える必要がある。株式投資の失敗や、企業が作り出した廃棄物などで生活を破壊された人たちの憎悪は、どこまでエスカレートするかわからない。

②企業に怨みや不満を抱いた人たちの標的が、トップばかりか中間管理職、さらに一般社員にも向けられる可能性がある。
③広報担当者はまず、表のメディアである全国紙、週刊誌、テレビから工場や支社のある県の地方紙、さらに業界紙・誌にまで情報ルートを整備するべきである。
④怪文書やミニコミによって流布されるアングラ情報を入手するルートも整備したい。オモテ情報で相手のタテマエの狙いに迫り、ウラ情報でゲリラの狙いや手法に迫りたい。
⑤イラク戦争における米国のマスコミ戦略を検証すると、教えられることが多い。

第7章

マスコミの危機と変質を直視せよ

——トップもあなたも毅然かつ冷静に対処を！

1
誤報・偏向報道に向けられる国民の厳しい視線

マスコミ・トップの責任は重くなった

今マスコミは、戦後、最大の危機に直面していると思う。

一つはインターネットと携帯電話の驚異的な発達である。「情報の提供」「報道と分析&検証」を独占してきたマスコミが、情報伝達のスピードや影響力で、この二つに席捲されつつあるからである。

すでに欧米では、新聞社や出版社がインターネットによって追われ、休業や縮小を余儀なくされている。この傾向は、やがて日本にも及んでくることは間違いない。マスコミは、企業としての存続すら問われているということができる。

もう一つは、情報や報道に対する国民の目が厳しくなってきたことである。マスコミの手抜き取材による誤れる報道、意図的偏向報道、人権を侵害した報道に対して、裁判に訴える人々が増えてきた。一九九〇年代終わり頃から、報道被害を受けた人々による告(提)訴で、マスコミ側の敗訴が相次ぎ、賠償金も高額になってきたのである。

とくに二〇〇九年に入ってからの裁判では、講談社、新潮社が発行する週刊誌の誤報や名誉毀損などを巡る裁判では、週刊誌の報道と編集長が断罪されるとともに、トップである社長の責任も断罪されているのである。

数年前までは、編集長や発行人である編集局長や編集担当役員が処罰されることはあっても、社長まで責任を問われることはなかった。これらの判決は、マスコミの現場とトップに大きな衝撃を与えた。

主要出版社が加盟する日本雑誌協会は、理事長名で「社長の責任まで問うのは理解できない」という声明まで出した。確かに、社長が出版物、例えば週刊誌の全企画に目を通し、取材や掲載などを指示しているわけではない。しかし、編集長の任命、出版物の基本理念の徹底は、社長の責任である。今まで軽視されてきたこと、またマスコミがそれに甘えてきたのがおかしいのだ。

新聞、テレビ、出版のトップは、記事、番組、雑誌の取材や制作を、今まで「現場」に任せすぎてきたと思う。「現場」は部数を伸ばし、視聴率を上げるために、しばしば暴走する。さらに、経営上の問題やスタッフの不足を理由に、外部の記者、編集プロ、制作プロなどに依頼してきた。

日本テレビが二〇〇八年一一月に放送した『真相放送バンキシャ！』の誤報問題が典型的なケースである。社長退任まで引き起こしたこの事件は、放送倫理・番組向上機構（ＢＰＯ）の指示もあって、詳細な検証番組を作って謝罪している。これは大いに評価できるのだが、改めて浮き彫りになったのは、裏付け取材の不徹底と、番組の現場責任者が不在だったという事実だ。

ＮＨＫで続出した著しく公平・公正を欠いた偏向番組でも、名誉毀損で高額賠償金を課せられた週刊誌の記事でも、トップは、現場に取材や裏づけ調査を丸投げにしていた。本来、偏向や誤報をチェックすべき中間管理職や担当役員なども、現場の『言論の自由』や『編集権の独立』といったお題目の前に何も言い出せないでいるのである。何も言わないのが物わかりのいい上司、度量のある理解者と思いこんでいる始末である。

チーフプロデューサーも編集長も、任命するのはトップである。編集部といえども、組織のなかの一部署にすぎないのである。しかし、多くのマスコミ・トップは、見識と覚悟と責任感を欠いているのである。

マスコミのトップも修羅場を知らない

ある大企業のトップは、こわもてで知られる出版社の週刊誌に、自身と会社に関する事実無根の誤れる記事を掲載された。トップは人権侵害と業務妨害で、ただちに提訴し、東京地裁、高裁と完全勝訴したが、最高裁へまわる直前、和解が勧められたため、双方の顧問弁護士立ち会いのもとトップ同士で最終決着をつけることになった。

出版社のトップは最初から落ち着きがなかったというが、裁判所から示された謝罪文を見たとき、さらに慌て出し、「これを飲んでしまったら社員の士気に関わる。社へ持ち帰って相談したい」と弱々しくいったという。大企業のトップは、「今日はトップ同士で話し合い、決着をつける約束だったではないか。社員の士気というが、そちらの社員は五〇〇名足らず、うちには二〇倍の社員がいて誤報で大迷惑している。今さら相談とはなんだ」と語気を強めたのだ。その結果、謝罪文を目次の下に掲載することで決着したのである。

後に、大企業のトップは、「あの出版社とトップは傲岸で、告(提)訴にも怯まないと聞いていたが、対決してみると弱々しく優柔不断でがっかりした」と語った。さらにトップは、「裁判所が決めた賠償金を、会社が誠実に謝罪するならカネの問題ではないからと、断ってしまったことが大失敗だった」と続けた。出版社が、外部に「賠償金がなかったのは先方にも弱みがあったからだ」と発言したからだ。トップは「判決通り受け取るべきだった」と反省していたものだ。

マスコミのトップや幹部の中には、堅固な城塞の中で修羅場をくぐった経験もない人が多い。講談社が『ペントハウス』(発行五年後に廃刊)を発行していたとき、私は担当役員だったが、兵兵庫県下の暴力団から、社長と編集長が告訴された。兵庫県警から社長への事情聴取が要請された。とき、体調が勝れないから聴取に耐えられないだろうと役員が相談して、「全責任は伊藤にある」という上申書を出し、私が代わりに事情聴取を受けた。

後に、大企業の社長、会長を歴任したのち、経済団体のトップにもなったある経営者から、業界が推薦した国会議員の選挙違反に関連して、警視庁の事情聴取を受けたという話を聞かされた。このトップは「最後は私が出るのが義務で、最終責任があります」と述懐していたが、その姿にさらに尊敬の念を強くしたものだ。私はトップを甘やかしたことを反省した。

企業、団体、省庁などのトップが、違法行為や不祥事が発覚したとき、最前線に立たない傾向を指摘してきたが、正義やこわもてで売るマスコミトップとて、見てきたように、いざとなると逡巡したり怯懦になるものである。企業のトップもあなたも、なにも気後れすることはない。

企業やあなたが危機に襲われたときでも、不祥事が発覚してマスコミが殺到したときでも、正々堂々、毅然として対処すればいいのである。私はマスコミの嘘偽りのない実態を書いてきたつもりだ。彼らと「誠実につき合え」ばよいので、決して「うまくつき合おう」などと思わないことである。

◆この項目のまとめ

①インターネットの普及によって、現在の欧米のように、これからの日本でも新聞・雑誌の存続が危うくなる可能性は高い。

②情報や報道に対する国民の目が厳しくなり、報道被害を受けた人たちの提(告)訴が相次いでいる。また、マスコミでは編集部のみならず、トップである社長まで責任を追及されるようになってきた。これは、今まで現場に仕事を丸投げし続けてきたトップの責任が大きい。

③たとえこわもてのマスコミトップであっても、いざ違法行為や不祥事が突きつけられると弱腰になるケースは多い。だから危機に直面したときには気後れすることなく、正々堂々と対処すればいいのである。

④マスコミとは「うまくつき合おう」と考えず、「誠実につき合え」ばよいのである。

おわりに

前著『マスコミとつき合う法』を絶版にしてから五年経った。ときどき「読みたい」と注文があったが、「新版を出しますから」と断ってきた。やっと刊行することができた。

この作業に取りかかった頃から、がんに冒されていた妻の体調が徐々に悪化してきたため、しばしば中断した。妻が二〇〇七年一二月に亡くなった後も、一年間は気持ちが落ち着かず、筆は進まなかった。やっと今年になって集中力が戻ってきた。

最近でこそ少なくなったが、『週刊現代』や『フライデー』の編集長、編集局長、担当役員をつとめている頃には、早朝や深夜に、企業の幹部などが自宅を訪ねてくることも珍しくなかった。妻はそんなときでもこころよく迎え、外で待機している自家用車やハイヤーなどの運転手にもお茶とお菓子を出していた。また宗教団体などからの嫌がらせや脅迫めいた電話にも気丈に対応してくれていた。

妻は、私の編集者人生におけるかけがえのないパートナーでもあった。本書の刊行を泉下できっと喜んでいてくれると思う。

本書を読まれた方で週(月)刊誌の内幕や出版界の内情をもっと知りたいと思われる方は、二〇〇四年に刊行した私の『編集者ほど面白い仕事はない』をお読みいただければ幸いである。

本書刊行までには、株式会社テーミスの社員に全面的に協力してもらった。出版差し止め請求など法律に関する部分では、弁護士の佐藤博史氏と小林英明氏にご指導いただいた。編集作業は鈴木依子氏に、装丁はシルバーストーンの高木巌氏、中野美樹氏、槌田勝美氏のお世話になった。心からお礼申し上げる。

二〇〇九年八月

［著者略歴］
伊藤寿男（いとう　としお）
昭和９年、静岡県相良町（現・牧之原市）に生まれる。
昭和33年、講談社に入社。『現代』編集長、学芸図書第二出版部長、『週刊現代』編集長を経て取締役第一編集局長に。取締役のまま『フライデー』編集長を兼任。この間、日本雑誌協会の編集委員会副委員長、取材委員長、雑誌記者会幹事長を務める。
昭和63年、講談社退社後、株式会社テーミスを興し、代表取締役社長に。学習研究社と組んで『週刊テーミス』を創刊するも２年後に廃刊。平成４年から現在の『テーミス』を創刊して、現在に至る。
著書に、『マスコミとつき合う法』（絶版）、『編集者ほど面白い仕事はない』（以上、テーミス）などがある。

新　マスコミとつき合う法
新聞・テレビ・週刊誌の報道攻勢に負けないために

2009年10月31日　初版第１刷発行

著　者　伊藤寿男
発行者　伊藤寿男
発行所　株式会社テーミス
東京都千代田区一番町13-15 一番町KGビル 〒102-0082
電話　03-3222-6001　Fax　03-3222-6715
印刷
製本　凸版印刷株式会社

ISBN978-4-901331-18-0

ISBN978-4-901331-09-8
◆四六判上製　二九六頁
定価二、〇〇〇円（税込）